KB207863

신토불이 신학의 본질과 현상

신토불이 신학의 본질과 현상

2014년 2월 25일 초판 인쇄
2014년 2월 28일 초판 발행

지은이 | 한숭홍
펴낸이 | 이찬규
펴낸곳 | 북코리아
등록번호 | 제03-01240호
주소 | 462-807 경기도 성남시 중원구 상대원동 146-8
　　　 우림2차 A동 1007호
전화 | 02-704-7840
팩스 | 02-704-7848
이메일 | sunhaksa@korea.com
홈페이지 | www.북코리아.kr
ISBN | 978-89-6324-338-2 (93230)

값 19,000원

* 본서의 무단복제를 금하며, 잘못된 책은 바꾸어 드립니다.
* 이 책은 환경보호를 위해 재생종이를 사용하여 제작하였으며 한국간행물윤리위원회가 인증하는
　녹색출판 마크를 사용하였습니다.

신토불이 신학의

神土不二 神學 본질과
현상

한숭홍 지음

북코리아

ESSENCE & PHENOMENON of **SINTOBUL'YI** THEOLOGY

Prof. Dr. Soong-Hong Han

SEOUL
THE BOOKOREA PRESS
2014

책머리에

　나는 기독교 신학의 원형(原形)을 추구한다. 이 책은 이러한 목적으로 집필되었다. 독자들은 이 책을 읽으며 이론의 생소함 때문에 다소 거부반응을 보일 수도 있을 것이다. 그러나 정독 후에는 신학이해의 정도를 발견한 희열에 감격하게 될 것이다.

　이 책은 10개의 주제들을 다루었다. 신학의 본질을 새로 정립하기 위해 정선된 것들이다. 정독 후 독자들이 얻을 수 있는 또 하나의 수확은 신학에 대한 사고의 지평이 넓혀졌고, "원신학성(原神學性, urtheology)"을 직접 체득할 수 있었다는 것이다. 이로써 독자들은 이미 신토불이(神土不二) 신학에 입문한 것이다.

　신토불이 신학은 신 · 토 관계의 "신토성(神土性, thegeonity)"과 토의 실재들인 천 · 지 · 인 간의 "천지인성(天地人性, uranogeanthropity)"이 왜 신학의 본래성인지 규명하는 신학이다. 신토불이 신학은 신앙의 극단주의는 물론 신학의 표피주의도, 그리고 선민의식과 성지사상 등과 같은 이념화된 교조주의도 부정한다. 독자들에게 주어진 과제는 신토불이 신학의 틀인 신토불이 구조로 인류의 문화를 읽는 것이다.

　나는 신토불이 신학이 기존의 신학 ― 교회를 위한 신학의 도그마주의 — 과 얼마나 부합(符合)하는지에 대해서는 판정하지 않겠다. 나는 신토불이 신학을 지난 2,000년 동안 이어온 정통신학의 패러다임과 철저히 다른 구조로 주형(鑄型)했고, 그것을 작품화했다. 그렇기 때문에 내가 착상한 이 신학의 주지(主旨)를 어떤 신학이나 사상으로부터 차용했는지, 그 전거를 제시한다는 것은 사실상 무의미한 일이다. 이 작업 자체가 독자적인 노선과 독창적인 신학함의 결정체이기 때문이다.

나는 이 작업이 신학계에 제공할 수 있는 가능성을 두 가지로 정리했다. 첫째, 이 작업에는 신토불이 신학의 학문성이 용해되어있다. 그렇기 때문에 기존의 신학에서 탈피하여 자유롭게 신학하려는 독자들에게는 새로운 신학에 도전할 수 있는 기회가 될 것이다. 둘째, 나는 신토불이 신학을 정립해가며 왜 기존의 신학을 혁파(革罷)해야 하는지, 그 당위성을 지적했고, 문제점들을 비판하며 새로운 가능성을 다각도로 제시했다. 그러나 나 홀로 이런 과제를 발전시켜가며 체계적으로 세계화하기에는 역부족이다. 세계로 웅비(雄飛)하는 신학을 창출하려는 독자들이라면 이 과제를 수행하며 자신의 길을 개척해갈 수 있을 것이다.

2014년 1월 3일
著者 韓崇弘

CONTENTS

CONTENTS

CONTENTS

CONTENTS

신, 그는 누구인가?

1. 머리말

1. 인간만이 질문할 수 있는 유일한 동물이다. 그러므로 인간이 지금 여기에 존재한다는 것은 인간의 자기정체성에 관한 실존론적 질문과 신의 존재에 관한 존재론적 질문을 계속하며 자기 자신만의 세계를 형성해가고 있다는 것을 의미한다. 비록 자기정체성을 상실한 인간이나 무신론자라 할지라도 인간은 누구나 자기 자신에 관한 질문과 절대적 존재로 표상될 수도 있는 신에 관한 질문으로부터 결코 벗어날 수 없다. 질문할 수 있다는 것은 질문하고 있는 자기 자신은 물론 궁극적 실재에 관해서도 관심을 가지고 있다는 것이다. 어쨌든 인간은 자기 자신에 대한 관심뿐만 아니라 그만큼이나 진지하게 신에 대해 관심을 갖고 살아가고 있는 존재다.

2. 그렇다면 인간의 궁극적 관심의 대상인 신에 관해서 인간은 어떤 입장을 취하고 있는가? 우리는 신에 관해 진솔하게 언급해야 할 때 침묵하거나 신앙 전통이나 신학 정통의 명분으로 특정 땅, 특정 민족을 위한 신에 관한 이야기를 이 땅, 이 민족을 위한 신에 관한 이야기와 섞고 있는 현장을 보고도 묵과함으로써 신에 관해 언급하

고 있는 자기 자신에게 솔직하지 못했던 때는 없었는지, 한 번쯤 우리 자신을 되돌아볼 필요가 있다.

  3. 여기에서는 신의 존재에 관한 문제, 창조의 문제, 기독교 신학의 문제 등을 종교적 인간의 원초적 관점에서 접근하며 비판적으로 개진해나갈 것이다.

2. 신의 존재에 관한 문제

1) 신에 관한 일반적 이해

4. 종교에 관한 관심 영역에 따라 종교심리학, 종교사회학, 종교교육학, 종교철학, 종교문학, 종교음악, 종교미술 등등 연구 분야가 다양하게 분류되기도 하고, 각 민족의 고유한 신앙 형식에 따라 종교의 본질이 다양하게 표출되기도 한다. 하지만 종교에 관한 이러한 작업이나 행위의 공통성은 신에게 어떻게 접근하느냐, 또는 신을 어떻게 표현하느냐에 집약되어 있다. 이것은 신이 어떤 형태로든지 존재한다는 것을 암시하는 것이다.

5. 신학자들은 '신에 관한 이야기(talk about God)'를 하면서 신론이라는 항목에서 필요 이상으로 신 자체를 형이상학화하기도 하고 개념화하기도 한다. 그래서 일반인들은 신학자들의 신이 실제로 나의 신이 될 수 있는지 회의하게 된다. 일반인들은 신을 '하나님', '창조주', '구세주', '절대자', '영원한 존재' 등등으로 지칭하며 신앙하고 있다. 그런데 중요한 것은 사람들이 신을 어떻게 부르든지 간에 신은 그

사람들의 삶의 자리인 땅과 관계를 맺고 있으며, 이에 따라 신에 대한 신앙 형식이 달라진다는 점이다. 태양이 이글거리는 내륙의 황량한 지역에서는 태양신 숭배가, 섬 지역이나 해안가의 고립된 지역에서는 해신(海神) 숭배가, 그리고 초목 지대에서는 목양신 숭배가 자연스럽게 그 땅의 종교로 자리 잡게 된다. 말하자면 사람들이 그들의 삶의 자리에서 필연적으로 하나님이라고 부르는 지고(至高)의 존재가 그들의 신이 되고, 이에 따라 각양각색의 모습으로 신앙 형식이 제도화된 것이 그들의 종교라는 것이다. 어쨌든 신은 필연적으로 일정한 땅과 관계할 수밖에 없으며 그래서 모든 종교는 그 땅의 종교일 수밖에 없다.

2) 여호와 신학

6. 구약성서에 따르면 여호와는 "스스로 있는 자"(출 3:14)로서 이스라엘 "조상의 하나님"(출 3:6, 13, 15, 16, 4:5), 곧 "아브라함의 하나님, 이삭의 하나님, 야곱의 하나님"(출 3:6, 15)이며, "히브리인의 하나님"(출 5:3), "히브리 사람의 하나님 여호와"(출 3:18)다. 여호와는 출애굽의 대장정(大長程)이 시작되면 "이스라엘 자손"을 애굽 땅에서 인도하여 "젖과 꿀이 흐르는 땅 곧 가나안 족속, 헷 족속, 아모리 족속, 브리스 족속, 히위 족속, 여부스 족속의 땅"(출 3:17)으로 데려가겠다고 약속했다. 이것은 여호와가 이방 족속들과는 무관한 신일 뿐만 아니라 오히려 이들을 진멸의 대상으로 대적했음을 의미한다. 여호와는 오

직 이스라엘 "조상의 하나님"이기 때문이다. 이 신(神) 여호와는 "이스라엘 자손"이 이방 족속으로부터 빼앗은 땅(土)을 이스라엘 땅으로 고착화했고, 이 땅, 즉 신천지(新天地)에 정착한 이스라엘 자손을 축복했다. 여호와는 히브리 민족의 삶의 자리인 땅에서 "히브리인의 하나님"으로서 역사(役事)한다는 것이 구약성서의 증언이다.

7. 구약성서의 기록에 따르면 여호와는 "이스라엘의 하나님"(사 44, 45)이며, 자신들만을 위한 신이다. 그러므로 '여호와(*Jehovah*)'에 관한 '말씀(*logein → logos*)' 자체가 '여호와 신학(Jehovahlogy, Jehovah theology)'이며, 이것이 히브리인의 신토불이 신학이다.[1] 그렇다면 "히브리인의 하나님"은 한국인과 무슨 상관이 있는가? 지금부터라도 한국의 신학자들은 이 질문에 대하여 보다 진지하고 솔직하게 대답해야 할 것이다. 이런 자세로 신학 연구에 정진할 때 비로소 '한국인의 하나님'에 관한 신학이 창출될 수 있을 것이다.

3) 원초적 질문

8. "신, 그는 누구인가?" 이것은 인간이 물을 수 있는 가장 원초적 질문이다. 인간은 본래 종교적이기 때문이다. 물론 이에 대하여 무신론자들은 매우 냉소적이며 비판적일 것이다. 이들은 신의 존재 자

---

1) 여호와는 "이스라엘의 하나님"이므로 '여호와에 관한 말씀'을 필자는 '여호와 신학'이라는 신조어로 개념화했다.

체를 부정할 뿐만 아니라 '종교적 인간(*homo religiosus*)'이라는 개념마저
도 광신주의의 산물로 간주한다. 이처럼 유신론과 무신론의 공방은
인간이 존재하는 한 평행선을 달리며 계속될 것이다. 그러나 인간은
누구나 초자연적 위력이나 가공스런 자연현상 등에 직면했을 때 두
려움과 떨림, 공포와 전율을 느끼게 되는데 루돌프 오토(Rudolf Otto)는
이 느낌을 "누미노제 감정(*sensus numinis*)"이라고 규정했다.[2] 인간이라
면 어느 누구도 이 감정으로부터 결코 자유로울 수 없다. 인간에게
있어서 누미노제는 리비도(*Libido*)와 마찬가지로 본능이기 때문이다.

9. "참호 안에는 무신론자가 없다"는 서양 속담이 있다. 이것은 인
간이 자력으로 극복할 수 없는 생사의 기로에 직면했을 때 이 한계
상황을 벗어나기 위해 궁극적으로는 자기 자신보다 더 위대한 존재
에 의존하게 된다는 것을 의미한다. 이때 인간은 가장 순수하고, 솔
직한 유신론자가 되는 것이다. 인간은 자기 자신보다 위대하고 절대
적인 것에 의존하려는 숙명적 존재이기 때문이다.

---

2) Rudolf Otto, *Das Heilige: Über das Irrationale in der Idee des Göttlichen und sein Verhältnis
   zum Rationalen*, 23. bis 25. Aufl. (München: C. H. Beck'sche Verlagsbuchhandlung,
   1936) 참조. 한숭홍, 『문화종교학: 종교학파와 방법론을 중심으로』 (서울: 장로회신학
   대학교 출판부, 1993), pp. 176-80.

4) 나에게 내재된 존재 자체

10. 그렇다면 신은 어떻게 존재하는가? 신은 나를 초월해 존재하거나 나에게 내재해 존재한다. 초월적 존재로서의 신은 전적 타자(他者)이기 때문에 객체이며, 나에게는 대상으로 존재한다. 하지만 나에게 내재하고 있는 존재로서의 신은 나와 인격적 관계를 맺고 대화하고 있는 실재이며 나를 주관하는 주체다. 문제는 신이 객체이든지 주체이든지 간에 인간은 결코 신을 완전히 알 수 없다는 사실이다. 다른 태양계의 생명체에 관해 알 수 없는 인간이 창조주인 신 자체를 알 수 있다고 주장한다면 이것은 인간의 최대 모순이다. 신이 자기 자신을 계시했기 때문에 인간은 신을 알 수 있다고 주장하는 신학자들도 있지만 엄밀히 말해서 인간은 신의 자기계시마저도 완전하게 알 수 없다. 신은 지각이나 인지의 대상이 아니고 신앙의 대상이기 때문이다.

11. 신학자들마다 신에 관하여 이야기하고 있으나 아직도 '신에 관한 이야기'(神話)는 계속되고 있다. 인류가 신화로 신과 인간과 자연의 관계를 설명하려 했던 때부터 오늘에 이르기까지 신의 존재에 관한 규명 작업은 계속되어왔다. 그러나 인간은 신의 존재를 완전히 규명할 수 없다. 인간과 신의 속성은 이질적이기 때문이다. 시간적 존재인 인간은 영원적 존재인 신의 속성을 결코 지각할 수도, 인지할 수도, 추측할 수도, 파악할 수도 없으며, 이해하거나 설명하는 것 자체도 불가능하다. 이와 관련하여 신약성서는 다음과 같이 기록하

고 있다.

> **9**네가 만일 네 입으로 예수를 주로 시인하며 또 하나님께서 그를 죽은 자 가운데서 살리신 것을 네 마음에 믿으면 구원을 받으리라 **10**사람이 마음으로 믿어 의에 이르고 입으로 시인하여 구원에 이르느니라(롬 10:9-10).

신이 존재한다는 것을 입으로 시인(고백)하거나 마음으로 믿는 것 외에는 다른 길이 없다는 것이다.

12. 신학자들마다 신론에 관해 다각도로 연구하고는 있지만 아직까지 아무도 이에 관한 모범 답안을 작성하지는 못했다. 신은 규명될 수 있는 존재가 아니고, 고백과 신앙의 대상이기 때문이다. 규명된 신은 신이 아니다. 규명된 신은 철학의 대상이나 이념의 대상일 뿐이다.

5) 신의 존재 양태

13. 그렇다면 신은 정말 존재하는가? 모든 존재는 구체적으로든지 추상적으로든지 범주적 실체로 공간화되어 있기 때문에 규정될 수 있다. 동서고금을 막론하고 철학자들마다 신으로 표상될 수 있는 궁극적 실재를 "존재 자체", "존재의 근원", "제1 원인(*causa prima*)", "자기

원인(*causa sui*)", "자연" 등등으로 규정했다. 여호와 역시 "스스로 있는 자"인 한 존재 자체인 것이다. 문제는 신도 존재인 한 어떤 형태로 든지 존재의 양태를 속성으로 갖고 있다는 점이다. 다시 말해서 신이 존재 자체라는 것은 신도 존재의 범주에 속한다는 것이다. 그러나 '신의 존재'와 '태양의 존재'는 근본적으로 다른 것이다. 키르케고르(S. Kierkegaard)는 "영원과 시간의 영원한 질적 차이"를 역설했는데, 이 표현을 빌리면 '신의 존재'와 '태양의 존재'의 영원한 질적 차이가 상존한다. 하지만 인간의 일상언어는 '신의 존재'와 '태양의 존재'에 관해서 말할 때 '존재'란 개념의 질적 차이를 구별할 수 없다.[3] 언어의 한계성 때문이다.

14. 창세기에 의하면 신은 만물을 '무에서 창조(*creatio ex nihilo*)'했다. 역으로 이해하면 무는 유의 원형인 것이다. 그렇다면 신은 존재가 아니고 비존재여야 하며, 유가 아니고 무여야 한다. 신이 영원한 존재이기 위해서는 신 자체가 비존재여야 하고, 신이 비존재인 한 신은 무여야 하며, 신이 무인 한 신은 존재가 아니어야 한다는 것은 무엇을 의미하는가?

---

3) 언어는 사회 구성원들 간에 통용되는 의사소통의 도구이며 개념을 상징화한 사회적 약속이다. 하지만 인간은 그들이 사용하는 언어로 상호 간에 완전한 의사소통을 할 수는 없다. 이것이 언어의 한계성이다. 예컨대 '신의 존재'라는 구에서 '존재'는 '존재 그 자체로서의 존재', 구약성서에 따르면 "'스스로 있는 자'로서의 존재(the Being as 'I am who I am')"라는 의미를 포괄하고 있는 개념이고, '태양의 존재'라는 구에서 '존재'는 "피조물로서의 존재(the being as the creature)"라는 의미를 포괄하고 있는 개념이다. 이렇듯 표기상의 동일한 낱말이라도 화자(話者)에 따라 개념을 이해하는 데는 질적 차이가 있게 마련이다. 완전한 언어는 존재하지 않으며, 존재할 수도 없다.

3. 창조의 문제

1) 창조 이전에 신은 어떻게 존재했는가?

15. 창세기는 "태초에 하나님이 천지를 창조하시니라"(창 1:1)라고 기록하고 있다. 하지만 이 기록의 어디에도 창조 이전에 신이 어떻게 존재했는지에 관해서는 언급하고 있지 않다. 같은 질문일 수 있는데, 그렇다면 태초 이전에 신은 어떻게 존재했으며 무엇을 하고 있었는가? 신학자 대다수가 이 질문만은 비껴가려 하는데 그 이유는 무엇인가? 창세기는 신이 태초에 천지를 창조하는 때로부터 그 과정과 그 이후의 역사(役事)에 관해서만 기록하고 있다. 그러므로 어느 신학자라도 창조 이전에 신이 어떻게 존재했는지에 관해서는 알 수 없다.

16. 과거, 현재, 미래라는 세 때는 각기 다른 양태로 존재하지만 본질적으로는 동질적(同質的)이다. 신 역시 창조 이전, 창조 이후, 그리고 종말 이후 등 세 때에 따라 각기 다른 양태로 존재할 수밖에 없다. 하지만 신 자체는 항상 동일하게 실재한다. 신은 무소부재하며

영원한 존재이기 때문이다.

17. 신학자들이 신의 본질을 규명하기 위하여 해석학에 의존하는 것은 재고해보아야 할 일이다. 해석학으로는 '창조 이전에 신은 어떻게 존재했는가?'라는 질문에 어떠한 대답도 할 수 없다. 물론 성서 자체나 신(神)과 관계된 삶의 자리인 땅(土)을 본문(text)으로 취급하기 위해서는 해석학이 요청된다. 하지만 신의 본질을 규명하기 위해서 해석학을 도입하는 것은 잘못이다. 인간은 신의 본질을 체험할 수 없으며 더욱이 신이 계시하고 있는 표현 자체를 완전히 이해할 수 없다. 체험과 표현이 불가능하다면 이해 역시 불가능하다. 이 말은 해석학으로는 신의 본질을 규명할 수 없다는 것이다. 어느 종교에서든지 신의 본질을 규명하기 위해서는 현상학적 방법으로 접근해야 한다. 신은 본문이 아니고 본질이기 때문에 신의 존재는 본질직관(Wesensanachauung)에 의해 규명된다.

18. 구약성서는 여호와의 역사(役事)가 중심을 이루고 있는 문서이고, 신약성서는 예수의 말씀이 중심을 이루고 있는 문서다. 그러므로 구약성서는 현상학으로 접근해야 하고, 신약성서는 해석학으로 접근해야 한다.

2) 신은 천지와 만물을 무엇으로 창조했는가?

19. 창세기 1장은 첫째 날 빛(1:3-5), 둘째 날 궁창(1:6-8), 셋째 날 바다 · 땅 · 식물(1:9-13), 넷째 날 해 · 달 · 별(1: 14-19), 다섯째 날 조류와 어류(1:20-23), 여섯째 날 사람과 동물(1:24-31)을 창조한 기록을 담고 있다. 이 기록에 따르면 천지와 만물은 철저히 무로부터 창조되었다. "하나님이 이르시되 ~하라"라고 하면 천지만물이 창조되었다. "하나님이 이르시되(Gott sprach)"란 창조성이며, 피조물의 본질에 선재된 존재성이다. 다시 말해서 "하나님이 이르시되"란 피조물이 존재할 수 있는 가능태다. 여기에 신의 창조성이 함유되어 있다.

3) 흙이란 무엇인가?

20. 창세기 2장에는 또 하나의 창조설화가 기록되어 있다. 여기에서 특이한 것은 천지가 창조된 상태에서 신이 흙으로 인간과 동물을 창조한 점이다.

4이것이 천지가 창조될 때에 하늘과 땅의 내력이니 여호와 하나님이 땅과 하늘을 만드시던 날에 5여호와 하나님이 땅에 비를 내리지 아니하셨고 땅을 갈 사람도 없었으므로 들에는 초목이 아직 없었고 밭에는 채소가 나지 아니하였으며 6안개만 땅에서 올라와 온 지면을 적셨더라. 7여호와 하나님이 땅의 흙으로 사람을 지으시고 생기를 그 코에 불어넣으시니 사람이 생령이 되니라(창 2:4-7).

19여호와 하나님이 흙으로 각종 들짐승과 공중의 각종 새를 지으시고……(창 2:19).

이 본문의 핵심은 흙을 생물의 존재근원으로 기술하고 있다는 점이다. 이 기록에 따르면 흙은 인간을 비롯하여 모든 생물을 지금의 그 형상 그대로 존재하도록 하는 피조성이며, 신의 창조목적에 부합할 수 있는 가소성(可塑性)이다.

21. 구약성서에는 흙(土)에 해당하는 낱말이 세 개 있다.[4]

---

4) G. Johannes Botterweck und Helmer Ringgren, hr. *Theologisches Wörterbuch zum Alten Testament*, Bd. I (Stuttgart: Verlag W. Kohlhammer, 1970), pp. 96-105, 418-36. Heinz-Josef Fabry und Helmer Ringgren, hr. *Theologisches Wörterbuch zum Alten Testament*, Bd. VI (Stuttgart: Verlag W. Kohlhammer, 1970), pp. 275-84.

위에 진술한 내용을 기호 형태로 옮기면 다음과 같다.

토에 대한 진술 1
1. 'erets⇔'adamah
2. 'āpār∈'adamah

∴ 'āpār∈'erets

또는

'{('erets⇔'adamah)∧('āpār∈'adamah)}→('āpār∈'erets)'

토에 대한 진술 2
1. 'erets⇔'adamah
2. 'adamah⊃'āpār

(1) 에레츠('erets)는 하늘의 상대 개념인 땅(창 1:1), 바다의 상대 개념인 물(창 1:10), 식물과 동물의 존재근원인 땅(창 1:11,12, 24, 26, 28, 30, 7:3), 토지(레 25:23) 등 다양한 의미로 사용된다. 한마디로 에레츠란 "땅(창 12:7, 24:1; 신 10:14; 욥 16:18; 시 97:1; 사 26:21), "온 땅(kol ha 'erets)" 등을 뜻하는 포괄적 개념이다(창 1:26, 28, 11:1, 13:8; 출 19:5; 수 21:43). 광의로 해석하면 에레츠에는 우주(宇宙)를 상징하는 천지(天地)라는 개념과 피조물을 통칭하는 만물이라는 개념이 함유되어 있다(창 1:1, 11:1; 사 1:2). 에레츠는 아다마와 동일한 의미로도 쓰인다(창 2:6, 7, 3:19, 23).

　　(2) 아파르('āpār)는 흙, 티끌, 먼지, 재 등의 의미로 쓰이며, 창세기에서는 아담을 창조한 "땅('adamah)의 흙('āpār)"이라는 데 초점이 맞추어져 있다(창 2:7). 좀 더 구체적으로 말하면 아파르는 아다마의 원소로서 인간(Adam)을 창조한 질료이며(창 2:7), 그의 근원이 된 땅이다(창 3:23). 그뿐만 아니라 아파르는 뱀이 살아 있는 동안 먹을 흙이며(창

∴ 'erets ⊇ 'āpār

또는

{('erets⇔'adamah) ∧ ('adamah ⊃ 'āpār)} → ('erets ⊇ 'āpār)

토에 대한 진술 3
1. 'erets⇔'adamah
2. 'adamah⇔'āpār

∴ 'erets⇔'adamah⇔'āpār

또는

{('erets⇔'adamah) ∧ ('adamah⇔'āpār)}→('erets⇔'adamah⇔'āpār)

3:14), 아담이 다시 돌아갈 흙이다(창 3:19). "너는 흙이니 흙으로 돌아
갈 것이니라(ki-'āpār 'attāh we'el-'āpār tāšûb)"(창 3:19)에서 읽을 수 있듯이 아
파르는 인간의 피조성을 이루고 있는 본래성이며, 구체적으로 보면
지질학적 의미의 흙이다. 정리해보면 아파르는 아다마와 동일한 의
미로 쓰이기도 하고(창 2:7, 3:19, 23; 욥 5:6), 에레츠와 동일한 의미로 쓰
이기도 한다(욥 14:8; 사 34:7).

(3) 아다마('adamah)는 생물이 존재할 수 있는 땅이며(창 1:24, 25), 경
작지다(창 2:5). 아다마는 아파르를 포함하고 있거나 혹은 아파르와
동일한 실체이며(창 2:7; 3:23), 인간의 근원이 된 땅이다(창 3:23). 아다마
에서 아담(Adam)의 어원이 파생되었다.

흙이란 무엇인가? 정리해본다면 모든 흙(에레츠(e), 아다마(A), 아파르(a))
은 토(土)다. 기호 형태로 표현하면 $(\forall e, A, a)$ [흙$(e, A, a) \rightarrow$土(e, A, a)]로 된
다. 이것이 신토불이 신학에서 신·토 관계를 서술할 때 인용되는
토 개념이다.

22. 흙은 성서적, 지질학적, 생물학적, 물리학적, 화학적, 종교현상
학적, 미학적, 신화학적, 사회학적, 형이상학적 관점에서 이해되는
포괄적이고 존재론적인 의미를 가진 땅의 실체다. 땅의 흙은 신이
인간과 동물을 창조한 신의 질료이며, 모든 식물이 산출되는 토양이
며, 생물의 모태이며, 물리학적 공간이며, 화학변화를 지속하고 있
는 원소이며, 신이 강림하는 성소이며, 형상과 질료의 조화를 통해

미가 창조될 수 있도록 하는 점토이며, 우주 구성의 일부분이며, 인간의 삶의 자리로서 사회학적 범주에 속하는 구조이며, 만물이 생성되는 근원 등등 다양한 개념으로 정의될 수 있다.

4) 신토불이 신학

23. 창세기 2장은 신(神)과 흙(土)의 관계에 역점을 두고 있다. 흙은 신이 인간과 각종 동물을 창조할 때 사용한 질료이며, 초목과 채소가 생명의 뿌리를 내리는 땅이다. 한마디로 말해서 흙은 모든 생명체의 근원이다. 이런 관점에서 보면 신은 흙과 불가분리(不可分離)의 관계에 있다. 신·토는 불이(不二)하다는 것이다. 그렇다면 신학은 신토불이론을 어떻게 진술하고 있는가?

첫째, 신은 흙으로 동물과 인간을 창조했고, 흙에서 초목과 채소가 산출되게 했다. 흙은 모든 피조물에 앞서 창조된 원존(原存, *archeon*, Ursein)이며, 다른 피조물을 창조한 원질소(原質素)다. 흙은 신이 피조물을 창조하는 데 사용한 유일한 질료(質料)이며, 모든 생명체의 근원인 점에서 형상(形相)이다. 형상과 질료가 상관관계를 지속하고 있듯이 신과 흙도 상관관계를 지속하고 있다.

창세기 1장의 창조설화는 천지 만물이 무로부터 창조되었다는 데 초점을 맞추었고, 창세기 2장의 창조설화는 흙이 신의 창조를 가능하게 한 유일한 원존이라는 데 초점을 맞추었다. 창세기 2장의 창조설화는 신·토 관계가 창조목적임을 극명하게 드러낸 기록이다.

둘째, 신은 항상 흙으로 지은 인간과 그 인간이 거처하는 땅과의 관계를 유지하며 활동한다. 인간이 거처한 최초의 땅은 에덴동산이다. 이곳은 강이 네 개나 있어 수량도 풍부하고 비옥하기 때문에 "생명나무", "선악을 알게 하는 나무"를 비롯하여 "보기에 아름답고 먹기에 좋은 나무" 등, 과수가 많고 각종 동물이 서식하고 있는 땅이다(창 2:4-25). 창세기 2장의 핵심은 신·토 관계를 최초로 서술하고 있다는 점, 그리고 에덴 신학이 인류 최초의 신토불이 신학이라는 점이다.[5)]

24. 신토불이 신학은 보편적 신학이고, 우주적 신학이다. 그러므로 신토불이 신학은 특정한 땅의 신관으로 세계 신학을 평정하려는 특정 신학을 부정하며, 배타주의적인 민족 신학도 거부한다. 신토불이 신학은 저곳 사람들만을 위한 신은 결코 이곳 사람들을 위한 신일 수 없다는 점을 천명한다. 태양은 동일하나 땅에 따라 온도가 다르듯이 신은 동일하나 땅에 따라 신학이 다를 수밖에 없다. 이것은 자명한 이치이다. 에덴에서는 에덴 신학이, 아프리카에서는 아프리카 신학이, 한국에서는 한국 신학이 신토불이 신학인 것이다. 백인들에게는 아프리카 신학의 풍토성이 비기독교적인 것으로 보이겠지만, 아프리카인들에게는 백인 신학의 우월주의가 제국주의적 모습으로 보일 것이다. 신토불이 신학만이 신학의 이러한 한계성을 뛰어넘어

---

5) 에덴 신학이란 창조주와 피조물 간의 관계, 즉 신과 토의 관계를 통해 신에 관해 언급한 내용을 담고 있는 창세기 2장의 신학 사상을 기초로 설정할 수 있는 신학이다. 이런 맥락에서 보면 인류 최초의 신학은 에덴동산에서 창조와 더불어 시작된 셈이다. 에덴 신학은 신토불이 관계를 구체화한 신토불이 신학의 원형이라 할 수 있다.

진 · 선 · 미의 보편적 가치와 기독교의 절대진리를 제공할 수 있는 유일한 신학이며, 보편적 신학이다.

25. 신은 우주적 존재다. 그러므로 신에게 있어서 땅의 한계는 무의미할 뿐이다. 태양 자체가 특정한 땅에 제한되어 있지 않듯이 신도 어느 특정한 땅에 제한되어 존재하거나 역사하지 않는다.

5) 신독점주의

26. 태양은 하나이나 땅과의 관계에서 다양한 환경을 형성하듯이 신도 하나이나 땅과의 관계에서 신앙의 다양성을 표출한다. 이 신앙에 국수주의가 가미되면 이데올로기가 되고, 무속(巫俗)이 가미되면 샤머니즘(shamanism)이 되며, 물활론이 가미되면 범심론이 된다. "히브리인의 하나님"(출 5:3)은 이스라엘 자손을 위한 민족신이므로 가나안 족속이나 애굽인들의 신앙 대상은 될 수 없다. 히브리인은 "스스로 있는 자"인 신에 헤브라이즘을 가미하여 "히브리인의 하나님"으로 이념화했다. 말하자면 히브리 사람들은 우주적 신인 창조주를 선점하여 자신들만을 위한 민족신, 여호와라 명명(命名)하고 "히브리인의 하나님"이라고 선포한 것이다. 이것은 일종의 '신독점주의 (theomonopolism)'다.

27. 신독점주의는 우리에게도 필요한 신앙 형식이다. 우리는 우리

를 위한 하나님, 우리를 위한 그리스도, 우리를 위한 성령을 믿어야한다. 부시(G. Bush)가 믿는 하나님이나, 납치된 자국 병사 2명 때문에 10여 일만에 레바논 민간인 450여 명을 미사일로 무참히 학살하며 그곳을 조직적으로 초토화해가고 있는 이스라엘 국방장관이 믿는 하나님이 나의 하나님일 수는 없다. 세2차 세계대전 당시 히틀러(A. Hitler)의 하나님이 유대인의 하나님이 될 수 없는 것과 마찬가지다.

28. 신토불이 신학은 바로 이 신앙을 화두로 담론화한 신학이다. 신토불이 신학은 신앙의 본질은 절대적이나 신앙의 형식은 상대적임을 인정한다. 하지만 신학의 상대주의는 배척한다. 엄밀히 말해서 신토불이 신학은 신독점주의를 보편화하는 과정이다.

4. 기독교 신학의 문제

29. 언제부터인가 기독교를 '절대종교', '고등종교' 등으로 규정하며 기독교의 절대성을 강조하기 시작했다. 이런 분류 방식의 저변에는 타 종교를 '상대종교'나 '하등종교'로 격하하려는 의식이 깔려 있다. 이에 부응하는 신학자들은 기독교 신학의 학문성마저 가장 체계화된 것으로 간주하며 신학의 절대주의를 역설한다. 하지만 이보다 중요한 것은 신앙의 본질을 절대화하기 위해서 신앙의 형식을 상대화하는 것 정도는 신학적으로 크게 문제 삼지 않아야 한다는 점이다. 신에 대한 신앙을 어떻게 표현하느냐가 중요한 것이 아니고, 신을 어떻게 신앙하느냐가 중요하기 때문이다. 이러한 문제들의 핵심은 신론에 집약되어 있다. 이와 관련하여 신학은 어떤 주장을 하고 있는가?

1) 신을 알 수 있다는 주장

30. 신학자들은 인간이 신을 알 수 있다고 주장한다. 이를 뒷받침

하기 위하여 로마서가 전거로 제시되곤 한다. 거기에는 이렇게 기록되어 있다.

> **19**이는 하나님을 알 만한 것이 그들 속에 보임이라 하나님께서 이를 그들에게 보이셨느니라 **20**창세로부터 그의 보이지 아니하는 것들 곧 그의 영원하신 능력과 신성이 그가 만드신 만물에 분명히 보여 알려졌나니……(롬 1:19–20).

인용문의 핵심은 인간은 본성적으로 신을 알 수 있고, 피조물을 통해서도 신의 속성을 알 수 있다는 것이다. 물론 인간은 종교적 본질이므로 신에 절대의존하려는 감정을 느낄 수도 있고, 신의 속성에 관해 미루어 추측할 수도 있다. 하지만 신 자체를 완전히 알 수는 없다. 인간은 완전한 존재가 아니며, 완전한 존재가 아닌 인간이 완전한 존재를 알 수 있다는 것은 불가능하기 때문이다. 그러므로 누구든지 신의 실체에 완전히 접촉할 수는 없다. 이것이 자연신학의 한계성이다.

31. 신학자들은 신을 알 수 있다고 주장하기 위해 아래의 성구도 자주 인용한다. "너희가 나를 알았더라면 내 아버지도 알았으리로다. 이제부터는 너희가 그를 알았고 또 보았느니라"(요 14:7). 이 본문의 요지는 예수께서 자신이 하나님임을 교설(敎說)하며, 자신을 아는 것이 곧 신을 아는 것임을 표명한 것이다. 말하자면 나사렛 예수를 그리스도로 영접하는 사람, 즉 예수 그리스도를 신앙하는 사람만 신

을 알 수 있다는 것이다. 이것은 신앙 외에는 신을 알 수 있는 길이 없다는 것을 의미한다.

32. 바울은 인간의 본성과 피조물의 피조성을 통해 신을 알 수 있다고 주장하고(롬 1:19–20), 예수는 신앙만이 신을 알 수 있는 유일한 길이라고 가르친다(요 14:7). 그렇다면 신이 자기계시를 통해 알려진다는 것은 모순된 주장일 것이다. 계시신학은 인간을 신앙하는 주체로 간주하지 않고, 수동적으로 움직이는 객체로 고착화하기 때문이다. 어쨌든 인간은 자연신학이나 계시신학으로도 궁극적 존재인 신을 완전히 알 수는 없다.

2) 신의 본질을 규정할 수 있다는 주장

33. 신학자들은 신의 본질을 규정할 수 있다고 주장한다. 하지만 신의 실체에 완전히 접촉할 수 없는 인간이 신의 본질을 완전히 규정할 수 있다는 것은 모순이다. 누가 창조 이전과 이후, 그리고 종말 이후의 신의 본질을 완전히 규정할 수 있는가? 많은 신학자들이 해석학으로 신의 본질을 규정하려 시도하곤 했다. 그러나 이들은 해석학이 본문(text)처럼 가시적인 것들에 관해서는 체험 – 표현 – 이해의 순환과정을 거쳐 해석해낼 수 있지만, 신처럼 미지의 존재, 다만 신앙의 대상인 존재 자체에 관해서는 해석 자체가 불가능함을 깨닫지 못했기 때문에 이런 모순에 빠진 것이다. 신의 본질은 규정의 대상

이 아니고 직관의 대상이다. 신론을 현상학적 방법으로 접근해야 하는 이유는 바로 이 때문이다.

3) 신의 존재를 증명할 수 있다는 주장

34. 신학자들은 인간이 신의 존재를 증명할 수 있다고 주장한다. 그래서 지금까지 많은 신학자들이 신의 존재를 증명하려 시도했다. 대표적인 것으로는 존재론적 증명(Anselm of Canterbury), 우주론적 증명(Thomas Aquinas), 목적론적 증명(William Paley), 도덕적 증명(I. Kant, C. S. Lewis) 등이 있다. 그러나 이러한 신 존재 증명의 공통성은 최고의 존재가 있을 수밖에 없다는 필연성, 인과율의 법칙, 기계론, 심리주의 등의 관점에서 신의 존재를 기정사실화하려 했다는 점이다.

35. 신의 실체에 접촉할 수 없는 인간이 신의 존재를 증명한다는 것은 사실상 불가능하다. 그래서 차선책으로 고안해낸 방법이 존재유비(*analogia entis*)다. 그러나 피조물의 존재방식과 창조주의 존재방식을 존재유비로 설정하는 것 자체가 모순이다. 신은 신앙의 대상이지 존재유비를 통해 증명될 수 있는 실체가 아니기 때문이다.

4) 신관에 대한 신학적 독선

36. 신학자들마다 자신의 신관이 옳다는 독선에 빠져 있다. 하지만 신관은 "신, 그는 누구인가?"라는 질문에 대답하는 과정에서 다양화되고 차별화될 수밖에 없다. 이것은 마치 태양에 관해서 말하는 사람마다 태양에 관한 인상이 다른 것과 같다. 신관은 신에 관한 관점에 의해 결정되고, 이 관점은 신에 관한 이야기에 의해 결정된다. 신은 절대적 존재이지만, 신관은 상대적이다. 그러므로 특정인의 신관을 절대화하거나 교리화해서는 안 된다.

5) 히브리인의 하나님과 한국인의 하나님

37. 신학자들은 "히브리인의 하나님"을 온 인류의 신으로 신학화하는 것이 정통이론이며, 이 신학이 정통신학이라고 주장한다. 하지만 이 신은 이스라엘 자손의 하나님으로서 민족신일 뿐 결코 '한국인의 하나님'은 아니다. 민족마다 존재 자체인 우주적 신을 자신들을 위한 신으로 신앙할 수도 있고, 자신들의 삶의 자리인 땅과 관련하여 특정 이름으로 부를 수도 있다. 바로 이런 이유 때문에 신·토는 불이(不二)한 것이다. 지금부터라도 신학자들은 "히브리인의 하나님"을 신의 대명사로 신학화하는 데 심혈을 기울이기보다는 '한국인의 하나님'을 존재 자체로 신학화하는 데 정진해야 할 것이다.

5. 맺음말

38. 지금까지 우리는 "신, 그는 누구인가?"라는 주제에 다각도로 접근하며 신의 존재를 규명해 보았다. 창세기의 기록에 따르면 신(神)은 "땅의 흙으로 사람을 지으시고"(창 2:7), "에덴에 동산을 창설하시고 그 지으신 사람을 거기"(창 2:8) 두었다. 이것은 신 · 토 관계가 인간이 창조될 때부터 필연적이었음을 의미한다.

39. 한편 창세기 3장 19절은 신 · 토 관계가 근원적임을 밝히고 있다. 하나님은 아담과 하와를 에덴에서 쫓아내기 전에 "너는 흙이니 흙으로 돌아갈 것이니라"라며 사람이 다시 하나님의 흙으로 돌아가게 됨을 보장했다. 이것은 신 · 토 관계가 창조신학의 관점에서는 물론 구속신학의 관점에서도 신학화될 수 있다는 것을 입증하는 것이다. 바로 이 신 · 토 관계의 신학함이 신토불이 신학이다.

40. 신토불이 신학의 핵심은 신은 하나이나, 그 신은 각 민족의 삶의 자리인 땅과의 관계에서 다양한 이름으로 다양하게 신앙화될 수밖에 없다는 점과 신앙 형식의 다양화를 기정사실로 받아들이는 한

신 · 토 관계의 신학이 각 민족의 신학을 정립하는 기본 틀이 되어야 한다는 점이다.

41. 그렇다고 신토불이 신학을 범신론이나 다신론, 물활론이나 만유재신론 등으로 규정하거나 단정해서는 안 된다. 신토불이 신학은 이 땅과 관계하고 있는 신만을 이 땅의 풍토색으로 신앙하며 신학화하려는 신학이지, 땅까지도 신화(神化)하거나 신격화(神格化)하려는 신학은 아니다.

42. 신토불이 신학은 토착화 신학과도 구별된다.[6] 토착화 신학의 요점은 다른 땅의 신앙 전통이나 형식, 또는 예배 의식이나 제도 등을 이 땅에 이식하여 종자를 개량하거나 이 땅의 색깔로 채색하자는 것이다. 그러나 토착화 신학이 지향하는 종자개량은 혼혈주의에 불과하고, 채색작업은 형식주의에 불과할 뿐이다.

---

6) 신토불이 신학은 토착화 신학이 아니다. 토착화 신학은 삼위일체 신을 특정 지역의 신화나 종교의 신으로 해석하거나, 예배의식을 피선교지의 문화 형식에 맞추어 변형하는 신학이다. 거칠게 표현하면 기독교의 본래성을 탈기독교화(脫基督敎化)하는 신학이 토착화 신학이다. 이에 반하여 신토불이 신학은 토착화 신학의 신학적 인식과는 전혀 다른 개념으로 신학을 규정한다. 신토불이 신학은 신과 토의 관계에 관한 신학이다. 그러므로 때와 장소에 따라 신 개념을 달리하는 토착화 신학과는 차이가 있다. 그리스도는 언제 어디서나 동일한 존재이므로 한국에서는 "그리스도의 한국화", "그리스도의 한국인화"가, 같은 논리로 미국에서는 '그리스도의 미국화', '그리스도의 미국인화'가 기독교 신앙과 신학의 핵심이다. 이런 맥락에서 이해한다면 신토불이 신학은 새로운 유형의 토착화 신학이라 할 수도 있을 것이다. 그러나 이런 규정은 매우 조심스럽게 표현되어야 할 것이다. 신토불이 신학을 '보편적 신학', '우주적 신학'이라고 규정하기도 한다. 한숭홍, 『무엇이 교회를 위한 신학인가?』 (서울: 장로회신학대학교 출판부, 2008), pp. 136-37 각주 1)을 참조.

기독교 인간관

1. 머리말

1. 인간을 통일적이고 체계적으로 파악한다는 것은 거의 불가능하다. 각 민족의 관습이나 전통, 사회나 의식구조, 또는 종교나 문화 정도 등에 따라 인간관은 천차만별로 다양화될 수 있기 때문이다. 뿐만 아니라 인간 각자가 일상생활 속에서 관조하는 인간의 삶에 대한 이해 역시 통일적이 아니며 오히려 개별적이기 때문이다. 어쨌든 인간에 대한 이해가 이처럼 다양할 수밖에 없다는 것은 '인간이란 무엇인가?'라는 인간의 본질에 대한 궁극적 질문이 인간의 역사 만큼이나 오래되었으며 근원적이라는 것을 의미한다. 이것은 거시적으로 보면 인간이 자기 자신에게 던진 질문인 동시에 자기정체성을 의식하며 인간의 본래성을 파악하기 위하여 던진 질문이라는 것을 시사하는 것이다.

인간학자들은 인간에 대한 질문에 매우 진지하게 대답하기도 하고, 인간의 본질에 대하여 삶의 상황에 따라 새롭게 규정하기도 하며 인간에 대한 연구를 계속하고 있다. 인간을 "하나님의 형상", "만물의 척도", "정치적 동물", "인내천(人乃天)" 등등으로 규정하는 것은 인간을 인간의 관점에서 파악하려는 것이다. 이처럼 인간은 자기 자신에 관해서 묻고 자기 자신에 관해서 자기 스스로 규정하면서 인간에 관한 견해를 개진해간다.

2. 기독교 인간관은 하나님에 의해 창조된 하나님의 형상(창 1:26–27), 아담의 죄로 타락한 죄인(창세기 3장), 그리스도로 말미암아 구속된 의인(마 1:21; 요 1:12, 3:15–16, 6:35, 10:9, 11:25–26, 14:1–3, 6; 롬 1:17, 3:22–28, 5:8–10, 10:9–10; 딛 3:6–7) 등 세 가지 인간론에 따라 분류된다. 그런가 하면 유기체로서의 인간을 영과 육으로 분류하여 보려는 2분법적 인간이해, 또는 영 · 혼 · 육으로 분류하여 보려는 3분법적 인간이해에 따라 연구하기도 한다. 하지만 이러한 인간관은 결과적으로 인간을 형식에 따라 파악하려는 인간학 연구의 전형적인 유형이므로 인간관에 대한 궁극적 이해에 크게 도움이 되지 않는 것이 사실이다. 교리사적으로 고찰해보아도 기독교 인간관은 지난 2,000년 동안 '인간=죄인'의 패러다임을 벗어나지 못하였고, 이러한 굴레에 속박당한 채 전승되어왔다. 20세기에 진입한 후 불트만(Rudolf Bultmann)에 의해 인간의 원죄성에 대한 실존론적 해석이 시도되면서 비로소 기독교 인간관에 대한 접근방식에 새로운 전기를 맞게 되었다. 하지만, 실존신학의 인간관 역시 인간의 원죄를 실존 현상으로 해석하기 위한 새로운 방식을 적용하고는 있지만, 그럼에도 불구하고 전통적인 기독교 인간관의 틀을 크게 벗어나지는 못하였다. 한마디로 불트만과 그의 제자들은 인간의 원죄 의식을 인간의 실존 개념으로 풀이하려했다는 점에서 결과적으로 하이데거(Martin Heidegger)의 실존철학에 신세진 셈이 되고 말았다.

3. 기독교가 인간을 어떤 유행 철학이나 사상에 편승하여 파악하려 하는 한 기독교 인간관은 결코 인간의 본질 자체를 정확하게 규명할 수 없을 것이며, 그렇다면 기독교 인간관은 완전한 인간관을 제공할 수 없을 것이다. 이미 성서는 기독교 인간관의 원형을 분명히 제시하고 있다. 창조주 하나님(神)과 흙(土)으로 그의 형상에 따라 만든 흙덩어리 인간과의 관계론이 그것이다. 그렇기 때문에 기독교 인간관은 성서로부터 이론화를 위한 전거를 찾아야 하며 이러한 관점에서 인간을 보며 인간의 본래성을 찾아야 할 것이다. 그렇지 않을 경우 지금까지의 수많은 기독교 인간관이 그러했듯이, 인간에 관한 기존의 진술들을 복창하거나 재생산함으로써 기독교 인간관은 인간 탐구의 학문적 의미를 상실하게 될 것이다. 기독교 인간관, 이제는 신토불이(神土不二) 신학적 관점에서 접근하며 본원적으로 담론화해야 할 때이다.

4. 이 작업은 기독교 인간관의 또 하나의 이론을 제시하려는 데 목적을 두지 않으며, 오히려 보다 본질적이고 원형적인, 그래서 본원적이라고 말할 수도 있을, 창세기의 인간 창조 정황과 신토불이 신학적 관점에서 기독교 인간관을 신학계에 제시하려는 것이다.

2. 구약성서의 인간관

5. 구약성서의 창조신학적 패러다임은 하나님의 창조에 정향되어 있지만 창조목적의 관점에서 보면 인간에 초점이 맞추어져 있다. 한 마디로 구약성서는 인간학을 위한 논거에 중심을 두고 있다는 말이다. 하지만 나의 주장에 대하여 이론(異論)을 제기하는 구약성서 신학자들, 특히 창세기 연구 학자들의 비판은 거셀 것이다. 나는 이러한 비판에 개의(介意)치 않고 '하나님의 창조목적은 인간의 삶을 위한 것'이라는 점을 철저하게 주장한다. 창세기의 기록은 나의 주장을 더욱 확실하게 뒷받침하고 있다.

26하나님이 이르시되 우리의 형상을 따라 우리의 모양대로 우리가 사람을 만들고 그들로 바다의 물고기와 하늘의 새와 가축과 온 땅과 땅에 기는 모든 것을 다스리게 하자 하시고 27하나님이 자기 형상 곧 하나님의 형상대로 사람을 창조하시되 남자와 여자를 창조하시고 28하나님이 그들에게 복을 주시며 하나님이 그들에게 이르시되 생육하고 번성하여 땅에 충만하라, 땅을 정복하라, 바다의 물고기와 하늘의 새와 땅에 움직이는 모든 생물을 다스리라 하시니라(창 1:26-28).

성서를 관통하는 중심개념은 인간이다. 하나님은 인간의 삶을 위하여 6일간 천지만물을 창조하였고, 일곱째 날 안식하였다. 창조의 대미(大尾)는 "천지와 만물이 다 이루어지니라"(창 2:1)라는 한 문장에 압축되어 있다. 이것은 천지만물 창조의 완성을 선언한 것일 뿐만 아니라 자기 형상대로 만들어진 인간의 생존조건이 충족되었음을 함축하고 있는 선언이다.

6. 인간은 다른 피조물과 본질적으로 다를 뿐만 아니라 창조주의 창조목적에 있어서도 철저히 구별된다. 인간의 피조성에는 천지만물을 다스릴 수 있는 능력이 부여되어 있으며, 다른 피조물들에는 자연에 순응할 수밖에 없는 자연의존성만 주어져 있다. 따라서 인간은 주체로서 삶을 영위할 수 있으나, 천지만물은 피조성에 함유된 물화된 대상성이나 본능적 생동성만을 가진 객체로서 현존할 뿐이다. 한마디로 인간 외의 피조물은 하나님의 말씀으로 창조되었고(창 1:3) 인간을 위해 창조된 것인데 반하여, 인간은 하나님의 말씀으로 창조된 것이 아니고 하나님의 창조목적에 의해 "하나님의 형상(Imago Dei)"으로 만들어진 것이다.

7. 이런 관점에서 보면 인간은 여러 면에서 하나님을 닮은 것이다. 형상뿐만 아니라 언어를 사용하는 점, 사물을 창조하고 섭리하는 하나님의 능력을 닮아 문화를 창조하고 자연을 다스릴 수 있는 능력을 갖고 있는 점, 언어로 하나님과 인격적 관계를 유지할 수 있는 점 등등. 이것은 어떠한 피조물에게서도 발견할 수 없는 인간만의 고유성

이다. 구약성서의 인간관은 바로 이러한 전이해(Vorverständnis)를 가지고 접근할 때 비로소 하나님의 창조목적에 부합할 수 있다. 그렇다면 하나님의 형상을 닮은 인간은 하나님에 의해서 창조될 때 다른 피조물과 무엇에서 차이를 드러내고 있는가? 즉 인간은 무엇으로 창조되었는가? 바로 이 인간 창조의 궁극적 질문에 대한 대답이 창세기다.

1) 창세기는 흙의 현상학

8. 창세기의 인간 창조설은 두 가지다. 창세기 1장에는 "하나님의 형상대로 사람을 창조하시되 남자와 여자를 창조"(창 1:27)한 인간 창조설이 기록되어 있다.

9. 창세기 1장의 창조설은 남녀가 모두 "하나님의 형상"이라는 점을 부각하기 위한 창조설이다. 이것은 인간 창조의 시원(始原)의 문제에 대한 문화종교학적 해석이나 종교사회학적 해석, 또는 남녀 간의 품격과 위상에 대한 여성신학적 전거나 기능주의적 이론에 깊은 영향을 줄 수 있는 의미심장한 주장이다. 하지만 여기에서 문제되는 것은 하나님의 형상대로 남녀를 창조하시되 무엇으로 창조했는지에 대하여는 어떠한 언급도 하지 않고 있다는 점이다.

10. 그 반면에 창세기 2장에서는 하나님이 인간을 무엇으로 창조

했고, 남녀의 사회적, 생리적, 기능적 차이는 무엇인가를 분명히 제시하며 창조의 목적을 설명하고 있다.

> **7**여호와 하나님이 땅의 흙으로 사람을 지으시고 생기를 그 코에 불어넣으시니 사람이 생령이 되니라(창 2:7).

> **18**여호와 하나님이 이르시되 사람이 혼자 사는 것이 좋지 아니하니 내가 그를 위하여 돕는 배필을 지으리라 하시니라(창 2:18).

> **21**여호와 하나님이 아담을 깊이 잠들게 하시니 잠들매 그가 그 갈빗대 하나를 취하고 살로 대신 채우시고 **22**여호와 하나님이 아담에게서 취하신 그 갈빗대로 여자를 만드시고 그를 아담에게로 이끌어 오시니 **23**아담이 이르되 이는 내 뼈 중의 뼈요 살 중의 살이라 이것을 남자에게서 취하였은즉 여자라 부르리라 하니라(창 2:21–23).

창세기 2장 7절은 인간 창조의 핵심이다. 그뿐만 아니라 이 한 절이 창세기의 진수(眞髓)라고 할 수 있다. 창세기는 흙의 현상학이다. 창세기는 흙을 인간 창조의 질료로 설명하고 있다. 인간은 곧 흙이다. 아담(Adam)은 '흙('adamah)'이라는 뜻이다. 그렇기 때문에 인간의 기원에 대한 연구는 흙에 대한 현상학적 탐구를 필요로 한다.

11. 창세기 2장 7절에서 언급된 흙이란 무엇인가?
첫째, 하나님은 "땅의 흙"으로 인간을 지었다. 이 흙('āpār)은 땅의 원소이며, 동시에 질료 그 자체다. 이 흙은 구체적으로 존재하는 물적 실체가 아니기 때문에 지질학적으로나 화학적으로 분석될 수도 없다. 오직 하나님의 흙일 뿐이다.

하나님의 흙은 인간을 만든 질료이며, 하나님이 소유한 유일한 물질이다. 이처럼 하나님의 흙은 하나님에 의해서 창조된 세계 내의 흙과는 본질적으로 다를 뿐만 아니라 어떠한 연상적 이해나 해석에 의해 유추할 수도 없는 하나님의 질료다. 이것은 마치 비유적으로 설명해본다면 영원과 시간의 차이만큼이나 이질적이다. 따라서 누구든지 하나님의 흙에 대하여 창조신학적으로 이해하려 한다면 우선 흙에 대한 고정관념이나 편견을 철저히 버려야 한다. 예를 들면 흙은 검붉기도 하고 무겁기도 하다든가, 질그릇의 재료가 될 수도 있고 건축 자재가 될 수도 있다든가 하는 판단을 정지할 때 비로소 하나님의 흙 자체를 이해할 수 있을 것이다. 이러는 한에서 하나님의 흙에 대한 이해가 가능하며, 아담, 곧 흙으로서의 인간이해가 가능하다. 기독교 인간관은 하나님의 흙에 대한 현상학적 기술(記述)에 의해서 보다 성서적으로 파악될 수 있다.

둘째, 하나님의 흙은 질료 그 자체에 대한 기술을 통해서뿐만 아니라 역설적이게도 현상에 있어서 질료적인 것을 배제하고 흙의 순수한 본질을 직관함으로써 보다 깊이 이해될 수 있다.

셋째, 흙의 초월적 본질을 내재적 본질로 전환시켜 현상분석에 의해 직관함으로써 하나님의 흙에 대한 인간의 이해가 가능하다.

인간은 흙이다. 흙의 현상학에 따르면 인간은 하나님의 흙 자체이며, 동시에 천지만물과 함께 창조된 땅으로서의 흙에 속하는 존재다. 이처럼 창세기는 이미 신토불이(神土不二) 신학의 전거를 확실히 제시하고 있다. 창세기에서 묘사되고 있는 하나님과 인간, 곧 하나님과 흙의 관계는 신토불이 신학의 정당성과 정통성을 증명하는 서술이다.

2) 신토불이 신학의 인간관은 창세기에서 기원

12. 창세기의 인간관에 따르면 모든 인간은 인종이나 문화, 시간이나 공간 등에 의한 차이를 뛰어넘어 존재하는, 하나님에 의해 흙으로 창조된, 하나님의 형상이다. 이것은 첫째, 하나님은 흙과 불가분리적 관계를 맺고 있다는 점, 둘째, 하나님은 어느 한 민족만의 하나님이 아니기 때문에 진정 하나님이라는 점, 셋째, 하나님은 그의 흙(*adamah*)으로 빚어진 '아담'의 땅(*'erets*)에 관계하는 하나님이라는 점을 창조신학적으로 진술한 신론이다. 창세기의 신학적 의의는 인간은 누구나 하나님의 형상이며, 하나님이 흙으로 지은 아담의 후예라는 것이다. 한국 아담인 나에게서 하나님은 이 땅의 하나님이다. 그런데 보수주의 신학자들이나 도그마주의자들은 창조주 하나님을 유대 민족신으로 고착하며 하나님의 전지전능, 무소부재의 절대속성을 제한하고 있다. 나는 이 땅을 창조하고 그의 흙으로 나를 빚어 만든 바로 그 하나님을 나의 하나님으로 믿는다. 저들의 하나님과 저 땅과의 관계가 아니라 바로 이 하나님과 이 땅과의 관계에서 나의 신앙은 역동한다(롬 3:29-30). 기독교 인간관은 바로 이런 의미에서 신

토불이 신학의 인간학이다. 이것이 하나님과 흙, 흙과 삶, 삶과 사람의 창조신학적 역학관계이며, 창조목적에 부합하는 기독교 인간관의 원형이다.

3) 창세기는 신토불이 신학의 전거

13. 보다 구체적으로 말하면 창세기는 신토불이 신학을 적나라하게 펼쳐 보여주고 있는 경전이며, 신토불이 신학의 원형을 기록한 문서다. 창세기는 신토불이 신학을 말하며, 신토불이 신학적 인간관이야말로 기독교 인간관의 정석임을 입증하고 있는 자료다.

14. 요컨대, 기독교 인간관의 원형은 창세기에 압축되어 있으며, '하나님, 흙, 하나님의 형상, 인간, 생명'의 관계에서 인간의 모습을 진술하고 있다. 하나님이 흙으로 그의 형상대로 창조한 인간(Adam)은 '흙('adamah')'의 뜻이고, 흙인 아담으로부터 만들어진 하와(Eva)는 '생명'의 뜻으로 "그는 모든 산 자의 어머니가 됨이더라"(창 3:20)라는 표현에서도 알 수 있듯이 삶의 근원이다. 신토불이 신학적 인간학은 아담(인간)인 흙이 흙으로 되돌아가는 환원의 의미를 내포하고 있다. 창조주는 분명히 인간에게 "너는 흙이니 흙으로 돌아갈 것이니라"(창 3:19)라고 명령하였다.

15. 기독론은 "흙으로 돌아갈" 수밖에 없는 인간이 '흙이 되어야

하는 것(Sollen zu Erde)'을 우주적 드라마로 펼쳐 보여준 하나님의 창조-구속의 목적에 부합한다. 하나님 자신이 인간을 흙으로 창조하셨고, 하나님과의 관계가 단절된 인간을 예수 그리스도를 통해 다시 흙의 원형질('adamah)이 되게 한 것은 그리스도가 하나님과 흙의 본원적 · 창조신학적 관계에서 필연적으로 흙인 아담과, "모든 산 자의 어머니(die Mutter aller, die da leben)"인 하와의 그리스도가 되어야 함을 명확히 표현한 것이다.

16. 창세기의 인간관은 신토불이 신학의 인간관이다. 하나님은 유대 민족만의 하나님이 아니고 흙인 인간이 발붙이고 있는 모든 땅의 하나님이다. 뿐만 아니라 흙의 회복을 위해 흙이 된(incarnation) 그리스도는 유대 민족만의 그리스도가 아니고 "예루살렘과 온 유대와 사마리아와 땅 끝까지"(행 1:8)의 그리스도인 것이다. 그리스도가 한국인을 위한 그리스도가 될 수 있는 것은 그리스도가 한국인화될 때 비로소 가능하다. 마찬 가지로 그리스도가 아프리카 흑인의 그리스도가 될 수 있는 것은 그리스도가 아프리카 흑인화될 때 비로소 가능하다. 그렇지 않을 경우 그리스도는 항상 유대인을 위한 그리스도로 잘못 인식될 것이며, 그러는 한 하나님의 창조목적과도 괴리될 것이다. 또한 신학적 오류의 이론에 따라 조작된 '거짓 그리스도(Pseudochrist)'로서 신앙 고백의 대상이 될 것이다. 지금 이곳의 삶에서 나는 그리스도를 만날 수 있으며, 바로 이 그리스도는 나의 그리스도가 되는 것이다. 로마서 3장 29-30절은 기독교 인간관의 신토불이 신학적 논거를 더욱 확실하게 입증하고 있다.

29하나님은 다만 유대인의 하나님이시냐 또한 이방인의 하나님은 아니시냐 진실로 이방인의 하나님도 되시느니라 30할례자도 믿음으로 말미암아 또한 무할례자도 믿음으로 말미암아 의롭다 하실 하나님은 한 분이시니라(롬 3:29-30).

3. 신약성서의 인간관

1) 복음서는 흙의 해석학

17. 복음서의 핵심은 그리스도의 오심에 초점이 맞추어져 있다. 그리스도는 첫째 날에 창조된 이 땅('erets)에 오셨다. 그리스도는 이 땅 위의 인간을 흙('adamah)의 원형으로 회복하기 위한 하나님의 목적의 구현체다. 이런 맥락에서 본다면 복음서는 하나님, 그리스도, 흙으로의 완전한 회복이 필요한 인간의 관계가 구속의 사건과 연관되어 엮어진 기록이다. 그렇기 때문에 복음서, 특히 예수 그리스도의 어록 자체는 흙에 대한 해석을 통해 그 의미가 드러날 수밖에 없다.

18. 복음서는 다양한 주제들에 대한 해석을 요청한다. 하지만 복음서의 중심주제는 흙이다. 보다 광의적으로 말하면 복음서는 하나님이 흙이 되어 흙인 이 땅에 오시는 과정으로부터 흙인 인간이 그리스도를 통해 하나님의 흙으로 되돌아가야 하는 종말론적 종점까지를 묘사하고 있다. 그러므로 복음서를 이해하기 위해서는 흙의 해석학이 필요하다.

19. 성서에는 흙에 해당하는 낱말이 세 가지나 된다. ① 에레츠 (*'erets*)는 하나님이 하늘과 함께 창조한 태초의 피조물인 땅이고(창 1:1), ② 아파르(*'āpār*)는 인간을 만든 땅의 흙으로서 아담이 돌아가야 할 흙이며(창 2:7, 3:19), ③ 아다마(*'adamah*)는 인간(Adam)의 실체이며 아담의 근원이 된 땅이다(창 2:7, 3:23).

20. 에레츠로서의 흙은 인간의 삶의 현장일 뿐 아니라 하나님의 임재의 장소이기도 하다. 그러므로 창조신학적으로 보면 땅은 어디를 막론하고 모두 거룩한 곳이며, 하나님과의 만남이 가능한 지성소다. 특수한 공간을 지정하여 그곳만을 성소, 또는 지성소로 신성화하는 것은 하나님의 창조목적을 인간이 자의적으로 해석한 사설(Pseudodoxie)이다. 하나님은 창조의 때에 땅을 성(聖)과 속(俗)에 따라 구별하거나 차등화하지 않았다. 하나님은 자신이 창조한 어떠한 것도 '보시기에 안 좋았더라'라고 후회한 적이 한 번도 없다. 땅 자체는 "하나님의 보시기에 좋은 곳"이다.

10하나님이 뭍을 땅이라 부르시고 모인 물을 바다라 부르시니 하나님이 보시기에 좋았더라 11하나님이 이르시되 땅은 풀과 씨 맺는 채소와 각기 종류대로 씨 가진 열매 맺는 나무를 내라 하시니 그대로 되어 12땅이 풀과 각기 종류대로 씨 맺는 채소와 각기 종류대로 씨 가진 열매 맺는 나무를 내니 하나님이 보시기에 좋았더라(창 1:10-12).

24하나님이 이르시되 땅은 생물을 그 종류대로 내되 가축과 기는 것과 땅의 짐승을 종류대로 내라 하시니 그대로 되니라(창 1:24).

　창세기에 의하면 땅은 인간의 삶의 장소다(창 1:10-12, 24). 하지만 아담과 하와가 하나님의 명령을 어기고 선악과를 따먹었기 때문에 에덴에서 쫓겨나게 되었고 땅도 저주를 받게 되었으며(창 3:17), 인간이 저주의 땅의 거민이 되면서 죄는 인간의 본성이 되었다. 복음서는 하나님이 저주의 땅에 오시는 과정과 목적을, 그리고 제1의 아담의 후예들이 제2의 아담 예수 그리스도로 말미암아 본래의 아담으로 회복되는 우주적 사건을 담고 있다.

　21. 기독교 인간관은 인간의 삶의 자리인 이 땅이 그리스도가 오신 곳이며, 이 땅이 어디든지 간에 그리스도와 본래적으로 직결된 곳이므로 그리스도가 이 땅의 그리스도라는 전제로부터 출발한다. 이 땅이 "길가"인지 "돌밭"인지, 또는 "가시떨기"가 뒤덮인 땅인지 "좋은 땅"인지(마 13:1-10; 막 4:1-9; 눅 8:4-8)에 대한 해석은 문화적·선교학적 맥락과도 관계된 문제다. 복음의 씨앗은 좋은 땅에만 떨어지는 것이 아니고, 세계의 모든 땅에 떨어진다. 다시 말해서 그리스도는 지상의 어디에서나 그곳의 땅과 만난다. 그렇기 때문에 기독교 인간관은 그리스도가 이 땅의 삶의 자리를 결정할 수 있다는 것에 초점을 두고 있다(롬 3:29-30).

　22. 땅의 저주는 땅의 이질화를 의미하며, 신·토 관계의 변질을 뜻한다. 그리고 땅의 다양한 양태는 땅에 대한 신·토 관계의 다양

성을 의미한다. 그런가 하면 예수의 땅의 비유에서 보았듯이 땅에 대한 이해는 신토불이의 관계가 어떻게 구현되고 있는가라는 데 의존한다. 그렇기 때문에 기독교 인간관은 땅에 대한 해석에 좌우된다. 기독교 인간관은 흙과 그 흙에 떨어진 복음의 씨앗(=말씀)이 생명을 틔우기 위해서 몸살을 앓고 있는 바로 그곳에서 인간 자신도 태초의 흙('adamah)이었음을 적나라하게 드러낸 인간관이다. 이것이 신토불이 신학적 인간학이다.

2) 그리스도는 신토불이 신학의 원형

23. 그리스도는 하나님이 인간이 된 영원한 역설(Paradox)이다. 이것은 하나님이 그가 창조하고 저주한 바로 이 땅에 오셨고 "이 땅의 인간(tellurian, *homo tellus*)"으로 존재한다는 것이다.[1] 우리는 '하나님은 무소부재하신 존재다'라고 말하는 사람을 범신론자라고 정죄하지 않는다. 무소부재, 곧 편재는 하나님의 절대속성이기 때문이다. 이렇듯 그리스도 역시 무소부재하신 존재다. 그리스도는 '교회 안에만' 존재하는 것이 아니고 장소를 초월해서 존재한다. 그리스도는 엠마오 도상에도 계셨다. 한마디로 그리스도는 성육신된 하나님의 실체다. 하나님은 이 땅을 떠나 홀로 존재하는 분이 아니며, 그리스도로서 항상 이 땅과 관계하고 있다. 하나님은 첫째, 저주의 땅 에레츠와

---

1) "tellurian"은 "지구인"이란 의미로, 에덴동산에서 원죄 이전에 살았던 에덴인과 구별된다. '*homo tellus*', '*homo tellurianus*'로 표기할 수도 있다.

창조신학적으로, 둘째, 죄인인 인간의 원존(原存) 아다마와 구속신학적으로 관계를 맺고 있는 존재다. 그의 성육신은 신토불이 신학의 원형을 창조한 것이다. 그렇기 때문에 기독교 인간관은 기독론적이다.

4. 기독교 인간관의 초점은 신토불이 신학

1) 신학은 인간학

24. 포이에르바흐(L. Feuerbach)는 "신학은 인간학이다"라고 규정했다.[2] 이 명제에 대하여 대다수의 신학자들은 거부반응을 일으키며, 맹렬히 비판한다. 하지만 이러한 비판가들의 무지는 하나님이 신학함의 주체가 될 수 없다는 점을 간과한 점이다. 하나님은 결코 신학을 하지 않는다. 하나님은 자신을 현현하거나(창 16:7–13, 32:30; 출 34:5–7, 40:34-35; 민 12:6–8; 신 5:22–26; 합 3:3) 자신에 관해 언급은 하지만 그 스스로 자신의 정체에 관해 해석하거나 정론화를 위해 방법론을 도입하거나 하지 않는다. 하나님(*theos*)에 관하여 말하는 것(*logos*), 그 자체는 인간의 학문성(*logia*)에 속한다. 결과적으로 신학은 인간이 어떻게 창조되었으며, 지금 이곳의 생명체로 존재하게 되었는지, 그리고 죽으

---

2) Ludwig Feuerbach, *Das Wesen des Christentums* (Stuttgart: Philipp Reclam Jun., 1969), pp. 10, 23-26, 346, 400.

면 어떻게 되는지에 관한 설명, 언급, 이론을 학문화한 것이다. 이에 따라 교회는 인간이 그들의 삶의 자리에서 하나님의 명령에 따라 바르게 행동할 것을 가르쳐준다. 어쨌든 신학함의 주체는 하나님이 아니고 인간이다. 그뿐만 아니라 신학의 목적도 인간을 위한 것이다. 하나님은 신학의 대상일 뿐이며, 그렇기 때문에 객체다. 단도직입적으로 말해서 신학은 인간학일 수밖에 없으며, 신토불이 신학일 수밖에 없다. 기독교 인간관은 인간이 비록 죄인이지만, 하나님을 대상으로 연구할 수 있는 능력을 가진 존재로 규정한다. 인간은 종교적(*homo religiosus*)이라거나 "인간은 믿으려고 태어났다"(Benjamin Disraeli)는 등등의 다양한 인간론들 역시 기독교 인간관의 규정들에 속한다. 이것은 신토불이 신학을 종교적 신앙의 관점에서 보려는 시도다.

5. 맺음말

25. 기독교 인간관은 창조신학과 구속신학에 그 뿌리를 두고 있다. 창조신학은 하나님과 땅의 상관관계에 집약되어 있고, 구속신학은 그리스도가 삶의 자리가 되는 곳, 그 어디에서나 그 땅의 그리스도로 되기 때문에 '땅화된 그리스도'에 초점이 맞추어져 있다.

26. 한마디로 말해서 기독교 인간관은 신토불이 신학에 근원한다. 신토불이 신학은 창조설화가 담긴 창세기의 신학이며, 생명의 신학이다. 뿐만 아니라 그리스도의 사건이 함축되어 있는 기독론이며, 삶의 신학이다. 이상의 내용은 아래와 같이 정리된다.

첫째, 신토불이 신학은 그리스도의 땅화를 요청하는 삶의 신학이다. 그러므로 만일 그리스도가 나의 삶의 자리인 지금 이곳의 땅과 분리되어 있다면, 이러한 그리스도, 즉 신토분리(神土分離)의 그리스도는 나의 그리스도가 될 수 없다. 그리고 만일 그리스도가 신토합일(神土合一), 즉 하나님과 땅('erets, 'adamah, 'āpār)의 합일로 규정된다면 기독교 신학은 신비주의의 한 형식이나 공간적 성현(hierophany)을 신앙하는 지모신(地母神) 숭배의 한 형식으로 전락하게 될 것이므로 이 역

시 신토불이 신학은 아니다. 결국 신토합일은 신비주의로, 신토분리
는 이원론으로 빠지게 된다. 신토불이 신학은 신비주의도 아니고,
이원론도 아니다. 신토불이 신학은 가장 기독교적인 신학일 뿐만 아
니라 그리스도는 이 땅의 그리스도가 되어야 한다는, 이런 의미에서
그리스도의 땅화를 요청하는 삶의 신학이다. 그리스도가 이 땅의 그
리스도가 됨으로써 이 땅은 생명의 땅이 되며, 이 땅의 거민들은 흙
('adamah → Adam)으로 회복되는 것이다. 이런 관점에서 본다면 삶의 신
학으로서의 신토불이 신학은 생태신학도 에큐메니칼 신학도 개인
구도의 신학도 될 수 있다. 신토불이 신학의 초점은 항상 삶, 생명에
맞추어져 있기 때문이다.

　둘째, 기독교 인간관은 인간을 신토불이 신학의 관점에서 통일적
이고 체계적으로 파악해야 하는 인간관이다. 인간은 비록 죄인이지
만 "하나님의 형상"이며 동시에 흙으로 만들어진 존재(Adam)이기 때
문이다.

III

神土不二 神學의 본질과 현상

神土不二 신학의 방법론은 신학적인가?

1. 머리말

1. 신토불이(神土不二) 신학이란 학명은 내가 1994년 10월 28일 『침신대학보』에 기고한 "한국 토착화 신학의 현주소"라는 논문에서 처음 사용하면서 한국 신학계에서 널리 알려지게 되었다. 신토불이 신학은 한국 신학의 제1 유형인 '종교 – 문화적 신학'과 제2 유형인 '사회 – 정치적 신학'에 이어 한국 신학의 제3 유형으로 등장한 신학이다. 여기에서 나는 신토불이 신학의 방법론을 중심으로 신토불이 신학의 학문성을 개진할 것이다.

2. 신학에서 방법은 왜 중요한가?

2. '신에 관한 말씀(Rede von Gott)', '신에 관한 이야기(talk about God)' 등
으로 풀이되는 신학이라는 개념은 기독교 신학의 역사만큼이나 오
랫동안 지속되면서 정의되어왔다. 하지만 신학이 무엇인지에 대한
학자들 간의 논쟁은 최근까지도 저서들이나 학술지들을 통해 계속
되고 있다. 신학계의 이런 현상은 신학자마다 자신들의 상황에 따라
신학의 본질을 규정함으로써 초래된 결과인데, 이것은 신학이 지금
까지 상황신학에 안주하며 '신학의 원형'에 대한 신학은 하지 못했
다는 사실을 자인한 것이다. 이것은 마치 물(H₂O)을 원소로 설명하
기 이전에 알고 있던 물에 관한 지식이 정확하지 않았던 것과 같은
것이다. 비근한 예로 한 시인이 호숫가에서 갈대숲과 물새들과 태
양, 그리고 건너편 초원 넘어 아득히 보이는 눈 덮인 산봉우리 등을
보며 〈호숫가의 밀어(密語)〉라는 시를 읊었을 때, 그는 잔물결을 일으
키며 잔잔하게 밀려오는 물소리에서 삶의 깊은 의미가 자신에게 속
삭이듯 들려오는 물의 의인화된 생명력을 느낀 것이다. 같은 곳에서
화가가 〈물이 들려주는 이야기〉라는 제목으로 자신이 감상한 호숫
가 풍광을 그렸을 때, 그 그림에서 화가는 물을 생명의 근원으로 받

아들인 것이다. 같은 호수에서 시인과 화가의 물에 대한 감상이 다르고, 낚시꾼이나 환경 감시요원의 물에 대한 이해가 다를 수밖에 없는 것은 당연하다. 인간은 자신의 주관에 의해 대상을 인식하기 때문이다. 이렇게 인식된 자료들이 인간 각자의 진·선·미의 보편적 가치관을 형성하게 된다.

어쨌든 지금까지 신학자들이 신학의 원형에 관해서 정확한 정의를 내릴 수 없었다는 것은 위의 예에서 보았듯이 시인과 화가의 물에 대한 이해의 차이처럼 신에 대한 이해의 차이에서 발로된 현상이라 하겠다. 여기서 나는 시인이나 화가의 물에 대한 이해가 틀렸다거나 감성적으로 표상한 주관적 해석이므로 무의미하다고 말하지는 않는다. 다만 그들의 물에 대한 이해는 원소에 의한 화학적 정의가 아니라는 점, 그러므로 물의 성분에 대한 정확한 정의는 아니라는 점을 밝히는 것이다.

3. 어느 누구도 신학에 관해 정확하게 규정할 수 없다는 것은 신학에 대한 정의가 복잡하고 다양하다는 것을 의미한다. 그렇기 때문에 신학은 신에 관한 지식을 얻기 위한 수단이나 도구, 이렇게 얻은 지식을 학문화하기 위한 과정을 필요로 하게 된다.

4. 신학에서 방법은 신학의 본질, 원리, 규범, 체계, 동인 등과 관계하며 신학의 정체성을 결정한다. 신학 2,000년사의 핵심문제는 방법에 관한 것이라고 해도 과언이 아니다. 신학논쟁의 대부분은 신학이해에 관한 것이었지만, 신학이해 자체는 신에 관한 지식을 어떻게

학문화하느냐, 어떻게 신학화하느냐, 어떻게 기독교화하느냐의 방법론상의 문제들이었다. 이 말은 신학이 신학방법에 의존적이기 때문에 신학에서 방법이 중요하다는 것을 의미한다.

5. 신학은 방법을 철학에서 넘겨받아 사용하고 있다. 신학은 이성에 의존적 학문이 아닐 뿐 아니라 이성에 의한 접근을 통해 방법을 창출할 수 있는 논리의 학문도 아니다. 모든 방법은 철학에서 창출되어 각 학문의 영역에서 도구처럼 사용될 뿐이다. 심지어 자연과학에서조차 실험을 통한 귀납적 방법은 철학에서 얻어갈 수밖에 없다. 원래 학문분류학에 따르면 자연과학이나 신학을 비롯한 모든 학문들은 철학이라는 하나의 거대한 유기체에 속했기 때문에 철학의 영역으로 취급되어왔으나, 19세기 말엽에 와서 개체로 분화되면서 학문분류의 과정을 거쳐 독립학문으로 자리 잡게 되었다. 그래서 라부스(Georg Leonhard Rabus, 1835-1916)와 같은 현대 학문이론의 선구자는 철학을 "학문의 어머니"라고 부르는 것이다.

6. 철학과 신학은 철저히 다르다. 철학은 사변의 학문이다. 사변이란 순수한 사유만으로 대상에 대한 인식에 도달하는 방법이다. '순수한 사유란 무엇이며, 현실적으로 가능한가?' 이런 질문들은 사변의 폭을 더욱 확장하도록 촉진할 것이다. 그렇기 때문에 철학은 방법을 만들어낼 수 있다. 그러나 신학은 신앙의 학문이다. 신앙은 계시와 관계되기 때문에 비합리적이며, 사변으로는 접근할 수 없다. 신학이 방법을 창출할 수 없는 것은 이 때문이다.

7. 철학의 주체는 인간이다. 철학은 인간이 주체가 되어 대상을 인식하고 분석 – 해석 – 이해 – 판단하는 학문이다. 그렇기 때문에 철학을 이성의 학문이라고 하는 것이다. 이성은 논리적 작용에 의해 활동하는 에너지와 같은 힘이다. 이로써 학문이 가능한 것이다.

8. 신학의 주체는 신이다. 신학은 인간이 신에 관하여 왈가왈부하면서, 신과 관련된 수많은 내용들을 알 수 있다고 믿는 학문이다. 그러나 신학의 이러한 행위는 사실상 신학만의 고유성을 스스로 파괴하는 행위다. 신학은 이성의 학문이며, 논리로 신의 존재를 신앙할 수 있는 학문인가? 만일 어느 신학자가 이러한 주장을 피력한다면, 그에게서 신학은 17세기 중엽에서 18세기까지 영국, 프랑스, 독일 등에서 광범위하게 나타났던 이신론(理神論)이나 20세기 중엽부터 미국에서 활발하게 활동하고 있는 과학종교에 불과할 뿐이다. 신학은 초이성적 현상인 신앙의 학문이므로 초과학(Meta–Wissenschaft)이다. 신학이 배척하는 것은 과학주의다. 냉철히 생각해보자. 인간이 신에 대하여 진술하는 것 자체가 신에 관한 정확한 내용인가? 만일 그렇다면 인간은 신과 신의 경지까지도 인식할 수 있는 유사(類似) 신적 존재라는 말인가?

9. 인간은 신에 관해 아무 말도 할 수 없다. 인간이 신에 관해 말하는 것은 신화이거나 동화, 소음이나 지껄임에 불과할 뿐이다. 신은 창조주이고, 인간은 피조물이다. 조각 작품이 조각가에 관해서 말한다는 것은 동화에서나 가능하다. 이것은 신학이 아직도 인간중심주

의적 학문성을 탈피하지 못하고 있음을 단적으로 증명하는 것이다, 인간은 본능적으로 자신의 입장이나 관점에서 대상을 해석하고 이해한다. 인간은 신과의 관계에서는 객체에 불과하지만, 인식의 대상과의 관계에서는 주체다. 그렇기 때문에 인간은 자신의 관점에서 세계를 보며, 해석하고 이해할 수 있는 것이다. 그런데 이렇게 대상적 주체인 인간이 창조적 주체인 신을 인식의 대상들 가운데 하나 정도로 간주하며 그에 관해 이야기하는 것 자체는 인위적이고 모순적이다. 이러한 행위는 환상의 세계에서 대상의 실체를 설명하려는 것과 비견될 수 있는 행위일 뿐이다.

10. 인간은 신에 관해 아무것도 알지 못하면서 신 그 자체를 알고 있다고 주장하는 최고의 거짓말쟁이다. 만일 인간이 신의 본질과 속성에 관해 정확하게 언급할 수 있을 정도로 신의 존재 자체를 확실히 알고 있다면, 인간은 신적 경지의 본질과 현상에 관해서도 잘 알고 있어야 한다. 이런 문제 때문에 계시신학(Karl Barth)은 신의 계시에 의존하려 하고, 자연신학(Emil Brunner)은 인간의 본성에 의존하려 하지만, 이 양대 유형의 신학함은 인간에게 논쟁 이상의 결과를 제공하지는 못했다. 계시신학은 성(聖)이 속(俗)에로 침투하는 하향성을 가진 방법으로 신학하는 것으로서 물(水)이 위에서 아래로 쏟아지는 것에서 유추될 수 있다. 그 반면에 자연신학은 속이 성에로 지향하는 상향성을 가진 방법으로 신학하는 것으로서 불(火)이 아래서 위로 솟아오르는 것에서 유추될 수 있다. 이 두 신학의 한계성은 신(神)에서 토(土)냐, 토에서 신이냐의 극단적 양자택일의 방법을 택함으로

써 '불완전한 신학(imperfect theology)', '미완성 신학(unfinished theology)'의 형식을 벗어나지 못했다는 점이다. 틸리히(Paul Tillich)는 이 두 신학의 한계성이 무엇인지를 감지하고, 상향성과 하향성의 방법을 종합하려 했지만, 그 역시 이 둘의 양극(兩極)을 서로 관계시키는 정도 이상으로는 완성하시 못했다. 잠신학은 신과 토의 관계 자체만을 진술하는 것이 아니고, 신·토 관계를 종합적으로 규명하며 방법론으로 설명할 수 있는 학문이어야 한다. 신학에서 방법이 중요한 이유는 이 때문이다.

11. 지금까지 신학은 추론을 사실로 신앙해왔다. 뿐만 아니라 신앙의 방법 자체가 정확한 것인지 검증한 적도 없는 상태에서 특정 신학에 권위를 부여하기도 했고, 참신학으로 추인하기도 했다. 이런 신학행위는 신학 파퓰리즘의 극치이다. 이런 신학에는 순수성과 진실성이 결여되어 있다. 예를 들면 마르크스 – 엥겔스(Marx–Engels)의 정치·경제학을 신학의 전거로 삼고 1968년경부터 신학을 이념화한 남미의 해방신학(L. Boff, G. Gutierrez, J. Miguez Bonino, J. Sobrino 등)이 여기에 속한다.

12. 지금까지의 신학방법은 신학자마다 자신의 추론을 합리화한 후 신학계로부터 인정받으려는 행위들이었다. 이렇게 만들어진 신학은 일종의 이념에 불과하다. 이렇게 신학을 이념화해가는 행위 자체가 신학을 학문화할 수 있는 방법일 수는 없다. 신학도 이제는 이념이나 추론을 통해서는 신을 알 수 없다는 점을 인정하고 수긍할

것은 수긍하면서 21세기의 기독교를 이끌어갈 수 있는 새로운 길을 찾아야 한다.

13. 기독교는 유대인의 민족종교가 예수에 의해 개혁된 후 그리스 · 로마 문화권에 진입하면서 너무 이질화되었다. 여기서 이질화란 의미는 순수한 신앙 자체, 즉 기독교의 원신앙(Urglaube)을 그리스 · 로마 문화권에서 철저할 정도로 토착화했다는 것을 의미한다. 그리스 교부들과 라틴 교부들은 신과 신에 관계된 모든 것을 자신들의 표준에 따라 결정하고 신성화한 후 정통신학으로 고착했다. 결과적으로 저들은 원기독교(Urchristentum)를 서양 종교로 탈바꿈시킨 것이다.

14. 다른 학문들과 마찬가지로 신학도 방법을 필요로 하는 학문이다. 그러나 방법을 필요로 하는 것과 방법론을 창출할 수 있는 것은 다르다. 신학은 학문 활동을 위해 방법을 필요로 하지만, 신학 자체가 방법론을 창출할 수 있는 학문은 아니다. 신학이 방법론을 창출했다면, 신비주의나 과학주의에 빠졌다는 것을 의미한다. 그렇다면 신학은 왜 방법론을 창출할 수 없는가? 방법은 형식과 내용을 합리적으로 체계화하는 규칙이며, 이렇게 함으로써 가장 효과적으로 체계화된 형식과 내용을 이론화하는 길이다. 학문의 형식과 내용은 방법을 통해 학문의 원리와 구조 등을 결정한다. 신학에는 이런 기능이 없다.

15. 만일 어느 신학자가 신학만이 갖고 있는 독특한 학문성을 간

파하지 못하고 신학의 고유성만을 주장한다면, 그는 신학을 합리주의로 되돌려 보내는 우를 범하게 될 것이다.

16. 모든 신학이론은 십계명의 명제적 진술 이상을 넘어서지 못하고 있다. 신학 2,000년사를 개괄하면 대다수의 신학은 독신을 정론화하거나 논쟁에 논쟁을 거듭하며 이어져온 신에 관한 투쟁사였다. 이를 위해 거의 모든 신학자들은 교회의 눈치를 보며 자신의 편견이나 막연한 추측을 현란한 언어와 철학에서 배운 이론화 기술을 갖고 진술했다. 그러므로 신학의 역사는 애초부터 "네가 '신에 관해 말한 것(*theos+logia*)'은 틀리고 내가 '신에 관해 말한 것'은 맞다"는 식으로 부정을 위한 부정을 계속하며 엮어진 역사였다. B는 A를 부정하고, C는 B를 부정하고, D는 C를 부정하고…… 이 말은 신학 자체가 아직도 신학함의 정석을 정립하지 못한 과도기의 학문이며, 미완성의 학문이라는 것이다.

17. 신학이 이처럼 지금과 같은 신학 행태를 지속하는 한 신학은 점점 학문으로서의 권위마저 상실하게 될 것이다. 오늘날 신학의 위상이 이 지경에 이르게 된 것은 신학을 학문화할 수 있고, 절대화할 수 있는 학문이론이 정립되어 있지 않기 때문이다. 학문이론은 학문의 방법과 직결되어 있다.

18. 그렇다면 신학의 학문이론은 불완전하다는 말인가? 이 질문은 사실상 '신학이란 무엇인가?', '신학은 어떤 길을 찾아야 하는가?'를

묻는 질문이다. 20세기까지 신학은 정립(These)[1] → 반정립(Antithese)[1] → 정립(These)[2] → 반정립(Antithese)[2] → 정립(These)[3] → 반정립(Antithese)[3] → …… 을 지속해왔다. 종합(Synthese)의 신학은 창출되지 못했다. 지금까지 신학은 신중심주의나 인간중심주의라는 극단의 선택을 할 수 밖에 없었다. 이처럼 신학의 가능성이 양자택일의 문제로 제한되어왔기 때문에 신학은 이단논쟁과 종교재판 등 적자생존의 치열한 투쟁을 계속해 왔다. 신학 2,000년사는 '오직 은혜(sola gratia)'를 명분으로 지속해왔지만, 그 안을 들여다보면 약육강식을 위한, 살아남기 위한 신학 간의 투쟁의 역사였다.

19. 이제 신학은 신학 2,000년사의 이러한 무지와 과오를 되돌아보며 곧 부정·지양될 '정립의 신학'이나 '반정립의 신학'의 생산성 없는 시소 게임(seesaw game)을 그만두고 '종합의 신학(Theologie der Synthese)'을 정립하는 데 역량을 모아야 할 것이다. 내가 의미하는 종합의 신학은 정－반의 지양을 통해 종합에 이루는 헤겔식의 변증법과 관련된 것이 아니다. 종합의 신학은 신·토 관계에서 형성되는 '신토성(神土性, thegeonity)'의 신학과 천·지·인 간의 관계에서 형성되는 '천지인성(天地人性, uranogeanthropity)'의 신학을 포괄하고 있다.

20. 신학의 고질병은 극단주의다. 그렇다고 혼합주의가 신학의 전형일 수는 없다.

21. 학문이 진정으로 참된 학문이 되려면 진정으로 참된 방법을

갖고 있어야 한다. 신학의 경우도 예외는 아니다. 참된 방법이 없는 신학은 신학이 아니다. 신학에서 방법이 필요한 이유는 여기에 있다. 신에 관한 신화나 동화적 서술이 신학일 수 없듯이, 인간의 지정의(知情意)에 의한 반사행동을 신학의 방법으로 삼아 신학화하려는 것도 신학일 수 없다. 신중심주의의 신학은 신의 지상명령(divine Imperative)에 초점을 맞추고 있으며, 신의 절대주권을 강조하지만, 신비주의나 다원주의, 염세주의나 허무주의, 내세주의나 광신주의 등과 같은 수많은 부작용을 동반하게 된다. 이 신학은 초월적 일극성을 지향한다. 그런가하면 인간중심주의 신학은 인간의 자기지시(human Indicative)에 초점을 맞추고 있으며, 인간의 책임의식을 강조하지만, 현실주의나 상대주의, 독선주의나 독단주의, 세속주의나 이상주의 등과 같은 수많은 부작용을 동반하게 된다.

22. 많은 신학자들이 21세기 신학을 구상하고 있고, 정립작업을 하고 있겠지만, 진정 새로운 신학을 만들어내지 못하고, 또 하나의 '정립' 신학이나 '반정립' 신학을 모방해서 작품화한다면, 신학은 더 이상 21세기를 이끌 수 있는 능력도, 신학으로서의 존재가치도 가질 수 없을 것이며, 희망상실의 나락으로 빠지게 될 것이다.

23. 그런데 기이한 것은 아직까지 새로운 신학, 21세기를 이끌어 갈 신학이 세계 신학계에서 감지되고 있지 않다는 것이다. 루터 이후 신학의 산실로서 시대에 앞서 새로운 신학을 창제(創製)하며 세계 신학을 선도(先導)하곤 했던 독일 신학마저도 지금은 신학의 창작자

들의 부재로 신학의 개작자들(remakers)이 선배들의 후광으로 '독일' 신학자들로 불리고 있는 실정이다. 그 이유는 신학자들이 신학방법의 편견이나 기교주의에서 벗어나지 못하고 그 속에 안주하고 있기 때문이다.

24. '신학의 원형'은 신학방법의 원형에서 찾아야 한다. 지금까지 수많은 신학자들이 신학을 위한 방법론을 제공하곤 했다. 그러나 저들의 한계는 신학을 위한 방법의 원형에는 접근하지 못하고, 양자택일의 입장이나 양자 관계만을 고집하며 역설해왔던 점이다. 그러므로 신학의 방법은 제한적이거나 미완성의 형식을 유지할 수밖에 없었다. 이런 신학방법들은 신학방법의 원형이 될 수 없을 뿐 아니라 기독교를 신학논쟁의 마당으로 만들어 분열만 초래하게 된다.

25. 신학은 신학방법의 원형을 신·토 관계의 구조에서 정립해야 한다. 이것은 신과 그 피조물과의 유기적이고 복합적인 관계에서부터 신학이 발원해야 한다는 것을 의미한다. 이것이 신·토 관계의 신학, 즉 신토불이 신학이다. 신토불이 신학은 신·토 관계의 신학이지만, 여기에서 토는 피조물 자체를 포괄적 의미로 상징화한 개념이다. 토는 천·지·인을 아우르는 삼라만상을 말하며, 태극(太極)의 질료적 형상이다.

신토불이 신학은 천·지·인에 대한 신의 창조과정을 신학화하는 것이므로 "천지인 신학"과는 본질적으로 다르며, 접근방법 자체나 동인 자체도 빙탄불상용(氷炭不相容)처럼 서로 이질적이다. 신토불이 신학은 "천·지·인의 창조신학"일 뿐, 천지인 신학이 아니다. 천·지·인의 창조신학에서는 천·지·인 자체가 피조성의 표상으로 상징화되어 있고, 신·토 관계의 형식인 신토성을 견지하고 있다. 그 반면에 "천지인 신학"은 신을 천지인이라는 실재와 동형동성으로 간주하거나 천지인 자체를 신격화하기 때문에 라이몬 파니카(Raimon Panikkar)의 "우주신인론(cosmotheandrism)"과 대동소이하다.

26. 지금까지 나는 신학에서 방법이 왜 필요하고, 왜 중요한가에 관해 진술해왔다. 모든 학문들이 그렇듯이 신학 역시 학문으로서 그 위상을 유지하며 격식을 구비하려면 철저한 방법을 겸비하고 있어야 한다. 그러나 신학의 학문화를 위한 방법이 합리주의로 경도되거나 비합리주의로 편향되어서는 안 된다. 이것이냐 저것이냐의 양자택일의 길을 강요해왔던 것이 신학 2,000년의 역사였다. 아직도 세계 신학계는 신학의 이러한 편향성이나 일면성을 정통신학이라고 주장하며 독단주의를 고집하고 있다. 나는 이러한 신학자들에게 묻는다. 신학자의 양심을 갖고 정직하게 말해보라. 좌(左)의 신학이 완전한 신학인가, 우(右)의 신학이 완전한 신학인가? 그렇지 않으면 좌와 우에 치우치지 않고 중도노선을 가고 있는 중용신학이 완전한 신학인가, 좌와 우를 혼합·절충한 혼합주의 신학이 완전한 신학인가? 나는 이러한 신학들을 부정한다. 좌의 신학은 뿌리를 부정하는 아방가르드 신학이기 때문에 열매다운 열매를 맺을 수 없고, 우의 신학은 정통보수에 연연불망(戀戀不忘)하기 때문에 미래를 위한 신학이 될 수 없으며, 중용신학은 좌의 신학과 우의 신학이 양시쌍비(兩是

雙非)라 절충적 태도로 신학에 접근하려 하기 때문에 주체성 없는 신학으로 전락될 수밖에 없으며, 혼합주의 신학은 자신만의 고유한 정체성을 갖고 있지 않기 때문에 독창적인 신학이 될 수 없다.

27. 신학에서 방법은 왜 중요한가?

첫째, 신학에서 방법이 중요한 것은 신학을 학문화해야 하기 때문이다. 그러기 위해서는 먼저 방법의 진실이 검증되어야 한다. 막연히 그리고 즉흥적으로 '신학은 이렇게 하는 것'이라며 몇 마디 말을 불쑥 내뱉는 것 자체가 신학의 방법으로 둔갑해서는 안 될 것이다. 만일 이런 지경에 이르게 된다면 누구나 신학에 관해 일가견을 가진 신학자처럼 행세하게 될 것이다. 현재는 신학부재의 시대다. 이를 감지한 신학계의 치어(稚魚)들이 전거나 논거도 미흡하고, 형식이나 내용도 부실한 신학 아닌 신학, 한마디로 사이비 신학(pseudotheology)을 마구 쏟아내고 있다. 이런 신학의 아마추어리즘(amateurism)이 세계 어디에선가 21세기를 위한 신학다운 신학을 구상하며 차근하게 연마 중에 있을지도 모를 미래 신학의 잠재적 가능성마저 무기력화해 가고 있는 것 같아 아쉬움이 많다. 포스트모더니즘이나 다원주의의 영향이 이런 현상을 초래하고 있는 것인지, 그렇지 않으면 현대 과학의 급진적 발달로 신학의 위기가 도래하고 있는 것인지는 다음 과제로 남겨놓을 수밖에 없다.

둘째, 신학에서 방법이 중요한 것은 신학을 신학화해야 하기 때문이다. 신학의 역사는 신학이 형성되어온 과정에 관한 역사기술이다. 그런데 신학형성을 위한 역사기술의 내용이 '이것 아니면 저것'으로 등락(登落) · 고비(高卑)만을 계속해왔기 때문에 신학은 생성 · 소멸의 과정을 지속하며 이어져왔다. 이것은 신학이 신학의 원형에는 접근하지 못하고 신학자들의 추론에 의존하면서 이리저리 부동(浮動)해 왔다는 것을 의미하는 것이 아닌가?

셋째, 신학에서 방법이 중요한 것은 신학을 기독교화해야 하기 때문이다. 신학에서 방법은 신학의 내용만큼이나 중요하며 결정적이다. 신학이 어떤 방법을 통해 이론화 작업을 하느냐에 따라 신학은 기독교의 진리에서 이탈하여 이단교설이 될 수도 있고, 비기독교적으로 이질화될 수도 있으며, 구원의 상대주의나 다원주의로 탈기독교화될 수도 있다. 이쯤 되면 기독교는 종교로서 존재의미와 존재가치를 잃게 된다.

최근 들어 국내외에서 기독교를 폄훼하고 훼절하려는 활동이나 반기독교운동 등이 조직적으로 확산되고 있는 것은 우연한 일이 아니다. 이런 현상들은 신학의 방법이 절대적이지 못했기 때문에 야기된 것이다. 단적으로 말해서 신학이 학문화되지 못하면 신학은 학문성을 견지할 수 없고, 이렇게 되면 신학은 신학화될 수 없다. 이러한 극한 상황을 피하기 위해서 신학은 절대방법, 가변적이 아닌 불변의 방법, 영원한 방법을 갖고 있어야 하는데, 이 방법이 신토불이 신학이 사용하는 신학방법의 원형이다. 이 방법은 신 · 토 관계의 형식인 신토성에서 발원하는 방법이다. 신에서 토로 향하는 하향성과 토에서 신으로 향하는 상향성으로 구조된 수직적 관계와 토의 실재들인 천 · 지 · 인 간의 수평적 관계를 유기적이고 종합적으로 관계시키는 방법, 이것이 신토불이 신학이 주창하는 신학방법의 원형이다. 이 방법은 무극과 태극의 창조신학적 관계와 태극의 성상(性相)인 천·지·인 간의 구속신학적 관계를 수직적·수평적 이중 복합관계의 궤적(軌跡) 속에서 창조신학적으로 입증해야 하는 방법이다. 기독교가 신학방법의 원형을 통해 질화될 때 비로소 기독교는 참된 보편적 종교가 될 수 있다.

28. 20세기 중엽까지만 해도 신학은 성서신학, 조직신학, 역사신학, 실천신학 등 네 원리로 분류되며 서로 특징화되어왔다. 그렇지만 신학의 역사에 족적을 남긴 신학자들은 이렇게 분류된 신학 간의 경계를 넘나들며 신학했고, 신학의 원리와 방법을 통달하고 있었다. 이 정도로 저들은 신학할 수 있었고 신학했던 신학의 명인(名人)들이며, 대어(大魚)들이었다. 그러나 신학의 마지막 대어들이 박제(剝製)된 이후 지난 한 세대 동안에는 신학이 수십 갈래로 잡다하게 세분되면서 신학창제의 능력을 잃어가고 있다. 신학의 지나친 개체화는 신학 간의 유기적 총체성을 약화시키기 때문에 신학이 교회를 위한 신학으로 해야 할 역할을 무기력하게 한다. 지금은 신학의 네 원리를 총체적으로 꿰뚫어볼 수 있는 혜안과 이로써 신학이 무엇인지를 본질 규정하며 자신의 관점으로 정립할 수 있는 방법을 겸비한 신학자가 없는 신학의 무주공산(無主空山)의 시대다. 신학의 부재는 신학의 장인(匠人)이 없기 때문이며, 신학의 장인이 없다는 것은 신학의 도제(徒弟)를 양성할 수 없다는 것을 의미한다. 어쩌면 21세기는 신학의 암흑시대일 수도 있을 것이다.

3. 창세기는 신토불이 신학의 현상학

29. 창세기를 어떻게 읽느냐의 문제는 기독교 신학을 어떻게 이해하느냐의 문제와 직결된다. 창세기 읽기에 따라 신학의 학문성이 달라질 수도 있기 때문이다. 벨하우젠(Julius Wellhausen, 1844–1918) – 궁켈(Herrmann Gunkel, 1862–1932) – 폰 라드(Gerhard Von Rad, 1901–1971) 등은 창조주 신과 피조물 토의 관계를 직관하기 위한 연구보다는 본문분석과 양식연구 및 역사비평 등에 집중함으로써 '신 · 토 관계의 창조신학(Schöpfungstheologie des Nexus zwischen Gott und Erde, die thegeonomische Theologie der Schöpfung)'에는 접근조차 하지 못했다. 궁켈은 모세오경과 시편의 연구에 단편 자료들과 자료들의 문학적 양식들과 자료들이 기록될 당시의 "삶의 정황(Sitz im Leben)" 등을 복합적으로 연계하며 본문을 분석했다. 공관복음의 연구자들(K. L. Schmidt, M. Dibelius, R. Bultmann 등)도 이런 방법을 도입해서 사용했다. 이 방법을 "양식비평"이나 "양식사적 방법", 또는 "역사비평적 방법"이라고 한다. 하지만 이러한 방법만이 성서를 본문으로 읽는 유일한 방법은 아니다. 성서 신학자들이 아닌 일반인들의 성서 읽기는 사건 중심의 이야기에 더 흥미를 느낀다.

30. 창세기는 모세오경 중에서도 가장 의미 있는 책이다. 창세기는 크게 두 부분으로 나눠지는데, 천지창조의 과정(창 1:1–2:25)과 신과 인간의 관계(창 3:1–24)를 비롯해서 가인과 아벨의 역사(창 4:1–26), 홍수 심판과 노아의 방주 이야기(창 6:1–8:22), 시날 평원의 바벨탑 사건(창 11:1–32) 등 "최초의 시작"이 제1부를 구성하고 있고, "족장들의 역사"(창 12:1–50:26)가 제2부를 구성하고 있다. 그러나 창세기의 핵심은 제1부 중 1장에서 3장까지의 천지창조 기록이다. 신토불이 신학은 천지창조의 기록을 어떻게 읽어야 하는가에 관심을 갖고 있는 신학이다. 창세기를 사건 중심의 이야기로 읽는 것도 창세기 읽기의 한 가지 방법이기는 하지만, 이런 성서 읽기는 평면적 지식습득에 역점을 두기 때문에 창조신학의 구조와 사상에는 접근할 수 없다. 이것은 마치 대형 건축물의 구조와 공법을 파악하기 위해서 층별로 공간이동을 해가며 건물을 개관하는 행위와 같다고 하겠다. 그런데 이런 방식으로는 건물의 입체적 구조와 건축가의 건축공학을 파악할 수 없다.

31. 창세기가 주는 의미는 창조의 목적에서 파악되어야 한다. 대체적으로 구약성서 신학자들은 인간 중심의 세계관으로 신의 창조행위를 해석하며 인간을 위한 창조에 역점을 둔다. 간혹 신의 관점에서 천지창조의 목적을 이해하려는 입장도 있었지만, 이들 역시 궁극적으로는 인간을 위한 창조의 이해를 넘어서지 못했다.

32. 신은 왜 천지만물을 창조했는가? 이 질문은 신이 천지창조를

한 목적에 대한 궁극적 질문이다. 이 질문에 대하여 수많은 신학자들이 끊임없이 답했으나, 아직도 정답이 나오지 못한 것은 무슨 이유 때문인가? 창세기 읽기에 문제가 있었던 것은 아닌가? 창세기에 대해 정확하게 이해하기 위해서는, 창세기를 신토불이 신학의 현상학으로 읽어야 한다. 이 말은 창조주 신의 본질에 대한 직관을 통해 신이 천지만물을 창조한 목적을 분석 – 해석 – 이해 – 판단해야 한다는 것이다.

신토불이 신학의 현상학에서는 창조주 신을 다음의 세 가지 관점으로 분석한다.

첫째, 신은 '자기창조적 존재(self-creative Being)'다. 신 외에는 스스로 창조성을 지닌 피조물이 없다. 신의 창조성은 천·지·인의 창조가 신의 자기창조적 결과라는 의미뿐 아니라 신의 속성 자체가 자기창조적이라는 것을 의미한다. 신의 계획이나 행위는 반복적이 아니며, 신의 결정이나 섭리 역시 반복적이 아니다. 신은 매 순간 창조하는 존재로서 그의 존재 자체가 자기창조적이므로 어떠한 조건이나 환경과도 무관하게 존재한다. 신이 태초에 하늘(天)과 땅(地)을 창조한 것(창 1:1)은 창조의 한순간이다. 인간은 피조물로서 신이 지금 이 순간 무엇을 창조하고 있는지 상상조차 할 수 없지만, 그럼에도 불구하고 신의 창조는 계속되고 있다. 피조물의 본질은 피조물의 속성인 질료와 형상의 원리에 따라 생성 – 지속 – 변화 – 소멸의 과정을 끊임없이 계속한다. 이것을 신토불이 신학은 "창진(創進)"이라는 개념으로 표현한다.

창진은 '창조적 진화'의 약어도 아니고, 이와 동의이어(同義異語)도 아니다. 이 두 개념은 근본적으로 다를 뿐 아니라 진화의 주체에 대한 이해에 있어서도 상이하다. 1907년 출판된 베르그송(Henri Bergson)의 『창조적 진화(L'évolution créatrice)』라는 저서는 삶의 철학에 지대한 영향을 주었다. 베르그송에 의하면 생명체는 "삶의 약동(élan vital)"과 "지속(durée)"이라는 생명충동의 본능을 갖고 있기 때문에 그 스스로 무언가를 부단히 창조하며 진화해가는데, 그는 이 과정을 "창조적 진화"라고 했다. 이 개념에는 물활론적 진화론과 생물학적 유물론이 내포되어 있다. 그러나 나는 베르그송 식의 창조적 진화에 반대하고 창진을 주장한다.

창진은 "창발적 진화(emergent evolution)" 개념과도 무관하다. 1923년 동물 심리학자인 모건(C. Lloyd Morgan)은 『창발적 진화(Emergent Evolution)』라는 표제의 저서를 출판했다. 이때부터 "창발적 진화"라는 용어가 여러 의미로 개념화되며 사용되어왔다. 이에 따르면 생명체의 진화는 그 이전 단계에서 작용했던 요인들에 의한 것이 아니고 이들과는 질적으로 다른 새로운 성질의 출현에 의한 것이라고 한다. 창발적 진화는 돌연변이 이론과 유사하다. 이에 반하여 창진이란 창조신학과 연계되어서만 사용될 수 있는 신의 행위다. 신은 지속적으로 창조할 뿐 아니라 피조물이 지속적으로 진화할 수 있는 속성까지도 피조물의 내재성으로 창조했다.

다윈(Charles Darwin)의 진화론은 진화를 질료 자체의 운동으로 보려는 것이고, 창조론의 모순은 질료 자체의 운동마저 부정하는 점이다. 진화론은 창조목적을 배제하고, 창조론은 피조물의 속성으로 내재되어 있는 진화를 부정한다. 나는 창조된 것에는 '지속적 진화

(*evolutio continua*)'의 속성이, 진화하는 것에는 '지속적 창조(*creatio continua*)'의 속성이 본질적으로 내재되어 있다는 의미로 창진이라는 개념을 사용한다. 창진이란 낱말에는 창조된 것은 지속적으로 진화한다는 의미뿐 아니라 진화 자체가 창조적 운동이라는 의미도 포괄되어 있다. 창진은 신에 의해 지속적으로 창조되고 있는 피조물은 창조와 동시에 신에 의해 어떤 현상으로든지 지속적으로 진화해가고 있는 신의 창조행위와 관련되어 있다. 신은 만물을 창조했고, 창조 순간부터 만물을 창조적으로 진화시키고 있다. 천ㆍ지ㆍ인이 바로 창진의 결과로 존재하는 것이다. 이 사상이 곧 '창진론(Theorie der Schöpfungsentwicklung; Theorie der Kreation–Evolution; theory of the creatio–evolving)'이다. 천ㆍ지ㆍ인은 피조물이므로 항상 변화하지만, 이 변화과정에서도 변하지 않는 것이 창진이다. 동양 철학에서는 이 가변적 불변의 원리를 음양(陰陽), 이기(理氣)로 설명하고, 서양 철학에서는 기체(基體, Substrat)라고 한다.

둘째, 신은 '자기존재적 존재(self–ontic Being)'다. 신의 자기존재적 존재란 의미에는 "나는 스스로 있는 자"(출 3:14)라는 신의 자기정체성이 함축되어 있을 뿐 아니라 어떠한 필수적 조건도 신과는 절대 무관하다는 신성에 대한 본질규정이 함유되어 있다. 범주는 천ㆍ지ㆍ인의 존재론적 조건이지만, 신에게서 범주는 피조성일 뿐이다. 그러므로 인간은 신의 존재에 관해 완전한 설명을 할 수 없다. 오직 직관을 통해 '신 그 자체에로(zum Gott selbst)' 접근해야 하는 것이다.

셋째, 신은 '자기주관적 존재(self–subjective Being)'다. 인간은 종종 자기 자신에 관해서 말할 때 '주관적' 또는 '자기주관적'이라고 말하곤 한다. 그러나 엄밀히 말해서 인간은 자기 자신뿐 아니라 자신을 에워싸고 있는 환경마저도 자기 뜻대로 지배할 수 없다. 인간은 모든 피조물과 마찬가지로 범주에 구속된 존재이기 때문에 본질적으로 대상적 존재다. 여기서 대상적이란 객관성을 의미한다. 자기주관적 존재인 신은 창조주며, 태극을 있게 한 무극이며, 자기객관적 존재인 토는 피조물이며, 천·지·인 자체인 태극이다. 이 두 관계는 창조신학의 극치를 이루고 있는 것으로서 수직적 관계의 틀을 형성하고 있는 신토성(thegeonity)과 수평적 관계의 틀을 형성하고 있는 천지인성(uranogeanthropity)의 복합구조로 되어 있다. 신학 2,000년사는 교회의 권위나 신학의 권위에 의해 지배되어왔기 때문에 창세기에 관한 신학마저도 신학자들의 주관에 따라 해석된 후 교회에 의해 정통신학으로 추인되곤 했다. 이 말은 창세기의 신은 교회와 신학에 의해 끊임없이 본질이 규정되어오면서 신관 자체가 신학자의 신학에 의해 주관으로 주형되어왔다는 것이다. 이렇게 '만들어진 신(man-made god)'이 과연 '자기주관적 존재'이며, 창조주인 '신 그 자체(God itself)'인가? 신학자들은 하나같이 신, 신의 창조목적, 창세기의 신학 등등 창조신학 자체를 자신들의 이론으로 진술하며 정통적 해석이라고 주장한다. 그러나 신학자들에 의해 이론화되면서 편견으로 고착된 잡다한 판단들 — 신에 대한 주관적·독선적·이념적 진술들 등등 — 을 중지한 후 신 그 자체를 순수하게 직관하며 신의 본질을 파악해야 하는 것이 창조신학의 정석이다. 나는 신토불이 신학의 현상학적 방법으로 창세기를 읽을 때만 '자기주관적 존재' 그 자체를 정확하고 완전하게 파악할 수 있다고 주장한다. 현상학은 판단중지

(epoche)의 상태에서 본질 그 자체를 직관하고 분석할 수 있는 방법이기 때문이다.

33. 창세기는 신토불이 신학의 현상학으로 읽어야 한다. 민족종교에 의해 신으로 형상화된 것을 초월적 신으로 신앙하는 자연종교적 관점을 버리고, 신 그 자체를 구체적으로 직관할 때 신의 본질 자체에 접근할 수 있다. 이것은 빨간 장미에서 빨강 그 자체를 직관하는 것과 같은 이치다. 창세기를 읽을 때 마치 장미꽃만을 보고 장미의 본질에 관해 알고 있다고 말하는 것은 창세기를 사건 중심의 이야기로 읽고 창조주 신의 본질에 관해 말하는 것과 같은 것이다.

창세기를 읽을 때 장절들을 주석하며 읽을 수도 있겠지만, 창세기를 읽는 목적은 '신의 사상(thoughts of God)'을 깨닫기 위한 것이다. 나는 신학을 '미시적 신학(micro-theology)'과 '거시적 신학(macro-theology)'으로 분류하기도 한다. 미시적 신학은 신에 관한 개체적 해석에 역점을 두는 신학이고, 거시적 신학은 신에 관한 총체적 해석에 역점을 두는 신학이다. 미시적 신학은 인간이 신의 말씀 자체를 낱낱이 분해하며 이해하려는 신학이고, 거시적 신학은 신이 무엇을 어떻게 생각하고 행동하며 존재하고 있는지 총체적으로 이해하려는 신학이다. 신토불이 신학은 거시적 신학이다. 신의 사상에서 창조신학과 구속신학을 깨닫기 위해 신·토 관계를 구조해가는 신학이기 때문이다.

34. 피조물의 공통성은 흙(土)이다. 한마디로 말하면 피조물은 천·

지·인이나 현상계(現象界)로, 또는 삼라만상이나 천지만물로 통칭(通稱)될 수 있다. 이 피조물은 자연, 태극, 존재, 유(有) 등등 여러 개념으로 지칭되지만 단적으로 말해서 질료와 형상의 일체로서 그 자체 내에 음양, 이기의 공통성을 지니고 있는 것이다.

35. 동양에서는 천(天)을 천지만물의 주재자(主宰者), 천공(天公), 천제(天帝) 등등 다양한 개념으로 부른다. 음양, 이기 등 다양한 우주적 현상들은 천의 속성들이다. 천의 원리는 이즉일(二卽一)이며, 동시에 일즉이(一卽二)이기도 하다. 이 둘이 하나가 된 통일성을 중국 철학에서는 태극으로, 힌두교에서는 아드바이타(Advaita)로 해석하기도 하고, 쿠자누스(Nicolaus Cusanus)는 "반대 일치(coincidentia oppositorum)"로 진술하기도 했다. 스피노자는 "신 또는 자연(deus sive natura)"이라는 명제로 유일하고, 영원하고, 무한한 신의 실체를 범신론적 형식으로 해석하면서 사실상 신즉자연(神卽自然)을 주장했다. 셸링은 "주체와 객체의 동일성(Identität)"을, 헤겔은 "종합(Synthese)"을, 키르케고르는 "역설(Paradox)"을, 틸리히는 "카이로스"를 동양에서의 천(天)에 해당하는 개념으로 사용했다. 천의 특징은 운동, 과정을 계속하는 본질이며, 하느님, 하늘을 다스리는 신, 곧 상제(上帝)다. 이상의 진술에서 천은 하나님의 본질로 이해되고 있지만, 창세기의 창조주 하나님 자체는 아니다. 천은 창조주에 의해 창조된 피조물로서, 지(地)나 인(人)과 더불어 태극 자체를 이루고 있는 현상(現象)일 뿐이다.

36. 지(地)는 천의 상대로 존재하는 본질로서, 형상과 질료, 생성과

소멸, 생명의 존재유비, 우주 자체를 상징하는 개념적 실체, 땅에 속한 모든 피조물의 모태 등으로 개념화될 수 있는 실체다. 신토불이 신학은 지(地)를 하늘의 상대적 대상인 땅으로만 이해하지 않는다. 지는 무극에서 창조된 태극의 실체를 이루고 있는 근원의 하나로서 천과 인과 더불어 하나가 되어 있다. 신토불이 신학은 가상공간(cyberspace)이나 심리적 공간, 심지어 관념상의 공간까지도 넓은 의미에서 땅, 곧 지(地)로 간주한다.

37. 인(人)은 천·지·인 간의 관계에서 주체다. 인간이 없으면 천과 지는 질료적 물상(物象)에 불과하다. 신도 인간이 없으면 인격적 신이 될 수 없다. 기독교의 신은 인간을 자신의 형상을 따라 자신의 모양대로 창조했고(창 1:26–27), 인간이 천지만물을 다스리도록 했으며(창 1:26, 28), 인간에게 명령도 하고 인간과 인격적 대화도 나누었다(창 1:28, 2:16–17, 3:9–13, 16–19). 만일 신이 인간을 창조하지 않았다면 신은 단지 천지만물의 생산자에 불과했을 것이다. 이러한 신은 스피노자가 말하는 "능산적 자연(*natura naturans*)"일 뿐이다.

38. 천·지·인은 천지만물의 근원인 태극을 이루고 있는 실재들이며, 피조물을 대표하는 상징성을 갖고 있다. 천·지·인의 속성에는 질료와 형상의 원리가 내재되어 있다. 신·토 관계에서 신토불이 신학을 비롯한 신토불이의 원리와 관련된 학문들이 분류되는데, 이를 가능하게 하는 공통된 규범이 신토성이다. 신토성은 신토불이 신학의 본래성이며, 모든 종교의 원종교성이다. 신토불이 신학이 무극

과 태극의 관계를 이기일원론으로 보는 한 이 두 관계의 원형 역시 신토성이다.

39. 신은 범주적 존재가 아니다. 그러므로 우리는 신을 지각할 수 없다. 다만 그가 창조한 피조물을 통해 신의 본질 그 자체를 직관할 수 있을 뿐이다. 신·토 관계가 필연적으로 요청적인 이유는 이 때문이다. 신·토 관계는 신과 피조물 상호간의 관계다. 우리는 이 관계를 통해 만물의 존재목적인 피조성에서 창조주 신의 창조목적을 유추할 수 있다. 이것이 신·토 관계의 유비다.

피조물은 그 자체로서 완전하며, 자연적이며, 아름답다. 인간이 피조물을 훼손하지 않는 한 피조물은 그 자체로서 완전한 존재목적을 가진, "하나님이 보시기에 좋은"(창 1:4, 10, 12, 18, 21, 25), "보시기에 심히 좋은"(창 1:31) 것이다. 신은 불완전하거나, 부자연스럽거나, 추하게 천지만물을 창조하지 않았다. 단적으로 말해서 천지창조는 신의 자기만족(self-satisfaction)의 결과다. 이런 맥락에서 보면 신·토 관계는 창조주와 피조물의 관계유비(*analogia relationis*)다.

40. 신토불이 신학의 현상학적 방법은 제1 단계로서 지금까지 창세기의 창조주 신에 관해 언급된 모든 사실들을 신의 본질에 관한 것으로 보는 기존의 신학적 관점을 철저히 배제하고 — 판단중지(Epoche)의 요청 — '신 그 자체에로(zum Gott selbst)' 접근하려는 요구에 따라 선입견 없이 오로지 신의 본질 그 자체를 형상적(形相的) 관점에서 직관하며 — 형상적 환원(eidetische Reduktion)의 단계 — , 제2 단계

로 형상적 환원에서 현상학적 환원(phänomenologische Reduktion)으로 전환하며 의식행위(*noesis*) ― 상상, 기억, 지각, 판단, 의욕, 감정 ― 를 통해 얻은 순수하고, 관념적이고, 초범주적이고, 초역사적인 의식내용(*noema*) 그 자체(das Eidos)를 직관하는 방법이다.

41. 정리하면 창세기는 판단중지의 상태에서 절대신앙을 원종교성으로 환원하는 과정을 요청해야 하는데, 이것이 신토불이 신학의 현상학적 방법이다. 신토불이 신학의 현상학은 신의 본질을 직관하기 위해 신화나 설화 등등 참된 신앙에 부정적 영향을 미칠 수 있는 요인들에 의한 판단을 중지하고, 이성에 의해 우상화된 신상은 물론 질료나 형상의 대상을 신의 초월적 존재로 보려는 태도 등도 배제하고 신ㆍ토 관계의 구조를 분석하고 그 결과를 기술하는 창조신학의 기초학문이다.

4. 복음서는 신토불이 신학의 해석학

42. 창세기 읽기와 복음서 읽기는 근본적으로 다르다. 창세기는 신과 피조물과의 관계에 관한 것이므로 해석학의 방법으로는 신의 본질을 파악할 수 없다. 신의 본질은 해석될 수 있는 대상이 아니다. 만일 어느 신학자가 신의 본질을 해석할 수 있다고 주장한다면, 그에 의해 해석된 신은 창조주 신이 아니다. 해석된 신은 해석자의 신일 뿐이다. 창세기를 신토불이 신학의 현상학으로 읽어야 하는 이유가 여기에 있다.

그 반면에 복음서는 신의 땅화 사건과 구속에 관한 것이므로 현상학으로는 성육신과 구속의 과정을 이해할 수 없다. 복음 자체를 어떻게 직관할 수 있다는 말인가? 복음서는 신토불이 신학의 해석학으로 읽어야 한다.

43. 복음서는 구속신학의 정수다. 복음서의 내용은 크게 두 부분으로 분류된다.

제1부는 신의 땅화 사건, 즉 "말씀이 육신이 되어(das Wort ward Fleisch)"(요 1:14) 인간화된 사건과 관련된다. "신의 땅화"란 신 스스로

자신의 피조물인 토로 된 성육신(Fleischwerdung)의 사건(요 1:14; 롬 8:3; 딤전 3:16; 히 10:5, 10; 요일 4:2)이다. 그리스도는 말씀(Logos)이 육신이 됨으로 인해 한 인격 안에서 신성과 인성의 일치(unio hypostatica), 즉 양성의 합일(unitio naturarum)을 실제로 나타내 보여준 제2의 아담(고전 15:45-47)이 되었다. 신의 땅화 사건에 대한 신학이 신토불이 신학이다.

"땅화"란 용어 때문에 신토불이 신학을 '토착화 신학'이라고 단정하는 신학자들이 있다. 저들은 "神土不二"라는 용어를 임의로 풀이하며, '복음을 이 땅에 토착화시키겠다는 신학'이 신토불이 신학일 것이라고 막연하게 추측한 후 "신토불이 신학=토착화 신학"으로 단정해버렸다. 분명히 말하지만 신토불이 신학은 신 · 토 관계의 신학이며, 신토율(thegeonomy)의 신학이지, 결코 신 또는 기독교의 복음이나 양식을 이 땅에 이식하려는 토착화 신학이 아니다.

제2부는 예수 그리스도의 삶과 관계되어 있다. 그의 탄생은 세속사를 구속사로 전도(顚倒)하는 전환점이 되었고(마 1:21; 요 1:14, 3:16), 그의 사역은 그가 선포하는 말씀(Kerygma)을 깨닫고 그를 믿음으로 구원받을 수 있는 길을 제시했으며(요 4:34, 9:4, 14:10-12, 15:24, 17:4), 그의 죽음은 십자가를 구속의 상징으로 보여줌으로써 구원의 확신을 인류에게 증거했고(마 10:38, 27:32; 요 3:14-18), 그의 삶의 모든 과정은 부활에 의해 완성될 신의 구속을 예시(豫示)했다(마 28:5-7, 11-15; 막 9:9-10; 눅 24:45-46; 요 10:18, 20:1-9, 20, 27). 예수 그리스도의 '탄생 – 사역 – 죽음 – 부활'의 과정은 신과 토의 관계회복(Versöhnung, reconciliation)을 위한 구속사다. 예수 그리스도는 신토불이의 실체 자체로 상징화되며, 신토불이 신학의 절대적 전거가 되는 매체다. 성서는 신토불이 신학

이 그리스도에 의해 구현된 참된 보편적 신학이라는 사실을 증거하고 있다. "곧 하나님께서 그리스도 안에 계시사 세상을 자기와 화목하게 하시며 그들의 죄를 그들에게 돌리지 아니하시고 화목하게 하는 말씀을 우리에게 부탁하셨느니라"(고후 5:19)라는 본문에서 "하나님께서 그리스도 안에 계시사 세상을 자기와 화목하게 하시며(Gott versöhnte in Christus die Welt mit ihm selber; God was in Christ reconciling the world to Himself)"라는 구절은 그리스도가 신과 토의 관계를 회복함으로써 신·토 관계의 창조신학이 신·토 관계의 구속신학을 통해 완성된 것임을 증거 하고 있다. 여기서 "세상"이란 창조신학에서 천·지·인을 통틀어 이르는 말로, 피조물 전체의 통합체(Syntagma)를 가리킨다. 이 본문에는 비록 단편적으로나마 신토불이 신학의 구조와 신관이 명확히 진술되어 있다.

44. 신약성서는 세상과 화해하는 신이란 어느 특정 지역이나 민족과만 관계된 신이 아님을 분명히 밝히고 있다. 이것은 유대 민족이 창조주 신을 독점하며, 선민의식과 메시아 사상을 유대주의로 고착한 것의 잘못을 지적한 것이다. 태양이 유대 땅에 사는 사람들에게는 유대 땅과 관계된 태양일 수 있다. 그러나 태양이 떠있는 곳에서는 그 땅이 태양과 관계되기 때문에 태양을 어느 민족이 독점할 수는 없다. 유대인의 신독점주의(theomonopolism)는 유대 민족의 신관으로 고착될 수밖에 없다. 같은 논리로 지금 이곳의 민족은 이 땅의 신과 불이(不二) 관계를 맺으며 문화를 형성해가며 신토불이 신학을 만들어간다. 이것이 '신토문화(thegeoculture)'다. 한마디로 신은 지역주의

나 민족주의의 전리품처럼 한 민족에 의해 독점될 수 있는 제한된 존재가 아니고, 때와 장소를 불문하고 모든 민족에 의해 자신들의 신으로 독점될 수 있는 신이다(롬 3:29-30).

족장시대 가나안 땅에서의 신·토 관계는 야훼신앙 형식의 신토불이 신학으로 헤브라이화되었고, 로마 제국이 지배하던 시대 유럽에서의 신·토 관계는 신권정치 형식의 신토불이 신학으로 제도화되었으며, 종교개혁 이후 유럽에서의 신·토 관계는 구원론 중심의 담론으로 신토불이 신학을 새로 정립하기 시작했으며, 아시아, 아프리카, 남아메리카, 북아메리카, 오스트레일리아 등 여러 대륙으로 기독교가 전파되면서 각 지역에서의 신·토 관계는 지역 특성에 동화되며 신토불이 신학을 개성화하곤 했다. 한국에서의 신·토 관계는 한국적 신토불이 신학으로 창출되어야 하는데, 아직도 족장시대의 신토불이 신학이나, 19세기 미국 선교사들이 전파한 저들의 신학을 한국적 신토불이 신학으로 인식하는 세력들이 다수를 이루고 있다.

아마 이쯤에서 독자들은 신토불이 신학은 결국 토착화 신학을 지향하고 있는 것이 아닌가라는 의구심을 갖게 될 것이다. 그러나 이런 추측은 잘못된 판단에서 기인한 것이다. 태양이 비치는 땅마다 태양과 땅의 관계는 달라진다. 비근한 예로 한 시간 동안 사하라 사막에 머물렀던 관광객과 남극 해양기지에 생필품 공급을 위해 머물렀던 선원들의 태양과의 관계는 다를 수밖에 없지 않은가. 그렇다고 태양의 빛과 열을 사하라 사막이나 남극에 토착화했다고 말할 수는 없지 않은가. 신·토 관계는 불변하나 그 관계에 의한 현상은 다양하게 표현된다. 한마디로 말해서 신학의 원형은 신토불이 신학일 수밖에 없으며, 이 신학의 주지가 "신토중심주의(thegeocentrism)"다.

45. 신의 땅화와 예수 그리스도의 삶 자체가 구속신학의 핵심이다. 많은 신학자들이 구속신학을 풀이하기 위한 해석을 시도했다. 복음서는 신토불이 신학의 해석학으로 접근해야 한다.

첫째, 신의 땅화는 "말씀(*Logos*)"과 "육신됨"의 관계에서 해석되어야 한다. 구약성서에는 말씀이 천지만물을 창조한 신의 창조능력이며 구체화된 신의 활동으로 기술되어 있다(창 1:3; 시 33:9). 그 반면에 신약성서에는 예수 그리스도를 말씀으로 직접 지칭하지는 않았지만, 그리스도 자체로 이해할 수밖에 없는 어떤 실체로 기술되어 있다(요1:1-18). 인류는 신의 땅화를 예수 그리스도의 탄생 이전부터 체험하며 살아왔다. "그러므로 주께서 친히 징조를 너희에게 주실 것이라 보라 처녀가 잉태하여 아들을 낳을 것이요 그의 이름을 임마누엘이라 하리라"(사 7:14)라는 예언과 이 예언의 성취(마 1:18–25), "여호와와 그의 기름 부음 받은 자"(시2: 2)라는 표현과 "여호와께서 내게 이르시되 너는 내 아들이라 오늘 내가 너를 낳았도다"(시 2: 7)라는 말씀, 그리고 여리고 근처에서 여호수아에게 "칼을 빼어 손에 들고 마주 서 있는" 모습으로 현현된 그리스도와 예수께서 직접 "아브라함이 나기 전부터 내가 있느니라"(요 8:58)라는 말씀 등은 인류가 이미 나사렛 예수의 모습으로 성육신한 그리스도를 그의 탄생 이전부터 체험했다는 사실을 증거하는 것이다. 성육신 사건은 기록된 문서로서 그리고 창조신학에서부터 이어져온 수많은 시대 동안의 삶의 체험을 표현한 기록으로서 객관적 이해를 필요로 한다.

신의 땅화란 신토성의 구현이며 신·토 관계의 완성이다. 신의 땅화로 말미암아 인간은 신·토 관계의 완성에 참여하게 되었다. 이 인간의 유형을 "신토율 인간(*homo thegeonomicus*)"이라고 한다. 신토율 인간은 그 스스로 이미 신토성을 표현하고 있는 구체적 본실이다. 그렇기 때문에 그의 삶 자체는 신·토 관계의 구조로 범주화되어 있다. 신토성 자체는 완전하다. 이것은 "하나님의 형상"대로 창조된 인간의 원피조성이기 때문이다. 그러나 인간은 범주적 존재로 살아갈 수밖에 없기 때문에 불완전한 존재다. 원죄는 인간을 초범주적 존재에서 범주적 존재로 이질화시켰다.

신의 땅화는 여러 가지 방법으로 해석될 수 있지만, 수직적 관계의 신토불이 신학으로 해석될 때 가장 원초적 해석이 될 수 있다. 구조적으로 분석해보면 성육신이란 말씀이 무조건 육신이 된 사건으로서 신의 의인화이며, 인간에 의해 실제적이고 역사적으로 체험되고 구체적으로 표현됨으로써 비로소 완전하게 이해된 사건이다. 그렇기 때문에 성육신 사건에 대한 인간의 해석행위는 전인적이다. 인간은 선험적으로 그리스도를 체험한 존재였고, 그리스도의 신성과 인성을 자신의 삶에서 표현하고 있는 존재다. 이로써 인간은 신의 땅화를 완전히 이해할 수 있는 것이다. 이것이 신토불이 신학의 해석학이다. 복음서를 신토불이 신학의 해석학으로 읽어야 하는 이유가 바로 여기에 있다.

둘째, 신의 땅화는 복음이다. 예수 그리스도 자체가 복음인 것이다. 복음서를 예수의 어록에 대한 본문분석과 문맥분석을 통해 문자적 · 역사적 · 영성적 · 신비적으로 해석하려 한다면 복음 자체를 신화나 동화로 전락시킬 가능성이 크다. 복음의 의미는 "온 백성에게 미칠 큰 기쁨의 좋은 소식"(눅 2:10)이며, 그 내용은 "그리스도"(눅 2:11)다. 그러므로 복음서에 기록된 예수의 복음(Kerygma)은 성육신 사건과 연계하며 우주적 관점에서 해석되어야 한다. 복음서의 주지(主旨)는 흙인 인간이 다시 "하나님의 형상"으로 빚어진 흙 그 자체로 원상복귀 되는 수직적 과정과 예수 그리스도를 통해 인간과 세상이 변화되는 수평적 과정을 동시에 충족하는 구조로 되어 있다. 한마디로 복음서는 신 · 토 관계의 수직적 관계(창조성)와 피조물 간의 수평적 관계(피조성)에 따라 해석되고 이해되어야 한다. 신 · 토 관계는 창조주와 피조물의 창조신학적 구조와 신의 땅화로 세속사가 구속사로 전환된 구속신학적 구조로 되어 있다. 복음서는 이 두 구조의 상호침투로 복합된 성서다.

46. 정리하면 복음서는 신 · 토 관계의 이중성 — 그리스도를 매개로하여 신과 인간의 관계와 피조물 자체인 천 · 지 · 인 상호 간의 관계 — 에서 해석되어야 한다. 이것이 복음서에 대한 신토불이 신학의 해석학이다. 동양 철학은 신 · 토 관계의 이중성을 무극과 태극의 관계와 태극 자체의 음양, 이기의 관계로 설명할 수도 있을 것이다.

5. 신과 토의 상관관계론

47. 인간의 의식구조는 매우 복잡하고 예민하다. 여러 학문 분야에서 이에 대한 연구를 하고 있지만 아직도 연구는 진행 중이다. 무엇이 인간으로 하여금 의식할 수 있도록 하는지 파악할 수 없기 때문이다. 인간은 생래적으로 자신과 관계된 만물 자체를 생명력이 있는 어떤 것으로 생각하거나, 영혼이나 정신이 들어 있는 것으로 간주하며 살아왔다. 이렇게 보면 물활론(hylozoism)은 지식(*scientia*)보다 앞선다. 민족설화나 창세신화, 또는 원시종교나 문자 이전의 철학 등은 사실상 물활론의 산물이다. 정신분석학이나 심리학, 때로는 철학에서도 이 분야에 관심을 갖고 연구하는 학자들이 많다. 이에 대한 견해들은 무성하지만 아직 아무도 정답을 제시하지는 못했다.

48. 인식은 의식을 결정한다. 좀 더 구체적으로 말하면 지성 – 감성 – 의지에 의해 사물을 지각하는 과정에서 인식능력은 지각된 상을 의식내용으로 전환한다. 만일 의식형성에 회상착각(Déjà-vu-Erlebnis)이 작용하게 되면 이렇게 형성된 의식 내용은 망상이므로 비본질적이다. 특히 회상착각이 신·토 관계에 대한 실제적 체험처럼

간주된다면 이러한 행위는 망상을 더욱 고착시켜 미신화하게 된다. 신·토 관계는 창조주와 피조물 간의 신토성과 피조물 간의 천지인성에 의해 복합적으로 구조된 것이므로 인간의 인식에 의존적일 수 없다. 비유컨대 천체운동이 인간의 인식에 의해 결정될 수 없듯이 신·토 관계의 구조적 상호관계 역시 인식에 의해 결정될 수 없다.

49. 신토불이 신학의 방법은 신중심주의의 신학방법과 인간중심주의의 신학방법을 아우르고 있지만, 이 둘의 관계구조를 차용한 것은 아니다. 틸리히는 이성과 계시의 상관관계의 방법으로 자신의 신학을 정립했다. 하지만 틸리히는 이성과 계시의 관계를 연관의 기능 이상으로 발전시키지는 못했다. 그것이 틸리히의 한계다. 틸리히에게서 상관관계의 신학은 이성과 계시를 '다시 묶어주는 것(*religatio*)'의 역할로 간주된다. 이것은 종교론의 기초적 방법을 신학에 도입한 것에 불과하다.

50. 신·토의 상관관계는 다음의 네 가지 형식으로 정리된다.

첫째, 신·토 관계는 신에 의한 하향적 운동과 토에 의한 상향적 운동을 지속하며 수직적 관계로 연계되어 있다. 이 관계의 원형이 창조신학이며, 성육신 사건으로 구현된 구속신학이다. 신토불이 신학은 이 관계를 '신토성(thegeonity)'이라고 규정한다. 신토성은 창조주와 피조물 간의 상관관계에 내재된 속성이다.

둘째, 신은 천지만물을 창조하되 피조물이 창진(創進)할 수 있도록 창조하기 때문에 그의 창조에는 생명력이 있다. 만일 피조물이 창조되는 순간부터 창조된 모양 그대로 존재한다면 신의 창조는 불완전할 것이다. 피조물에서 운동을 배재했기 때문이다. 신의 창조에는 동시적으로 창진의 피조성이, 토의 속성에는 본질적으로 지속적 창조와 지속적 진화가 내재되어 있다. 이것이 창진이다. 창진은 토의 질료와 형상의 원리다. 간단히 말해서 신은 만물을 창조하면서 만물이 창진할 수 있는 운동도 함께 창조했다.

셋째, 천·지·인의 창조신학적 구조 때문에 피조물 상호 간에는 수평적 관계가 형성된다. 이 관계는 피조물에 내재된 창조목적에 부합하며, 피조물의 피조성으로 표현된다. 신토불이 신학은 이 관계를 '천지인성(uranogeanthropity)'이라고 규정한다. 천지인성은 피조물 상호 간에 내재되어 있는 속성이다.

넷째, 신·토 관계는 신토문화를 형성한다. 신토문화의 가장 원시적 형식은 신독점주의다. 이 사상의 특징은 창조주 신을 특정 민족만의 신으로 신앙하는 조상신 숭배사상이다. 이 사상은 신·토 관계의 보편성을 부정하기 때문에 이렇게 형성된 신·토 관계는 선민의식이나 성지숭배를 조장하게 된다. 신독점주의 종교가 배타적이고 호전적인 이유는 여기에 있다. 어느 민족이 태양을 독점했다고 선언해도, 여호수아가 여호와께 아뢰어 아모리 사람들을 섬멸할 때까지 태양이 기브온 위에 머물러 있었다 할지라도(수 10:12-13), 저 태양은 아모리 사람들의 태양도 되고, '나의 태양'도 되는 것이다. 태양 독점이 불가능하듯이 신 독점도 불가능하다. 역설적으로 말하면 모든 종교, 모든 민족, 모든 신자들은 그들만의 신을 독점하고 있는 것이다. 저 태양은 '나만의 태양'인 것이다. 신토문화는 신·토의 상관관계를 민족주의나 지역주의에서 해방시켜 신토성과 천지인성에로 환원시킨다.

6. 맺음말

51. 지금까지 나는 창조신학을 현상학으로, 구속신학을 해석학으로 풀이하며 신토불이 신학의 방법론을 개진했다. 방법론은 대상의 본질을 어떻게 정립 · 규정하느냐에 따라 결정된다. 신토불이 신학은 양자택일의 신학이 아니기 때문에 방법론 역시 수직적 관계와 수평적 관계를 아우르는 종합의 형식을 가지고 있다. 나는 신토불이 신학의 방법론을 수직적 관계에서는 신토성으로, 수평적 관계에서는 천지인성으로 규정했다.

52. 오래전부터 나는 "그리스도의 한국화", "그리스도의 한국인화"를 주장해왔다.[1] 내 주장의 핵심은 서양 기독교를 수입해서 한복 입히자는 토착화 신학이 아니고, 한국에 태어난, 한국인인 그리스도를 발견하여 한국 기독교를 만들자는 것이다. 이것이 내가 주창하는 신토불이 신학의 요지다. 그러므로 신토불이 신학을 광의적으로 이해하면 토착화 신학의 특수 형식처럼 인식될 수도 있겠지만, 이렇게

---

1)　한숭홍, "신학이란 무엇인가?" 『신학춘추』, 1992. 6. 19, 2-3면.

이해하거나 주장하는 것은 "神土不二"라는 개념으로부터 강하게 받은 공감각(synesthesia) 현상 때문이다. 공감각은 비현실적 의식 현상일 뿐이다. 신토불이 신학을 "신의 땅화"와 "천·지·인의 창조신학"을 중심으로 한 '신토중심주의(thegeocentrism)'의 관점에서 이해하면 토착화 신학과는 근본적으로 다른 신학이며, 참신학, 신학의 원형임을 확실히 알게 될 것이다. 그리고 이 지경에 이르게 되면 신토불이 신학을 토착화 신학과 동일시하는 오류는 더 이상 범하지 않을 것이다.

53. 신토불이 신학의 방법은 신학방법의 원형이며, 신학의 공리(公理)다.

IV

神土不二 神學의 본질과 현상

종교론

1. 머리말

1. 인간의 삶에서 종교는 문화의 형식으로 표출되곤 했다. 그래서 19세기 이래 많은 종교학자들은 이 관계를 풀어보려고 종교에 대한 연구를 체계적으로 하기 시작했다. 이를 위해 한편에서는 세계 곳곳의 원시부족들로부터 수집한 자료들을 분석하며 종교가 어떻게 발생했는지 밝혀내려 했고, 다른 한편에서는 고등종교들의 기원에 관심을 기울이며 불교, 유교, 힌두교, 이슬람교 등등 각 종교의 경전들을 연구하기 시작했다. 종교학자들의 이런 노력에 힘입어 종교학이 새로운 학문으로 자리 잡게 되었다. 하지만 문제는 종교연구에 기울인 관심이 종교의 '원종교성(原宗敎性, Urreligiosität)' 자체에까지 확대되지 못했다는 점이다.

2. 지금까지 종교학자들은 종교를 문화사적으로나 종교사적으로, 또는 사회학적으로나 인류학적으로, 또는 현상학적으로나 심리학적으로 연구하며 초월적 존재와 관계된 현상계를 해석하려 했다. 종교에 대한 이러한 접근방식들은 종교학 자체를 상대로 한 표피주의(表皮主義)만을 양산했을 뿐이다. 종교의 표피주의는 최악의 경우 종

교를 독단주의나 신비주의, 또는 이념의 도구나 정치의 하녀로 이질화한다.

3. 종교는 종교로써 해석되고 이해되어야 한다. 이를 위해 종교는 종교가 되어야 한다. 이 말은 종교가 종교의 표피주의에서 벗어나 종교 자체의 원종교성을 발견하고, 이를 기초로 하여 창조주와 피조물의 관계를 해석하고 이해해야 한다는 것이다. 나는 이 관계가 신토불이 체계(神土不二 體系)로 구조된 종교론이며, 이 관계론을 "신토불이 신학(the Sintobul'yi theology, die Theologie der Thegeonomie)"으로 규정한다.[1]

4. 그렇다면 새로운 종교론, 그것은 무엇인가?

1) 한승홍, "한국 토착화 신학의 현주소," 『침신대학보』, 1994. 10. 28, 2면; "한국 신학, 무엇이 문제인가?" 『장신논단』 제16집 (2000. 12), pp. 808-22; "광복 60년사와 맞물려온 한국 신학의 변천사," 『목회와 신학』 제194호 (2005. 8), pp. 74-81; "신토불이 신학 (神土不二 神學)," 『제488주년 종교개혁기념학술강좌』(2005년 10월 26일 장신대 총학생회 주관 주제강연 자료집), pp. 19-49; "기독교 인간관: 神土不二 신학의 관점에서," 『본질과 현상』 통권 2호 (2005 겨울), pp. 37-50; "한국교회 분열과 신학적 논쟁: 神土不二 神學의 사고지평에서 개진하며," 『장신논단』 제24집 (2005. 12), pp. 553-82; "신, 그는 누구인가?" 『본질과 현상』 통권 5호 (2006 가을), pp. 200-214; "식물은 무엇을 말하는가?" 『본질과 현상』 통권 6호 (2006 겨울), pp. 161-79; "호모 에코노미쿠스," 『본질과 현상』 통권 7호 (2007 봄), pp. 150-71; "평양대부흥운동의 神土不二 신학적 구조," 『교회와 신학』 제68호 (2007 봄), pp. 6-15; "역사철학에도 코페르니쿠스는 존재하는가?" 『본질과 현상』 통권 8호 (2007 여름), pp. 150-71; "태초에 언어가 있었다," 『본질과 현상』 통권 9호 (2007 가을), pp. 89-109; "神土不二 신학의 방법론은 신학적인가?" 『본질과 현상』 통권 13호 (2008 가을), pp. 220-50. 한승홍, 『무엇이 교회를 위한 신학인가?』 (서울: 장로회신학대학교 출판부, 2008), pp. 136-37 각주 1)을 참조.

2. 종교의 본질

5. 종교를 담론화함에 있어 종교학자들이 흔히 저지르는 오류들 가운데 하나는 종교의 본래성을 종교 자체로부터 분석 · 해석 · 이해하려 하지 않고, 종교의 표피적 현상으로부터 취사선택한 후 인간의 삶의 목적에 따라 임의적으로 규정하며 이용가치를 평가하려는 점이다. 이러한 현상은 종교가 생활수단의 하나로 전락해가고 있다는 반증이다.

6. 종교란 인간에 의해 재단되고 평가될 수 있는 대상이 아니다. 물론 종교의 역사나 제도, 또는 형식이나 내용 등에 학문적으로 접근하기 위하여 종교 자체를 대상화하여 연구하고 평가할 수는 있겠지만, 그렇다고 종교를 인간의 지정의(知情意)에 따라 자의적으로 가치화하는 것은 종교의 초월성을 상대화하는 것이므로 종교 자체를 훼절(毁節)하고 파괴하는 행위다.

7. 종교의 본래성은 인간의 본성에 잠재되어 있는 성향(Anlage)이다. 그러므로 인간이 어떤 형식으로든지 초월적 존재에 대한 경외

심을 갖게 되는 것은 인간의 종교적 성향 때문이다. 루돌프 오토 (Rudolf Otto)의 용어를 빌리면 인간은 생래적으로 "누미노제 감정(*sensus numinis*)"을 갖고 태어난다. 그렇기 때문에 인간은 성스러운 것(das Heilige)에 대한 반사작용으로 종교성을 표출할 수 있게 된 것이다. 이 것은 인간이 시공간적 존재로서 자신을 초월하고 있는 어떤 존재와 의 연계를 동경하기 때문에 나타나는 성(聖) · 속(俗) 관계의 현상이라 하겠다. 다시 말해서 인간이 인간적 삶으로부터 자신을 초월한 초 인간적 삶으로 지향하려는 원초적 소원이 현실태로 요청된 것이 종 교라는 것이다. 이처럼 종교는 인간의 삶의 현실이며, 삶의 궁극성 이 성 · 속 관계로 일치된 상태의 표현이다. 종교에서 성은 요청적 이고 속은 필연적이기 때문에 성과 속의 관계는 종교를 더욱 확실 한 어떤 것으로 실체화한다. 멀치아 엘리아데(Mircea Eliade)는 이 관계 를 사회 · 문화적 현상에서 해석하기 위하여 종교현상학적으로 접 근했다.

8. 종교의 현상은 얼마든지 변할 수 있고, 다양한 형식으로 표현 될 수 있다. 그러나 원종교성인 초월적 존재에 대한 "절대의존의 감 정"(F. Schleiermacher)이나 "누미노제 감정"(R. Otto), 또는 "이성과 계시의 상관관계"로 인식될 수 있는 존재의 근원에 대한 관심(P. Tillich)이나 성 · 속의 반대일치에 의해 현시되는 성현의 변증법(M. Eliade), 또는 우주신인론적(cosmotheandric) 상징(Raimon Panikkar)이나 "신토불이 신학 (神土不二 神學)"의 우주적 보편주의(韓崇弘) 등은 종교의 원종교성을 옥 죄며 비종교화하고 있는 도그마주의를 깨려 했던 시도들이었다. 저

들의 공통성은 원종교성을 찾아내서 종교의 보편적 절대성을 규정하려는 것이었다. 이것을 어떻게 형식화하느냐에 따라 종교의 원종교성은 수많은 유형으로 분화된다. 모든 종교는 소급하면 원종교성에로 모아지고, 분화하면 종교의 다양성으로 나눠진다.

9. 종교를 이해함에 있어 종교의 본질을 통해 이해할 수도 있고, 종교의 현상을 통해 이해할 수도 있다. 종교의 본질을 통한 이해는 종교의 보편주의에로 접근하게 되고, 종교의 현상을 통한 이해는 종교의 개체주의에로 접근하게 된다. 종교의 개체주의는 종교의 독자성을 유지할 수 있는 장점을 갖고 있지만 타 종교에 대하여는 철저할 정도로 배타적이고 폐쇄적이며, 지역적이고 민족적이기 때문에 종파주의(sectarianism)의 기질을 갖고 포교활동을 한다. 그 반면에 종교의 보편주의는 궁극적 존재인 신에 대한 이해의 상대성을 인정하기 때문에 종교현상의 다양성과 종교본질의 동일성을 동시에 포괄하며 활동한다.

10. 보편주의는 '일즉다(一卽多)면 다즉일(多卽一)'이라는 만물의 법칙과 상통(相通)한다. 종교의 본질은 동일하지만 종교의 현상들은 다양하고, 종교의 형식들은 다양하지만 종교의 실체는 동일하다는 것이 보편주의적 종교론이다. 이에 근거하여 정립된 이론이 신토불이(神土不二) 신학이다. 신토불이 신학은 종교의 다양한 현상들을 인정하는 동시에 종교의 동일한 본질을 주장한다. 종교의 현상들은 시공간에 따라 다양하게 표현되지만, 종교의 본질은 시공간을 초월하여 언

제 어디서나 동일하게 표출된다는 것이 신토불이 신학의 근본사상
이다.

3. 종교의 발생

11. 인간을 종교적이라고 하는 것은 무엇을 의미하는가? 종교학적으로 분석해보면 인간은 땅의 존재로서 종교적이고, 종교는 땅의 현상학으로서 성지(聖地)를 우주의 중심으로 하여 신과 접하는 행위다. 그러나 포교나 선교 등의 이름으로 자행되는 종교행위의 궁극적 목적은 땅을 정복하려는 것이며, 이런 맥락에서 고찰해보면 포교행위나 선교행위는 신·토 관계의 본래성을 굴절시키는 행위로서, 결과적으로는 문화정복주의의 양태를 띠게 된다.

12. 초월적인 것이 구체적인 것과 관계된 현상에서 종교는 발생한다. 이런 현상에 대한 반응은 오직 인간에게서만 가능하다. 기독교는 인간이 "하나님의 형상(*Imago Dei*)"이기 때문에 원종교성을 갖게 되었다고 주장한다. 그러나 종교학자들은 인간만이 믿으려는 본성을 가진 존재이기 때문에 초월적인 것에 대한 경외심을 갖고 있다고 역설한다. 이것은 '태초'에 대한 신화적 세계관이 인간의 의식 속에 잠재되어 있다는 것을 의미한다.

13. 인간이 종교적이라는 것은 인간만이 예각(豫覺)과 통각(統覺)을 통해 초월성에 접근할 수 있기 때문이다. 이것은 인간이 이성적 존재이며 감성적 존재라는 것과, 이성은 감성에 의해, 그리고 감성은 이성에 의해 영향을 주고받는 관계라는 것을 입증하는 것이다.

14. 그렇다면 이성과 감성의 상관관계를 조정·추진하여 종교화하는 힘은 무엇인가? 인간은 신적 존재에 의지하려는 본래성을 갖고 있기 때문에 예배와 의례 등과 같은 형식을 종교화할 수 있었다. 종교는 이성적 존재인 인간이 영생을 갈구하는 삶의 욕망 때문에 절대화된 비합리적 영역을 가지고 있다. 인간에 의해 자연에 대한 공포, 전율, 매혹 등의 형식으로 표현된 것들은 성(聖)에의 경외심으로 종교화된다. 그래서 인간은 항상 자연을 지배할 수 있다는 자신감과 동시에 자연에 의해 지배될 뿐이라는 두려움을 갖고 그 경계 위를 걸어가며 살아가고 있다.

4. 종교의 창진(創進)

15. 문화는 끊임없이 진화한다. 이 과정에서 핵심적으로 작용하는 것은 인간의 삶에 직접적으로 관계되어 있는 땅이다. 땅은 인간의 삶의 자리로서 삶의 현상 자체가 구현되고 있는 세속적 공간이며, 동시에 신이 역사하고 있는 성스런 공간이다. 다시 말해 신에 상대되어 있는 땅은 세속적인 공간이지만, 신은 그 땅과의 불이(不二) 관계로 역사하기 때문에 땅은 성스런 공간인 것이다.

16. 종교마다 공간 중에 특수 공간을 성소나 성지로 성별하고 있지만, 이런 발상은 매우 모순적이고 비종교적이다. 이러한 의식은 종교의 보편성을 향토주의나 지역주의 종교로 제한하며, 신앙 자체를 극단의 민족주의로 특수화하기 때문에 배타적이며 인종주의적이다.

17. 문화가 진화하듯이 종교 역시 진화한다. 종교가 어떻게 진화해 왔느냐의 문제는 종교가 그 종교 발생지에서 신과 어떤 관계에 의해 개성화되고, 특성화되어 독창적 종교로 표출되었는가의 문제와 연

관된다. 그러므로 모든 종교의 진화과정을 소급해 올라가보면 종교의 원형은 동일하다는 것을 발견할 수 있다. 이것은 종교가 그 땅과의 관계에 의존적이라는 것을 의미한다. 종교는 그 땅에 사는 사람들의 사회구조나 의식구조와 밀접한 관계를 맺고 영향력을 발휘하며 진화하고 있다.

18. 문화는 인간의 삶과 정신이 만들어낸 모든 창작품들의 어머니이며, 인간적 삶의 모든 창작품들은 문화의 소산들이며 자녀들이다. 틸리히(P. Tillich)의 최대 오류는 이 관계를 전도(顚倒)한 것이다. 그는 신적인 궁극성이 실존적인 상황에 투명하게 비춰짐으로 인해서 종교는 문화에 의미를 주는 실체가 되었고, 문화는 종교가 관심을 갖고 있는 것을 그 스스로 표현한 형식이 되었다는 신율문화(神律文化)를 주장한다. 그런데 이 주장은 신학적으로뿐 아니라 논리적으로도 모순이다. 신율문화의 특징은 인간의 문화 창조능력이 수동적이라는 점이다. 이것은 문화 예정론의 일종이다.

19. 신율문화란 문화 형식의 하나로서 문화 내의 종속문화(subculture)일 뿐이다. 신율문화가 문화의 원형이라는 주장은 문화 자체를 물활론의 관점으로 해석하려는 억설(臆說)이며, 서양 중세 문화론의 잔영이다. 이러한 독단주의 때문에 종교전쟁이 발발하기도 했다. 특정 종교의 신율문화론은 타 종교와의 문화적 교류나 상호이해에는 도움이 되지 않는다.

5. 종교주의에서 탈종교주의로 전환

20. 인간은 종교에서 때로는 이념이나 신념으로 고착된 세계관을 찾으려 했고, 때로는 영생이나 피안으로 인도하는 길을 찾으려 했다. 이처럼 종교는 이상적인 것이나 초월적인 것에 대한 인간의 추구본능에서 야기되어 궁극적 존재에로 회귀하려는 마무리 과정으로 엮어져 있다. 말하자면 종교 자체는 인간의 본래성인데, 인간은 그 본래성을 분화하고 이질화하며 문화로 형식화했다. 그러므로 종교이해는 그 종교의 땅의 문화이해에서 가능하다. 종교는 문화의 산물이며, 문화의 형식에 불과하기 때문이다. 인간은 동일하나 인종은 다양하듯이, 종교의 본래성은 동일하나 그 분화된 양태는 다양하다.

21. 언제부턴가 인간은 종교 그 자체를 이념화하기 시작했다. 인간이 종교를 이념화함으로써 종교를 주의(Ism)의 한 형식으로 이질화했고, 이를 절대 신앙화함으로써 종교 간의 갈등을 유발했다. 종교의 이질화는 종교를 비본질화했으며, 이렇게 되면서 종교는 무신론이나 이신론, 신비주의나 광신주의, 유사종교나 사이비 종교, 국가종교나 민족종교 등으로 변질되었다.

22. 고등종교인 유대교, 기독교, 불교, 힌두교, 이슬람교 등의 종교 사상사는 한마디로 제도적이며 형식적인 관점으로 종교 자체의 우월성을 논증하려는 호교론의 발전사였다. 이것은 종교 간의 질적 차이를 조장하며 원종교성을 독점하려는 종교독점주의의 한 형태다. 인류의 종교사는 이 점을 보여주고 있다. 그러나 인간은 종교의 이러한 오류를 발견하지 못하고 순교적 자세로 종교의 표피(表皮)에 삶을 던지곤 했다. 그러나 인간의 이러한 잘못된 신앙은 참된 신앙을 무의미화할 수 있는 위험성을 항상 지니고 있다. 인간이 진정으로 종교다운 종교를 발견하려면, 그래서 종교의 핵심인 진리에 접근하려면 지금까지의 종교주의를 과감히 탈피한 후 신토불이의 관계에서 창조적으로 진화된 '신토성(神土性, thegeonity)'에로 접근해야 한다. 이것은 탈종교주의(脫宗教主義)에로의 전환의지에서만 가능하다.

23. 탈종교주의란 무종교 시대의 세계관이나 무종교주의에로의 진화 · 발전을 의미하는 것이 아니고, 종교를 주의로 맹신하는 광신주의에서 탈피하여 종교의 본래적 순수성 그 자체에로 귀착해야 하는 당위성에 대한 종교적 의식을 말한다. 탈종교주의는 신토불이 관계의 동인이 되는 '신토성에의 의지(Wille zur Thegeonität)'에 의해 종교를 '우주적 종교(cosmic religion)'로 환원한다.[2]

24. 탈종교주의에 따르면 종교의 대상성을 믿는 행위는 신앙이 아

---

2) 신토성에로 지향하려는 신토불이 관계의 동인. 기독교가 지역종교나 민족종교로 전락하지 않고 '우주적 종교(cosmic religion)'로 될 수 있도록 하는 원동력.

니고 미신이다. 그러므로 종교가 참종교가 되기 위해서는 미신행위를 버리고 종교의 본래성을 받아들여 신앙화해야 한다. 탈종교주의는 종교무용론도 아니고, 종교를 세계관으로 이념화해야 한다거나 합리적 신앙으로 과학화해야 한다는 주장도 아니다. 탈종교주의의 근본 목적은 신토불이 종교의 종교성 그 자체인 '신토성에로 돌아가자!'는 것이다.

25. 탈종교주의는 종교이해의 전도(顚倒)가 필요하다는 점을 역설하며, 종교의 신토성을 재발견하려는 노력이다. 종교에 대한 기성종교론의 고정관념에서 벗어나 숙명적이고 본원적인 신·토 관계에서, 즉 토에서 신에로의 귀납적 형식과 신에서 토로의 연역적 형식의 상호관계에서 종교의 원종교성을 찾자는 것이다.

26. 유대교는 국수주의적으로 이념화된 선민주의(選民主義) 때문에, 기독교는 그리스도중심주의적 배타주의(排他主義) 때문에, 불교는 업보연기(業報緣起)를 궁극화한 중생주의(衆生主義) 때문에, 힌두교는 개성적으로 규범화 ― 세계 창조(Brahma), 유지(Vishnu), 파괴(Shiva) ― 된 삼신일체의 신성주의(神聖主義) 때문에, 이슬람교는 6신(信, iman)과 5행(行, din)에 역점을 둔 엄격한 계율주의(戒律主義) 때문에 종교의 원종교성인 신토성을 왜곡·해석하며 이질화되었다.

6. 종교에서 마침표의 의미

27. 20세기까지 인간은 신을 절대화하기 위하여 신에 대한 성(聖)의 현상 자체를 절대신앙화하며, 문화를 지배하였다. 아직도 중근동의 여러 나라들이 종교지상주의적 국가주의를 견지하고 있다. 하지만 21세기에는 종교지상주의에 마침표가 찍히게 될 것이다. 이렇게되면 종교는 새로운 실체로 탈바꿈할 수밖에 없게 될 것이다. 20세기까지 종교는 문화를 창조하는 주체로 행세하며 문화를 지배했다. 그러나 엄밀히 말해서 종교가 문화를 창조할 수는 없다. 틸리히는 "종교는 문화의 실체이고, 문화는 종교의 형식이다"라고 주장한 바 있는데, 이 주장의 오류는 문화를 서양 중세의 세계관으로 해석하려는 점이다. 그는 20세기 신학자로서 토마스 아퀴나스(Thomas Aquinas)의 울타리 안에 머물러 있었기 때문에 이런 오류를 범한 것이다. 엄밀히 말해서 문화는 인간의 삶 자체를 모두 포괄하고 있는 전체이며, 인간의 삶의 실체다. 문화를 창조하며 진화하는 실체라고 하는 것은 바로 이런 이유 때문이다. 바꿔 말해서 삶이 창조적으로 진화하는 한 문화 역시 그 법칙을 벗어날 수는 없을 것이다. 이 경우 종교도 예외일 수는 없다.

28. 이 세상에 종교의 형식이 다양한 것은 종교가 발생한 땅의 환경적 요인이 다양하기 때문이며, 문화적 차이에 의한 결과다. 이것은 마치 땅이 언어의 유형화에 영향을 주는 것과 같은 원리다. 삶의 습관이나 사회적 관습 등도 땅과의 관계에서 영향을 받아 자생적으로 다양화될 수밖에 없다. 여기에서도 종교의 형식에 영향을 주는 '풍토생태주의(geo-ecologism)'의 양상을 발견할 수 있다.

29. 21세기는 인간의 삶의 혁명기가 시작되는 세기다. 20세기를 한마디로 특징짓는다면 '종교적 역동주의의 시대(the religious dynamic era)'로 규정할 수 있을 것이다. 그러나 그럼에도 불구하고 인간은 종교의 바벨탑 현상에서 벗어나지 못했다. 바벨탑 사건 이전의 하나였던 언어(창 11:1-9)가 언어의 본래성이었듯이 종교의 분화와 분열이 있기 이전의 신토성이 종교의 원종교성이다. 그런데 기이하게도 어느 누구도 종교의 신토성을 주장한 바 없다. 심지어 20세기를 대표하는 신학자들이나 종교학자들조차도 자신들의 이론에만 집착한 나머지 자신들의 주장만을 정당화하려 했기 때문에 자신들이 저지른 종교론의 오류 자체를 볼 수 없었다. 한마디로 말해서 그 누구도 종교의 신토성을 발견하지 못했던 것이다. 세속적 표현을 빌리면 20세기의 신학자들이나 종교학자들 중 그 누구도 자신들이 관찰한 나무 몇 그루가 이 산의 중심이라고 주장하며 논쟁은 열심히 했으나, 숲 전체, 산 자체를 통해 그 산과 인간의 관계가 어떻게 연계되어 있는지는 읽을 수도 없었고, 그러한 발상 자체도 하지 못한 채 자아도취에 빠져 오류를 진리로 착각하며 학문했던 것이다.

7. 종교와 생태

30. 생태신학자들은 대체적으로 생태신학이라는 이름으로 인간의 삶의 현상을 성서적 관점에서 풀이하고 있다. 그리고 이러한 시도를 통해 신학의 새로운 경향을 표출했다는 자부심을 갖고 있다. 그러나 엄밀히 말해서 생태신학은 새로운 것이 아니며, 기독교적인 것도 아니다. 불교는 이미 부처의 가르침 자체에서 '불교적 생태신학(Buddhistic eco-theology)'을 역설했다. 불교의 요지는 윤회전생(輪廻轉生)이므로 불교에서는 윤회와 해탈이 교리의 중심을 이루고 있다. 이 사상을 생태학의 관점으로 볼 수도 있을 것이다. 서양 철학자로서 이런 진리를 최초로 깨달은 사람은 니체(Friedrich Nietzsche)다. 그는 인간적인 삶을 말하며 가식적이고 위선적인 19세기 기독교의 도덕을 전도(顚倒)하려 했다. 그는 사람들에게 삶의 순수함을 말하려 했고, 보다 "위대한 때(der grosse Mittag)"를 고대하며 희망찬 삶을 살 수 있는 용기를 주려 했다. 그가 그렇게도 역설했던 영겁회기(永劫回歸)도 결과적으로는 생태신학의 한 형식인 셈이다.[3]

---

3) 한숭홍, "프리드리히 니체 철학에 대한 새로운 이해: 시간개념을 중심으로," 『신학논단』 제13집 (1977. 2), pp. 85-108. 필자의 저서 『철학적 신학』(서울: 장로회신학대학

8. 종교와 경제

31. 인간이 발견한 가장 오래되고 위대한 것은 교환가치일 것이다. 인간은 교환가치를 빵을 얻기 위한 수단으로 인식하기 시작하며 경제적 동물로 길들여졌다. 교환가치의 효용성과 효율성은 샤먼(shaman)에게도 매력적인 유혹이 되었다. 신령이나 혼령을 불러내어 길흉화복을 점치는 무술(巫術)이 직업으로 자리 잡아가며 무술의 교환가치는 경제적 행위의 하나로 인식되게 되었다. 이처럼 성(聖)의 상품화는 원시종교에서도 쉽게 찾아볼 수 있을 정도로 그 역사가 오래 되었다. 물론 이에 대한 진단과 분석 및 평가는 학자들에 따라 그리고 종교의 수용 지역에 따라 다르게 나타날 것이지만, 대체적으로 오늘날 종교는 경제를 목적으로 활성화되어가고 있다는 점을 누구도 부인할 수 없을 것이다. 한국의 예만 보더라도 교회나 사찰 등은 이미 자본주의 경영을 도입하며 수익단체(재단법인)로 변모되어 가고 있다.

교 출판부, 2006), pp. 141-64에 이 논문이 재록(再錄)되어 있음.

32. 종교의 본래 목적은 마음을 비움, 탈속의 정신, 자기를 버림, 무욕·청빈을 지향, 내세에로의 소망, 영생복락 등, 성을 지향하며 속을 일과성 가치로만 여기는 점이다. 그런데 오늘날 종교는 이익추구에 궁극적 목적을 둔 자본주의의 기업구조와 경영방식을 도입하며 재화생산의 한 수단으로 전락하고 있다. 간단히 말해서 종교가 이미 환금작물(換金作物)에 목적을 둔 기업으로 변질되어가고 있다는 것이다.

33. 종교적 행위의 목적이 돈벌이 때문이냐 아니냐가 일반인들이 무당들과 성직자들을 구별하는 한 가지 기준이었다. 무당들은 돈을 벌기 위해 무속행위를 하는 전문 직업인들이다. 그 반면에 고등종교의 성직자들은 종교행위를 자신들의 생계수단으로 삼지 않는다. 그렇기 때문에 목사, 신부, 랍비(Rabbi), 스님, 이맘(Imam) 등의 성직자들은 무당들과는 다른 대우를 받아왔다. 그런데 작금에 이르러서는 성직자들이 무당들처럼 경제적 목적으로 종교행위를 하며 이질화되어가고 있다. 이러한 성직자들은 '신을 팔아먹는 세일즈맨'이며 배금주의자들이다. 이처럼 성직자들이 성을 소비자들의 기호와 취향에 맞추어 바겐세일용으로 상품화해서 제공하며 상품의 유통과정에서 이익을 증대하려는 행위는 신성을 가장한 상업주의다. 대형 교회의 목사들이나 대형 사찰의 승려들은 이미 대기업의 총수들처럼 최고 경영자(CEO)이며 최고 재무담당 경영자(CFO)로 기업가가 되어 있다. 저들이 성(聖)을 상품화하면서 사실상 성·속의 균형은 와해되기 시작했다. 이로 말미암아 현대인의 삶은 '신망각의 시대

(Gottvergessene Zeit)', 탈성화 시대에 급속도로 진입하게 되었다. 이런 성직자들 중 일부는 성을 상품화하여 벌어들인 자본을 병원, 출판업, 학원, 방송, 신문, 임대업 등등 다양한 업종에 투자하여 자본증식을 체계적으로 해가며 교회를 기업체로 경영하기도 한다.

34. 기독교 이단들도 성(聖)을 상품화하여 신자들을 현혹한 후 재산을 수탈하는 집단들이다. 이런 집단들의 교주들은 하나같이 종말사상, 영생, 치유, 축복 등을 상품으로 제공하고 돈을 갈취한다. 이런 집단들은 종교라는 미명으로 그럴듯하게 포장된, 그 나름대로의 브랜드(brand)를 갖고 있다. 박태선전도관(현 천부교, 박태선), 통일교(문선명), 용문산기도원(나운몽), 다미선교회(이장림), 구원파(권신찬, 이요한, 박옥수), 영생교(조희성), JMS(정명석), 아가동산(김기순), 만민중앙교회(이재록), 신천지교회(이만희), 성락교회(베뢰아 아카데미, 김기동), 대성교회(현 평강제일교회, 박윤식), 엘리야복음선교원(박명호) 등등 이런 이단들은 이미 기업으로서 자리 잡아가며, 날로 번창하고 있다. 문제는 기성 종교의 성직자들 중에서도 이단들이 성(聖)을 어떻게 상품화하여 잉여가치를 창출하고 있는지 암암리에 배우고 있다는 점이다. 통일교나 신천지교회 같은 이단들이 공공연하게 돈으로 매수했거나, 김기동 자신이 신문 지상에서 자신의 베뢰아 아카데미 제자들이라고 거명한 목사들 중에는 놀랄 만한 거물들도 포함되어 있는데, 더욱 놀라운 것은 이렇게 거명된 인사들 자신이 이에 대하여 침묵하고 있다는 것이다. 그렇다면 이들이 침묵하는 이유는 무엇인가?

35. 지금까지 언급했던 내용의 요지는 다음과 같이 정리된다. 첫째 부류는 성(聖)을 상업적으로 이용하기 위하여 정통교리를 이단화하지는 않았지만 성직 자체를 호구지책을 위한 직업의 하나로 세속화시켜버렸다. 둘째 부류는 돈벌이를 목적으로 정통교리를 왜곡·해석하며 이단화했고 성직 자체를 무력화해버렸다. 그러나 이 두 부류가 성을 치부(致富)의 수단으로 활용하고 있다는 점에서는 공통적이다.

9. 종교와 사회

36. 사회적 존재로서의 인간은 성(聖)도 사회화하여 예배의식으로 만들었다. 그래서 종교의 사회적 기능을 역설하기도 하고, 사회의 종교적 기능을 역설하기도 한다.

37. 종교에는 사회의 제 현상들이 함축되어 있다. 종교 자체가 사회적 실체로서 사회 내에서 기능을 감당하고 있기 때문이다. 사전적 의미에 따르면 사회란 그 안에서 공동생활을 하며 살고 있는 사람들의 집단이지만, 사회철학의 관점에 따르면 사회란 사회 구성원들의 존재와 의식, 삶과 사상, 전통과 관습 등을 지배하고 통제할 수 있는 규범체계일 뿐이다. 이 점에서 인간의 사회는 동물의 사회와 구별된다. 동물의 사회는 군거생활 자체의 형식으로 집단화되어 있지만, 인간의 사회는 삶의 내재성뿐 아니라 삶의 초월성까지도 연계하며 삶 자체를 의미화하고 있다.

38. 이처럼 종교와 사회는 밀접한 관계를 맺고 있으나 상호 간에 어떤 역할을 견지하며 기능을 수행하고 있는지 이해한다는 것은 쉬

운 일이 아니다. 사회의 모든 현상들은 질료적 기능과 형상적 기능을 동시에 가지고 있다. 사회의 질료적 기능은 사회가 유기적 역할을 하는 것을 의미하고, 사회의 형상적 기능은 사회가 본체적 역할을 하는 것을 의미한다. 그러나 사회의 이 두 기능들이 서로 독자적으로 역할 할 수는 없다. 질료는 형상 없이 존재할 수 없고, 형상 역시 질료를 배제하고는 존재할 수 없다. 이것은 사회를 질료와 형상의 완전한 동일성에서 이해해야 한다는 것을 의미한다. 한마디로 사회 자체가 내재적이며 초월적인 요소를 포괄하고 있다는 것은 사회가 필연적으로 내재적 · 초월의 동일체계로서만 존재하는 조직이라는 말이다. 종교의 사회적 기능을 역설하는 것은 이런 이유를 충족하기 위한 것이다.

39. 사회의 특징은 지도자에 의해 이끌려진다는 점이다. 원시종교에서는 샤먼이 사회공동체를 이끌어가던 지도자였으며, 육신의 병을 치유할 수 있는 초능력을 가진 의료 주술사(medicine man)였다. 그뿐 아니라 샤먼은 신령이나 혼령을 불러내어 사회구성원들의 길흉화복을 점치고 굿하는 제사장으로서의 기능도 갖고 있었다. 이처럼 샤먼이 사회지도자, 의료 전문가, 제사장으로서의 종합적 역할을 하게 되면서 샤먼은 절대적 권위를 가진, 신격화된 존재로 추앙되었다. 이것은 샤먼이 '신적 위력을 가진 존재'와 '사회공동체와 관련된 세계'와의 매체(媒體)였고, 동시에 이 둘의 속성을 겸비한 인물이었다는 것을 의미한다.

40. 샤먼의 무술(巫術)은 지역에 따라 다르게 표현되고 있지만, 샤먼의 카리스마는 권위의 상징으로서 어디서나 항상 절대적 위력을 갖고 있다. 샤먼의 카리스마는 사회 자체를 움직이는 힘을 갖고 있었으며, 이로써 사회지배가 가능하게 되었다. 이 경우 사회는 종교의 초월적 실재와 동일시되고, 종교는 사회의 내재적·초월의 동일체계와 동일시된다.

41. 오늘날 성직자들은 샤먼의 카리스마를 거룩한 신비나 초월적 위력으로 간주하며 샤먼을 닮아가려 한다. 시대를 소급해 올라갈수록 샤먼의 카리스마는 절대적이었다. 그러나 오늘날에는 성직을 경제와의 관계에서 수용하거나 그렇지 않으면 사회적 지배의식과 연계하여 활용하려는 경향으로 샤먼의 기능이 변질되어가고 있기 때문에 종교에서 샤먼의 카리스마는 점점 그 위력을 잃어가고 있다.

42. 거의 모든 성직자들은 자신들도 원시종교의 샤먼처럼 사회지도자, 치유의 초능력을 가진 주술사, 제사장 등등 여러 가지 역할을 수행하고 있다는 의식을 갖고 있다. 사람들도 성직자들을 사회지도자, 육신의 병을 치유할 수 있는 초능력자, 영계와 통하는 신담지자(godbearer)로 간주하며 존경한다. 사람들은 성직자들이 종교를 치부의 수단으로 이용할 때는 매우 비판적이지만 정치권력을 얻기 위한 수단으로 이용할 때는 묵과하거나 방관적이다. 이것은 성직자를 샤먼과 동실시하는 잠재의식이 성직자의 정치권력 지향성을 사회적 기능으로 착각하면서 나타나는 현상이다.

43. 문명사회에 진입하면서 인간은 샤먼의 공동체 의식을 신정정치(theocracy)로 이론화했다. 신정정치는 '지상의 나라(These, 俗, 土)'와 '신의 나라(Antithese, 聖, 神)'를 지양하고 이 둘의 종합(Synthese)으로 된 정치 형태를 이상(理想)으로 삼는다.

10. 종교와 정치

44. 종교보다 정치에 관심이 강한 성직자들은 성직자의 양심이라는 이름으로 사회의 모든 문제들에 사사건건 간섭하며 시비를 걸곤 한다. 저들은 하나같이 사회현상 자체를 부정적으로 해석하며 민중을 선동하고, 비판을 위한 비판을 위해 모든 정책을 부정적 시각으로 침소봉대하며 해석하고, 무조건 부정하기 위한 부정의 수법을 사용하며 선동과 선전을 목적으로 활동(agitprop)한다. 저들은 제도권 밖의 야당의 역할을 자처하지만, 실제적으로는 기성 정치권에 의해 발탁되어 제도권 정치에 입문하려는 강한 권력욕을 갖고 있다. 저들 중의 일부가 종종 정치계에 입문하곤 하지만 정치가가 되기 위한 전문수업은 받은 바 없고 오직 투쟁을 위한 투쟁, 상대편을 비판하여 매장하는 수법만 연마해왔기 때문에 실패하곤 했던 예를 보게 된다. 이러한 지적에 대하여 저들은 강력하게 부정하겠지만 국민의 정서는 저들의 행태를 성직행위로 보지 않는다. 저들의 수법은 계산된 것이다. 저들은 종교의 이름을 팔아가며 공권력에 폭력으로 도전하다가 법의 제지나 심판을 받으면 탄압받는 민중 지도자로 등장할 수 있다는 계산을 하며 행동한다. 하지만 저들의 행동은 국민의 지지를

끌어낼 수 없기 때문에 실패할 수밖에 없었고, 일부 추종세력에 의해 추앙되는 신세로 전락하곤 했다. 저들은 종교와 정치의 관계에서 성과 속의 변증법을 읽을 수 없었기 때문에 자신들의 오류를 인식할 수 없었다. 종교와 정치의 관계에서 종교가 정치에 경도되거나 정치를 무력화하면 균형이 깨지며, 이 경우 종교와 정치는 사회에 공헌할 수 없다. 이 둘은 성·속의 반대일치의 관계를 통해 균형·유지되어야 한다.

45. 1970년대 말까지만 해도 성직자들의 사회운동은 사회정의를 위한 양심에서 발로한 것으로서 동기 자체가 순수했다. 그래서 저들의 사회운동에는 시대의 지성들도 자발적으로 참여했다. 그러나 1980년을 기점으로 '정치꾼 성직자들의 시대(the era of politician clergy)'가 열렸다. 저들은 사회정의나 인권문제를 표방하며 정치에 대한 관심을 표출하기 시작했고, 인간의 삶의 한 단면을 극단적으로 정치화하고 사회화하면서 대중의 관심을 유도하곤 했다. 저들의 궁극적 목적은 정치가로서의 역할을 수행하려는 것이었다. 저들이 노련한 말솜씨와 처세술로 순수한 학생들과 노동자들과 농어민들을 배후에서 조정했었다는 것은 종교가 정치를 어떻게 이용할 수 있는가를 보여준 본보기가 되었다. 그런데 아직도 풀리지 않는 문제는 왜 정치꾼 성직자들은 정치 입장에 있어서는 무조건 친북적이며, 정치 색깔에 있어서는 무조건 사회주의적인가? 보수주의 정책은 무조건 반민족적이며, 자본주의 경제는 무조건 악마적인가? 종교와 정치의 관계에서 이 문제도 풀어야 할 시급한 과제다.

11. 천 · 지 · 인의 창조신학

46. 그리스 자연철학자들은 만물의 근원이 원소로 형성되어 있다고 주장한다. 그런데 그 원소가 일원소냐 다원소냐에 따라 그들의 철학의 유형이 그 후 서양 사상의 원형으로 자리 잡게 되었다. 어쨌든 저들이 주장하는 이론의 핵심은 만물의 근원이 원소라는 것이다. 다시 말해 만물은 원소로 존재하며, 그것이 자연이라는 것이다.

47. 만물이 "물"(Thales)이나 "공기"(Anaximenes)나 "불"(Heracleitos) 중의 어느 하나에서 근원했다는 일원소론이라든가, 그렇지 않으면 "물, 공기, 불, 흙"의 4가지 원소들(Empedocles)이나 원자(Leukippos, Democritos)에서 근원했다는 다원소론은 자연철학의 최대 관심사였다. 문제의 핵심은 일원소론이든 다원소론이든 만물의 근본원소는 질료이며, 질료의 운동과 관계에 의해 만물이 생성 – 진화 – 변화 – 존재로 형성되었다는 데 있다. 철학은 이 정도에서 우주창생의 기원을 기술한다.

48. 그러나 기독교의 창조론은 질료에서 질료의 창조를 부정한다.

만물은 창조주인 신(神)에 의해 창조된 피조물로서 유적 존재들일뿐
이다. 유적 존재들이란 질료적이다. 모든 원소들은 질료이고, 질료
는 흙으로 환원되기 때문에 신은 만물과의 관계에서 흙, 즉 토(土)와
본래적 관계를 맺고 있는 것이다. 흙은 피조성을 대표하는 상징으로
서 만물의 근원이기도 하다.

49. 신학의 핵심은 창조론과 구속론이다. 창조론은 신이 만물을 창
조했다는 신앙과 연계되는 것으로써 창조와 피조의 관계가 여기에
서 성립된다. 피조물은 창조주인 신(神)에 의해 무에서 창조된 천·
지·인 전체로서 질료로 되어 있기 때문에 흙, 즉 토(土)의 본질을 갖
고 있다. 피조물의 질료는 모두 흙이다. 만물의 원소들은 모두 흙
의 성질을 갖고 있기 때문이다. 이와 관련하여 생겨난 신학이 '천·
지·인(天·地·人)의 창조신학(創造神學)'이다. 이 신학은 천지인(天地人)
의 삼재(三才)를 신학의 주제로 하는 "천지인 신학(天地人 神學)"과는 근
본적으로 다르다. 천·지·인의 창조신학은 신이 피조물을 창조한
과정을 직관하려는 현상학이며, 신이 피조물의 실재들인 천·지·
인과의 관계회복을 위해 땅화된 사건을 해석·이해하려는 해석학
이다. 이 신학이 신토불이 신학이다.

50. 신토불이 신학은 신과 토의 대칭구조로 되어 있다. 신은 창조
주이고 토는 피조물이다. 천·지·인, 즉 하늘과 땅과 사람은 흙으
로 상징되는 피조성을 갖고 있다. 인간은 흙으로 피조된 원형이므로
토의 주체이며, 토의 상징으로 이해될 수도 있고 해석될 수도 있다.

여기에서부터 신학이해의 다양성이 시작된다. 간단히 말해서 신토불이 신학은 신·토 관계로 된 신학이며, "천·지·인의 창조신학"이다.[4]

51. 그 반면에 천(天)을 하늘이라는 재래종교적 개념에 의거해서 천공신(天空神)으로 대치하고, 지(地)를 생태계나 자연환경으로 대치한 후 그 사이에서 사변하기도 하고 신앙하기도 하는 존재를 인(人)으로 해석하는 신학은 신화적 우주 생성론에 머물 수밖에 없다. 이러한 신학은 통일신학이나 여성신학 등과 마찬가지로 신학의 특수한 영역에서의 연구는 될 수 있어도 신학의 원형으로는 발전할 수 없다. 이 신학의 문제는 동양의 우주론이나 자연종교의 3층 구조 세계관을 기독교 세계관으로 변환(變換)하거나, 신화나 과학으로 신학의 학문성을 치환(置換)함으로써 신학의 본질을 창조신학과 구속신학이 배제된 세계관으로 변질시키고 있다는 점이다.

52. 신은 만물을 창조했다. 그러므로 그는 만물에 대하여 상대적으로 존재한다. 신을 창조주라고 하는 것은 그가 만물을 창조함으로써 만물과 상대적 관계를 갖게 되었기 때문이다. 상대적 관계는 주체와 객체의 관계다. 신은 "스스로 있는 자"(출 3:14)이기 때문에 절대적 존재이고, 인간에 의해 신앙의 대상이 되기 때문에 상대적 존재다. 신은 인간이 존재하지 않는 곳에서도 존재할 수는 있지만, 이 경우 신

---

4) 한숭홍, "오늘의 한국 기독교, 무엇이 문제인가?"『장신논단』제27집 (2006. 12), pp. 531-32.

은 "나와 너(Ich-Du)"의 관계 때문에 예배의 대상이 된 인격적 신으로서는 더 이상 존재하지 않는다. 인간이 없는 곳에서는 예배도 행해질 수 없기 때문이다. 기독교는 예배의 대상이 되는 인격적 신을 삼위일체 신으로 믿는다. 예배는 신과 인간이 서로 상대적으로 관계된 상황에서 행해지는 것이며, 이런 행위의 표출을 신앙이라고 한다.

53. 종교에서 가장 중요한 것은 신토불이 관계에 대한 직관(현상학)과 이해(해석학)다. 여기로부터 자연에 대한 종교적 신앙과 의식이 발생한다. 자연은 창조와 피조의 양면성을 포괄하고 있는 일체성이며, 일자인 것이다. 그렇기 때문에 동양에서는 천지(天地)의 개념으로 자연의 일체성을 설명했다. 천(天)이 지(地)를 포괄함으로써 천지의 조화일치가 우주를 가능케 했고, 지가 천을 받아들임으로써 천지는 곧 만물의 생성과 운동을 가능하게 했다. 이 양자 사이에서 인간은 이 둘의 조화일치의 현상들을 직관할 수 있게 되었고, 그 관계를 설명하며 삶의 형식과 내용에 적용할 수 있게 된 유일한 존재다. 이렇게 하여 천(天)과 지(地)와 인(人)의 관계는 우주 만물의 피조성을 구현할 수 있는 원형으로서 기능을 할 수 있게 되었다.

54. 신학에서 천·지·인의 역학관계는 매우 중요하다. 인간은 천과 지를 포함해서 그 사이에 존재하는 만물의 중심이다. 이 입장에 근거하여 인간은 창조주인 신(神)과 그의 피조물인 천·지·인 자체를 창조와 피조의 관계로 직관하며 해석할 수 있다. 이에 따르면 인간은 천·지·인의 관계에서 절대적이며, 곧 하늘이며 땅인 것이

다. 말하자면 하늘과 땅과 인간은 우주적 유기체에 본래적으로 관계된 근원이다. 이들 간의 조화 · 일치, 모순 · 대립, 소원 · 친화 등이 부단한 이기(理氣) 법칙에 따라 역동적으로 작용한다는 주장이 천 · 지 · 인 사상(the uranogeanthropism)이다. 이 사상은 하늘이 곧 땅이며, 인간이 곧 하늘이며 땅이라는 내용으로 되어 있다. 하늘의 운행이나 땅의 방위 등은 인간의 삶을 움직이며, 그 운행의 법칙에 따라 인간의 삶의 과정은 영향을 받게 된다. 이 경우 천 · 지 · 인의 관계는 복합적이며, 그 자체가 우주적이다.

55. 자연은 스스로 그렇게 있는 것, 즉 본래대로 존재하는 형상이며, 만물 그 자체를 그렇게 있게끔 한 어떤 것이며, 만물의 속성 자체를 그렇게 되게 한 만물의 본질이며, 만물 간의 본래적 관계를 가능케 하는 힘이다.

56. 신학은 인간이 창조주인 신의 관점에서 그의 피조물인 토(천·지·인)를 해석하고 이해한 후 종교화한 학문이고, 종교학은 인간이 피조물인 인간의 관점에서 신과 그의 피조물인 토를 해석하고 이해한 후 문화화한 학문이다.

57. 종교는 천 · 지 · 인 사상에 대한 현상학적 접근과 해석학적 접근을 통해 형상화된 것이다. 이것이 종교며, 그 양상의 차이가 종교의 다양성으로 인류에게 전달되고 있는 것이다. 이 세상의 모든 종교는 결국 천 · 지 · 인 사상을 어떻게 개성화했느냐에 따라 다양화

된 것이다. 그 과정을 원종교성의 진화로 볼 것이냐, 원형질의 이질화로 이해하며 원종교성의 퇴화로 볼 것이냐의 문제가 종교학자들 간의 논쟁의 주제다. 종교 진화론이나 퇴화론의 모순은 원종교성을 절대화하지 않고 상대적 가치로 규정하려는 점이다.

12. 무극과 태극

58. 천(天)을 우주론적 관점에서 이해하면 '한', '한님', '한울', '한울임', '하늘', '하느님', '하나님' 등등으로 규정되며, 만물 자체를 포함하고 있는 그 이상의 존재로서, 자연의 근원이며, 존재 그 자체로서 자연을 있게 한 절대자다. 이 경우 하늘은 물리적 개념의 하늘이 아니며, 오히려 종교적으로 이해할 수 있는 '하나님' 개념과 유사한 것이다. 그러나 하늘로서의 '하나님'을 유대교의 창조주 하나님(YHWH)과 동일시해서는 안 된다.

59. 신은 천 · 지 · 인을 창조한 지고의 존재이며, 그 스스로는 비존재다. 신은 비물질적이므로 무적 존재이고 편재되어 있는 존재이므로 '무극(無極)'이다. 무극은 우주만물의 원리와 생명력의 원천이 되는 태극을 생성한 생산력을 갖고 있으며, 태극은 우주 자체를 이루고 있는 실재로서 피조물을 가능케 한 현상이다. 동양 철학자들 간에 한때 태극으로부터 무극이 나왔느냐, 무극에서 태극이 나왔느냐를 놓고 논쟁한 적이 있다.

60. 엄밀히 말해서, 태극은 음양오행의 이(理)와 기(氣)의 모태이며, 태극의 생산자는 무극이다. 무극은 그 스스로 어떤 조건에 구속되거나 유적 존재의 범주성에 제한되지 않기 때문에 자유로운 실재로서, 존재의 근원인 것이다. '닭이 먼저냐, 달걀이 먼저냐?'의 '닭 – 달걀 논쟁'에서 끝없는 말장난으로 시간만 허비하는 경우를 가끔 보게 된다. 이런 논쟁은 비생산적일 뿐 아니라 무가치한 것이다. 달걀은 수탉과 암탉의 짝짓기의 결과로 생겨난 것이며, 정자와 난자의 만남으로 태어난 미숙한 닭인 것이다. 수탉의 정자와 암탉의 난자가 먼저 있지 않고서는 달걀이 생겨날 수 없다. 자궁 속의 태아(embryo, fetus)가 이미 인간이듯이 달걀껍데기 속의 생명체도 닭인 것이다. 이 예에서 우리는 무극이 먼저냐, 태극이 먼저냐 등의 무의미한 논쟁이 얼마나 학문발전을 가로막아왔는가를 알 수 있다. 태극은 이미 우주 자체의 무한한 극을 포괄하고 있는 무한한 우주적 존재이며 유이고, 무극은 태극마저도 접근할 수 없는 태극과는 질적으로나 양적으로 비교될 수 없는 무적 존재이며 태극을 있게 한 생산력을 가진 존재인 것이다. 무극에서 태극이 만들어졌다는 것은 무에서 유의 창조를 말하는 기독교의 창조론과도 유사하다. 유에서 유의 창조는 무의미하다. 유는 유를 초월한 존재이며 그 스스로 있는 존재로서 유이며, 유이기 때문에 유가 아닌 실재, 즉 무다. 이것이 무의 존재이며, 무극이다.

61. 무극과 태극의 관계를 시간적으로 이해하려 하는 한 이 둘 간의 선후의 문제는 끝이 없을 것이다. 이 둘의 관계를 기독교적으로 설명하면 명쾌한 답을 얻을 수 있다. 예수 그리스도는 하나님의 독

생자로서 2,000년 전에 유대 땅에서 태어났다. 이 현상만을 갖고 하나님과 예수 그리스도, 성부와 성자의 관계를 설명한다면 시간적으로 이해할 수 있을 것이다. 무극과 태극의 관계 역시 시공간적 차원에서 이해하면 무극에서 태극이 생겨나고 태극은 현실태로서 만물의 실체이지만, 무극은 태극을 태극은 무극을 그 스스로 지니고 있는 존재이므로 무극이 태극이고 태극이 무극인 것이다. 예수 그리스도가 신이며 인간이듯이 무극은 영원한 존재이며 시간적 존재이고, 무한한 실체이며 유한한 실체인 것이다. 영원과 시간의 영원한 질적 차이를 극복 · 수용한 키르케고르(S. Kierkegaard)의 역설(Paradox), 신이 인간이 됨으로써 인간의 때가 성취되어 의미로 충만해졌다는 틸리히의 카이로스(Kairos), 이것이 곧 무극인 것이다.

62. 나는 동양 철학의 어떤 학파나 어느 이론으로부터 영향받은 바도 없고 공부한 바도 없다. 다만 나만의 무극 사상을 사변적으로 진술하며 철학했을 뿐이다. 그러므로 동양 철학자들의 반론도 많을 줄 알지만 철학은 나만의 사상, 즉 나의 세계관을 어떻게 철학화하느냐의 문제이므로 나의 주장은 동양 철학에 던져줄 수 있는 또 하나의 도전이 될 수 있을 것이다. 나의 주장을 부정하려는 학자들이 아직도 독단주의에 집착하고 있다면, 그들의 사상은 획일화된 교조적 근본주의로 고질화될 수밖에 없을 것이다. 이런 행위는 학문의 자유마저도 사장시키는 독소가 될 뿐이다. 동양 철학이 아직도 '무에서 창조(creatio ex nihilo)'에 접근하지 못하고 존재와 비존재의 문제만을 갖고 철학논쟁을 펼치는 한, 다시 말해서 '무극으로부터의 창조'

문제를 철학으로 담론화하지 못하고 우주론을 지속하는 한 동양 철학, 특히 중국 철학은 21세기의 지성계에 어떤 영향도 줄 수 없는 탁상이론으로 전락하게 될 것이다.

63. 동양에서는 유에서 유가 생성되는 것으로 존재의 존재성을 이해하고, 서양에서는 존재와 생성을 동일시하며 실재를 이해하기 때문에 실재는 이데아일 수도 있고, 물, 공기, 불, 흙 등의 원소로서 자연 그 자체일 수도 있다. 서양 철학자들은 스피노자(Baruch de Spinoza)의 자연개념을 셸링(Schelling)과 헤겔(Hegel)이 이어받을 정도로 위대하다고 보고 있지만 저들은 그리스의 자연철학자들에게서, 특히 엠페도클레스(Empedocles)에게서 그 원형을 발견하지 못했기 때문에 이런 오류를 범했고, 아직도 그 오류의 오류를 깨닫지 못하고 있는 것이다.

13. 신토불이 종교론

64. 원시종교로부터 최근의 과학종교에 이르기까지 모든 종교는 성·속 관계 때문에 생명력을 가진 유기체로 진화해왔다. 이에 따라 영원과 시간, 무한과 유한, 창조주와 피조물, 신(神)과 토(土)와의 관계가 종교로 형성되었고, 이것이 종교의 본질을 구성하게 되었다.

65. 신학에서 신(神)과 만물의 원형질인 토(土)와의 관계는 본래적이다. 이 관계는 신토체계(thegeosystem)로 구조되어 있다. 신은 신토율(thegeonomy)의 주체로서 그 스스로 그렇게 존재하고 있지만, 토는 신토권(thegeosphere)의 직접적인 영향하에 있기 때문에 신토율의 객체로서 범주적으로 '지금 이곳에' 있을 뿐이다. 창조주인 신('주체로서 Sosein의 존재 양태')과 피조물인 토('객체로서 Dasein의 존재 양태')의 불이 관계에서 신토불이의 종교성이 표출되는데, 이것을 신토불이 신학의 본질, 즉 신토성(神土性, thegeonity)이라고 한다. 신토성이 모든 종교의 원종교성인 한 모든 종교는 신토불이 종교이고, 모든 종교가 신토불이 종교인 한 모든 종교는 신·토 체계로 구조된 종교다.

66. 신학은 성(聖)에 대한 인간의 반응을 제도화한 것이다. 신학은 신토성이 언제, 어디서, 어떻게 제도화되었느냐에 따라 다양한 형식으로 상대화된 것이다. 그러므로 신학 자체는 신토성에 대한 인간의 표현이다. 신토성은 "절대의존의 감정"으로 신학화될 수도 있고 (F. Schleiermacher), "누미노제 감정(*sensus numinis*)"으로 일반화될 수도 있으며(R. Otto), 그리스도를 통해 신국이 역사에 현현된 시간으로 카이로스(Kairos)화될 수도 있고(P. Tillich), 성·속의 반대일치 관계로 종교화될 수도 있으며(M. Eliade), 그리스도 현현(Christophany)으로 상징화될 수도 있지만(R. Panikkar), 신토성과 위에서 언급한 학자들의 신학성은 근본적으로 다르다. 저들은 토의 현상계에서 신의 역사(役事)를 느낄 수 있다고 주장했거나, 신앙의 절대성을 신·토 합일의 실재로 진술하려했다. 그러므로 신학의 보편적 진리에 접근하기 위하여 저들이 주장한 이론들은 한마디로 말해서 낭만주의적 신비주의의 틀을 벗어나지 못하고 그 안에서 맴돌고 있는 신앙고백일 뿐이다.

67. 신토불이 신학은 신토불이론적 세계관으로 신학의 본질을 직관하고 규정하는 이론이다. 그러므로 신토불이 신학은 신학의 제도나 형식을 문제 삼지 않고, 신학의 신토성을 연구하여 이론화하려는데 학문적 목적을 두고 있다. 그렇기 때문에 모든 민족, 모든 문화권에서도 신토불이 신학은 수학의 공식(公式)처럼 적합하게 쓰일 수 있다. 예컨대 유대교, 기독교, 불교, 힌두교, 이슬람교 등의 종교적 교리들은 서로 상이하며, 그 이해와 주장에 따라 일전(一戰)을 불사할 정도로 첨예하게 대립되어 있다. 그러나 각 종교의 원종교성을 추적

해 올라가보면 각 지류는 한 원천에서 흘러나와 개성화된 것임을 알 수 있다. 간단히 말해서 각 종교의 신관과 신앙의 형태는 다르지만, 원종교성은 동질적이다. 이것은 원시종교에서 고등종교에 이르기까지 모든 종교의 원종교성은 신토불이 원리와 규범, 동인과 체계로 구조화되어 있다는 것을 의미한다.

68. 모든 종교는 신토불이(神土不二) 관계의 결과다. 신·토 관계는 곧 성·속의 반대일치로 종교적 위치를 점하게 되었다. 여기에서 신을 그 어떤 이름으로 개념화하더라도 신(神)은 토(土)의 상대적 존재이며, 만물 그 자체를 있게 한 창조주다. 신은 스스로 있는 존재며, 동시에 자연 그 자체이기도 하다. 스피노자가 신을 "능산적 자연"이며 "소산적 자연"으로 규정한 것은 이런 맥락에서 이해될 수 있지만, 그 이전에 이미 인간은 신을 우주 자체로서 인식하며 신앙의 대상으로 삼아왔다. 인간이 원시시대부터 자연에 대한 숭배를 최초의 종교적 형식으로 발전시킨 것은 자연 자체가 초월적 힘과 생산력을 가진 창조주로서 자연을 생산했다고 믿었기 때문이다. 이처럼 원시종교 형태는 물활론이나 만유재신론이 대부분이었다. 이것은 만물이 신과 존재론적 관계를 맺고 있다는 막연한 신앙 때문이다.

14. 맺음말

69. 모든 종교의 원종교성은 동일하다. 모든 종교는 본질적으로 신·토 관계로 성립되기 때문이다. 이 관계를 불교에서는 신토불이 불교학으로, 이슬람교에서는 신토불이 이슬람 신학으로, 기독교에서는 신토불이 신학으로 해석·수용할 수 있다. 이렇게 될 경우에 한해서 각 종교는 비로소 편협한 '종교지역주의(religio-regionalism)'나 광신적 '지역종교주의(loco-religionism)', 또는 민족적 '종교속지주의(religio-territorial principle)'나 배타적 '성지숭배(the Holy Land worship)' 등의 독단주의로부터 탈피하여 보다 성숙한 '우주적 종교(cosmic religion)'가 될 수 있다. 비근한 예로 백인, 흑인, 황인은 피부 색깔로 분류될 수는 있지만, 인간의 본성이라는 공통성을 가진 존재로서는 동일한 본질이다. 종교들도 서로 다양한 형식과 내용에 따라 개성화되지만, 종교의 공통된 본질인 원종교성은 동일하다. 정리하면 신의 이름이나 신관은 다르게 진술될 수 있지만, 신의 절대성이나 창조성 등에 대한 신앙은 동일할 수밖에 없다.

V

神土不二 神學의 본질과 현상

태초에 언어가 있었다

1. 언어란 무엇인가?

1. 언어에 대한 개념정의나 본질규정은 인간에 대한 개념정의나 본질규정만큼이나 복잡하고 정답을 찾기가 어렵다. 언어는 인간의 지(知)·정(情)·의(意)를 소리, 기호, 몸짓 등으로 표현하는 방법이며 전달하는 수단이다. 동물학자들은 동물도 의사소통이나 감정표현을 위해 언어를 사용한다고 주장한다. 그러나 동물의 언어에는 대상을 개념화하거나 형상화할 수 있는 창조적 기능이 없다. 동물은 지평이동의 본능을 갖고 살아가는 존재이기 때문에 그들이 사용하는 언어 역시 지평을 초월할 수 없다. 언어에는 표현방법이나 전달수단으로서의 기능뿐만 아니라 대상의 진(眞)·선(善)·미(美)를 규명·규정해야 하는, 이로써 대상을 개념화하거나 형상화해야 하는 창조적 기능도 있다. 말하자면 언어는 어떤 형식으로든지 궁극적 존재(= *Logos*, 서양 철학적 표현), 우주적 진리(=道, 동양 철학적 표현)와도 관계를 맺고 있다는 것이다. 이 언어로 인간은 로고스, 도를 철학할 수도 있고 신앙할 수도 있다. 인간만이 지평이동의 본능과 수직운동의 본능을 공유하고 있는 유일한 존재이기 때문이다.

2. 언어에는 언어의 내용을 구성하고 있는 대상의 본질 그 자체가 담겨 있고, 언어가 드러내려고 하는 대상의 현상 그 자체가 표피화 (表皮化)되어 있다. 그렇기 때문에 언어는 사용자의 기호에 따라 정의 되기도 하고, 언어학자들의 관점에 따라 규정되기도 한다. 이것은 언어 자체가 비규정성(Unbestimmtheit)의 실체라는 것을 의미한다. 예를 들어 '집'이라는 낱말의 경우 화자(話者) A가 청자(聽者) B에게 '집'에 대하여 아무리 철저하고 상세하게 규정했다 하더라도 '집'에 대하여 B는 A와 동일한 개념을 가질 수 없다. A는 '집'을 생활공간으로 이해했고, B는 '집'을 구조공간으로 이해했기 때문이다. 비록 A와 B가 '집'을 생활공간으로 이해했다 하더라도, '생활'이나 '공간'에 대한 A와 B의 이해는 동일할 수 없다. 한마디로 말해서 인간의 지·정·의는 결코 동일할 수 없기 때문에 한 대상에 대한 이해는 동일한 개념을 형성할 수 없다는 것이다. 심지어 A마저도 계절에 따라 또는 새로 이사 온 이웃이 누구냐에 따라, 그 외에도 여러 가지 여건이나 환경적 변화에 따라 집에 대한 이해는 수시로 달라진다. 집이라는 개념이 가변적이라는 것은 누구도 집을 완전하게 규정할 수 없다는 것을 의미한다. 환언하면 언어는 대상을 담고 있기 때문에 구체적이지만, 완전하게 규정될 수 없는 실체이기 때문에 비규정적이다.

3. 모든 낱말은 대상의 본질과 현상과의 관계에서 개념화된 것이기 때문에 그 안에는 의미와 내용이 함축되어 있을 수밖에 없다. 비근한 예로 소리는 언어의 표현방법의 하나이지만 소리 자체가 언어

는 아니다. 그 소리에 전달하거나 표현하려는 무엇인가가 들어 있을 때, 또는 그 소리 자체가 그 언어권에서 사회통념상 공유되는 의미를 함축하고 있을 때 그 소리는 음성언어로서 사회적 통용성(通用性)을 갖게 된다.

4. 기호는 사회적 약속으로 의미화된 언어다. 그러므로 한 사회에서 통용되는 기호가 다른 사회에서는 무의미할 수도 있다. 가령 영어 알파벳 'I'자의 경우 영어권 사회에서는 '나'라는 의미로 상징화된 기호이지만, 비영어권에서는 'I'자와 '나'는 아무런 관련이 없다. 이 말은 기호로서의 언어는 사회적 묵계에 의해 통용되는 언어라는 것이다. 기호에 의미와 내용이 담겨 있는 한 기호는 언어다. 기호언어의 특징은 지표(指標), 신호, 상징으로 인간의 지·정·의를 표현한다는 점이다.

5. 지표는 상황이나 대상을 가늠할 수 있는 기호다. 몇 년 전부터 탄천에 수달이 서식하고 있는데, 이 경우 수달은 탄천의 수질오염을 가늠할 수 있는 지표다. 저수지에 물고기 수만 마리가 죽어 떠올랐다면, 물고기의 떼죽음은 근처 농지나 골프장에서 농약이나 제초제를 과다하게 살포한 것을 가리키는 수질오염의 지표다. 이 지표는 환경오염, 환경조사, 환경보호, 환경정책 등등 환경문제에 관한 수많은 내용들을 본보기로 가시화한 언어다.

6. 신호도 기호언어다. 신호는 소리나 색깔, 빛이나 모양으로 상황

을 알리거나 명령하는 기능을 갖고 있다. 축구 경기에서 주심의 호각 소리는 경기의 종료를 명령하는 신호고, 신호등의 붉은 색깔은 차량의 정지를 명령하는 신호다. 난파선의 선원들이 떠밀려온 부유물에서 거울을 발견하고 비행기나 배를 향해 거울을 비추는 것은 구조를 바라는 신호다. 이런 모든 신호들은 많은 내용이 함축된 훌륭한 언어다.

7. 상징도 기호언어로서는 매우 중요한 기능을 하고 있다. 상징은 개념이나 사상을 단순·명료하게 드러내는 가장 기초적인 표현수단으로서 소리나 모양이나 대상의 형식으로 구체화되어 의미를 전달한다. 목탁 소리를 들으면 불교를, 십자성호(十字聖號)를 긋는 사람을 보면 가톨릭 교회를, 연말에 빨간 자선냄비를 보면 구세군을 연상하게 된다. 이처럼 상징에는 실체의 내용이 담겨 있다. 상징은 의미체계이기 때문이다. 상징이 담고 있는 의미에는 구체적인 내용뿐만 아니라 추상적인 내용까지도 포함되어 있다. 이 때문에 상징은 세속적이기도 하고, 종교적이기도 하다. 이를 테면 골고다(Golgotha)의 경우 세속에 속한 땅이면서 동시에 성별된 거룩한 땅이다. 특정한 땅을 신성시함으로써, 그 땅은 거룩한 곳으로 상징화되고, 이렇게 상징화된 땅은 종교적 실체로 신앙화된다.

8. 몸짓은 언어의 원초적 형식이다. 신호등이 고장 난 교차로에서 교통경찰이 수신호로 교통정리를 하는 것이나, 수화로 의사소통과 감정표현을 하는 행위 등은 훌륭한 몸짓언어다. 달려오는 기차를 향

해 옷을 벗어 흔들거나 팔을 저으며 위험을 알리는 행위 역시 몸짓 언어다.

9. 언어는 소리와 기호의 결합에 의해 문자로 발전되어 낱말을 형성하며, 이렇게 만들어진 낱말조합(Syntax)을 통해 문장으로 연결되어 사상이나 개념을 전달하게 된다. 이때 의미를 지니는 최소단위를 형태소(Morphem)라 하고, 형태소들의 결합으로 만들어진 낱말의 의미내용을 기의(記意, Signifikat), 표현형식을 기표(記標, Signifikant)라 한다. 이렇게 본다면 모든 언어의 최소단위는 형태소이며, 형태소의 결합으로 언어의 구조는 완성된다. 이 언어구조의 체계를 형태론적 체계라 한다.

10. 언어란 대상(Ding)을 서술하는 표현도구인가, 대상을 담고 있는 그릇인가? 다시 말해서 언어란 후험적(a–posteriori)인가, 선험적(a–priori)인가? 이 질문은 존재론적으로 풀이되어야 할 인식론과도 관련되어 있다. 일반적으로 존재는 언어보다 먼저 있는 것으로 여겨진다. A라는 사람이 책상 위에 있는 '연필'을 보며 '이 연필은 파랗다'고 말한 경우, 언어는 대상을 서술하는 도구에 불과할 뿐이다. 그러나 B라는 사람이 대상으로서의 연필보다는 연필의 본질 그 자체, 즉 물자체(Ding an sich)를 규명함으로써 '파란색 연필'을 표상할 수 있었다면, B에게서 '파란색 연필'은 개념으로 존재한다. 이 경우 언어는 물자체를 담고 있는 그릇인 셈이다. "언어는 존재의 집"(M. Heidegger)이란 말은 이 경우에 해당한다. 이 문제는 언어의 발생과도 관련이 깊다.

2. 언어의 기원

11. 언어가 대상을 서술하기 위한 도구이거나, 물자체를 담고 있는 그릇이거나 간에 언어는 어떤 경로를 통해서든지 인간을 인간되게 하는 인간의 원초성이며, 삶의 형식의 하나다. 보다 구체적으로 말한다면 인간은 언어적 존재다. 인간의 사회성이 인간의 본성이듯이 인간의 언어성 역시 인간의 본성이다. 리비도(*Libido*)가 인간의 본능적 에너지이듯이 언어 역시 인간의 본능적 에너지다. 이처럼 인간과 언어는 불가분리의 관계에 있다. 이것은 이러한 언어를 사용하는 존재는 인간뿐이라는 전제하에서 이해될 수 있다. 언어는 대상에 대한 인식작용의 결과를 표현하는 것이기 때문에 시끄러운 소리나 현란한 문자로 표현된 것만 언어인 것은 아니다. 저녁놀이 지는 바닷가를 거닐며 신과의 대화를 통해 자신의 장래를 결정했다는 한 성직자의 고백은 언어가 침묵 속에서도 끊임없이 역동하는 에너지임을 증명하는 것이다. 언어는 대상을 개념으로 치환(置換)하는 행위다. 이미 인간의 오관(五官)과 제육감(第六感)은 치환작용의 에너지를 갖고 있기 때문에 인간은 꿈속에서도 언어를 사용한다. '형형한 눈빛', '외경', '고뇌', '번뇌', '독백', '침묵', '명상', '묵상', '선(禪)', '기도' 등도 특

별한 형태의 언어행위다. 인간만이 이런 언어를 사용할 수 있기 때문에 언어를 인간의 존재 양태(Seinsmode)라고 하는 것이다.

12. 인간의 언어는 어떻게 발생하는가? 언어는 크게 두 가지로 분류될 수 있다.

첫째, 언어는 의사소통이나 감정표현의 기능을 갖고 있다. 이런 언어는 돌고래도 사용한다. 모유를 먹던 젖먹이에게 분유를 먹이려 젖병을 물리면 거부하는 행위는 가장 기본적인 의사소통과 감정표현을 한 것이다. 이것 역시 아주 훌륭한 언어행위다. 그러나 돌고래나 젖먹이의 언어는 의사소통이나 감정표현 외에는 더 이상의 기능을 갖고 있지 않다. 이런 언어는 지금 이곳에서 살기 위한 지평이동의 본능, 즉 토착본능의 발현이며, 생명의 토대인 땅과의 관계에서 생존하려는 토지향성(土指向性)의 표출이다. 돌고래가 신호를 보내며 암컷을 찾는 것이나 젖먹이가 젖병을 거부하는 것 등의 행위는 결국 의사소통이나 감정표현은 동물적인 기능과 직결되어 있다는 것을 암시하는 것이다.

그렇다면 돌고래나 젖먹이의 언어행위는 무엇을 목적으로 한 것인가? 비록 돌고래 무리들이 그들의 언어로 의사소통을 하고 감정표현을 한다지만, 이런 행위의 궁극적 목적은 지금 이곳에서 생존하기 위한 것이며, 이때 표출되는 감정의 표현은 피조성에 순응하며, 환경에 의존적인 삶을 이어가기 위한 행위일 뿐이다. 젖먹이의 경우에도 생존하기 위해 의사소통과 감정표현을 계속한다. 이런 언어는 피조물의 생존본능과 직결된, 일차적 언어이며 원시적 언어다. 보다 구체적으로 표현하면, 이런 언어는 '지평언어(die horizontale Sprache)'다.

둘째, 인간은 궁극적 존재, 우주적 진리 등을 사변하거나 신앙할 수 있는 능력을 갖고 있다. 이러한 능력 때문에 인간은 철학이나 종교를 만들 수도 있고, 세계를 해석하거나 수용할 수도 있다. 이것은 인간만이 세계와 교감할 수 있는 열린 존재라는 것을 의미한다. 인간은 동물이며 땅의 존재로서 '땅의 언어(지평언어)'를 사용하지만, 동물과는 다르게 신에게 말을 걸 수도 있고, 신탁을 들을 수도 있는 존재다. 이 경우 인간이 사용하는 언어는 '수직언어(die vertikale Sprache)'다. 수직언어는 토착적 존재인 인간이 땅(土)에서 신(神)과 대화할 수 있는 언어다. 수직언어는 '신 · 토 관계'를 구현할 수 있는 기능을 가진 언어다. 궁극적 존재에 대한 사변이나 신에 대한 신앙 등은 궁극적 존재에 대한 언어행위의 하나로서 동일한 기능을 갖고 있으나, '이성의 언어성(die Sprachlichkeit der Vernunft)'이냐 '신앙의 언어성(die Sprachlichkeit des Glaubens)'[1]이냐에 따라 철학적 방법론과 신학적 방법론, 철학함(Philosophieren)과 신학함(Theologisieren)으로 분류된다. 인간은 수직언어를 사용할 수 있기 때문에 궁극적 존재에 대한 사변의 내용을 철학화할 수 있으며, "하나님의 말씀"을 신학화할 수 있다.

13. 지평언어는 토착본능과 관계되는 언어로서 만유의 법칙과 마찬가지로 인간이나 동물, 심지어 식물이나 무생물의 존재를 결정하

---

1)   신앙은 인간과 신이 소통할 수 있는 수단의 하나다. 인간이 신의 명령을 받을 수 있는 것도 신앙을 갖고 있기 때문이다. 신앙에는 언어성이 함유되어 있다. 이로써 인간은 신의 말씀을 들을 수 있고, 자신의 기도를 신에게 올릴 수 있는 것이다. 신과의 소통을 가능하게 하는 이 언어가 수직언어다. 한마디로 말해서 신앙도 언어라는 것이다.

는 기능이기 때문에 '유한한 존재(*esse participatum*)'의 속성이다. 유한한 존재 상호 간에 사용되는 언어에는 인간이 거의 감지할 수 없을 정도의 음성언어에서 인간도 교감할 수 있는 정도로 높은 단계의 음성언어까지 무한한 질적 차이가 있다. 그러나 유한한 존재 상호 간의 의사소통이나 감정표현의 수단인 지평언어의 특징은 결코 토착성을 초월할 수 없다는 점이다. 만물은 토착본능에 구속되기 때문이다. 그 반면에 수직언어는 '참된 존재(*esse per essentiam*)', 절대적 존재, 즉 신(神)에로 지향하려는 인간의 상향성과 땅(土)에로 지향하려는 신의 하향성의 상호유기적 관계에서 의사소통과 감정표현이 표출되는 것이므로 인간의 본질이다. 정리해보면, 인간은 두 가지 언어를 사용하는데, 하나는 지평언어로서, 이 언어는 토착본능을 가진 유한한 존재의 속성이다. 다른 하나는 신과 땅의 관계에서 사용되는 언어로서 수직언어가 이에 속한다. 수직언어는 인간의 본성에 선재된 언어다. 젖먹이의 경우 지평언어를 사용하지만 그 본성에는 이미 수직언어가 선재되어 있다. 이처럼 동물과 인간은 언어를 사용하는 능력에 있어서도 차이가 있다. 동물이 언어를 사용한다는 것은 지평언어의 차원에서 규정한 것이고, 인간만 언어를 사용할 수 있다는 것은 동물은 수직언어를 구사할 능력이 없다는 것을 의미하는 것이다. 어쨌거나 언어는 신이 내려준 것도 아니고, 인간이 모이면 사회가 형성되듯이 인간이 집단을 이루면 만들어지는 자연발생적인 것도 아니다. 언어는 토착본능을 가진 존재에 잠재되어 있는 속성일 뿐만 아니라 인간의 본성에 선재된 본질이다. 그러므로 언어는 만물의 속성과 분리해서 생각할 수도 없고 인간의 본질과 분리해서 규정될 수도 없다. 존재와 언어, 인간과 언어는 동질성(同質性)과 동의성(同意性)을 갖고 있다.

3. 언어의 진화

14. 언어가 인간의 사변과 신앙에 결정적 영향을 미치는 한, 그리고 사변과 신앙이 시대와 상황에 의존적인 한 언어는 진화할 수밖에 없다. 문화나 문명, 과학이나 기술 등의 발달로 인해 인간의 삶의 형식이 달라지면, 인간이 사용하는 언어도 이에 상응하여 진화·발전한다. 언어의 진화란 언어의 형태소, 어휘, 구문 등이 생성(起)되고, 복잡화(承)되고, 변전(轉)되고, 도태(結)되는 등의 모든 과정을 통해 진행해온, 언어의 발달과정을 총체적으로 의미하는 것이다. 요컨대 언어의 진화는 시간과 공간의 영향을 많이 받는다는 것이다.

15. 언어의 진화속도는 생물학적 진화속도보다 훨씬 빠르다. 이런 현상은 인간이 새로운 언어에 익숙하기 전에 또 다른 언어를 배워야 하는 기이한 상황에 처하도록 만든다. 인간이 어떤 개념을 완전히 파악하지 못한 채 새로운 개념을 받아들여야 한다는 것은 결국 인간의 언어는 빠르게 진화하고, 인간의 의식은 그 속도를 따라갈 수 없다는 것을 의미한다. 말하자면 인간은 새로 생성된 낱말을 완전히 파악하지 못한 채 그 낱말을 사용할 수밖에 없기 때문에 인간에 의

해 개념정의가 된 실체나, 규정된 본질 자체는 완전하게 설명된 것이 아닐 수도 있다는 것이다. 이것은 인간이 사용하는 언어가 미완성이라는 것, 그렇기 때문에 인간의 언어는 절대치를 생산할 수도 인식할 수도 없다는 것을 의미한다.

16. 대다수의 기성세대는 10대들 상호 간에 주고받은 문자메시지를 읽기 어렵다. 부호, 기호, 약자, 이니셜 문자, 캐릭터, 그림 등이 조합되서 만들어진 메시지를 읽으려면 청소년들이 사용하는 문자언어를 배워야 하는데, 이런 언어는 매일 수없이 만들어지고 없어지기 때문에 결국 새로운 언어 익히기를 포기하게 된다.

17. 언어의 사회적 기능이 급변하고, 세대나 계층에 따라 언어습관이 달라지며, 같은 세대 간에도 개인적 · 사회적 · 환경적 조건에 따라 인식능력 ― 인지, 표상, 이해, 판단 등 ― 에 차이가 있기 때문에 언어는 대상에 대하여 상대적일 수밖에 없다. 환언하면 어떤 언어로도 대상의 절댓값을 규명할 수 없다. 본질규정 자체가 절대적일 수 없기 때문이다. 언어의 진술은 근삿값(approximation)을 절대화하려는 오류를 포함하고 있다. 수리논리학이나 기호논리학이 언어의 이런 오류를 극복하기 위해 형태소나 개념을 수나 기호로 치환했지만, 이런 '상징적 언어(symbolic language)'도 대상 그 자체를 규정하는 데는 절대적일 수 없었다.

18. 언어의 진화는 언어의 분화(分化)를 가속화한다. 어휘수가 적었

을 때는 특수한 직종이나 집단에서 사용하는 언어나 사투리 등을 제외하곤 인간 간에 의사소통을 하는 데 별 어려움이 없었지만, 오늘날처럼 언어의 의미가 급변하고, 새로운 언어가 급조되며, 언어의 보편성이 와해되는 상황에서는 변말(argot)만 양산된다. 이 경우 언어의 사회적 기능은 약화되고, 그 반동으로 언어는 급격히 개체화된다. 이런 지경에 이르게 되면 언어 사용자 간의 의사소통이나 감정표현 자체가 불완전하게 되므로 언어의 혼란이 초래된다. 현대 문명의 혜택을 받고 있는 지금 이곳에서 "언어를 혼잡하게 하여 그들이 서로 알아듣지 못하게"(창 11:7) 했던 구약시대의 "바벨탑(der Turmbau zu Babel)" 사건을 체험하는 듯한 현상은 언어의 분화가 진화의 한 형식이지만 동시에 언어파괴의 한 형식이기도 하다는 것을 시사하는 것이다.

19. 언어의 진화가 분화로까지 이어지는 과정은 '신 · 토 관계'에도 영향을 미친다. 바벨탑 사건은 인간이 신에게로 다가가려는 피조성의 상징이며 동시에 신(神)이 땅(土)에서 벌어지는 인간의 행태에 대한 언어적 관심을 드러낸 상징이다. 인간이 신에게로 접근하려는 수단의 하나는 언어였다. 언어로 의사소통과 감정표현이 가능했기 때문에 사람들은 의논하여 바벨탑을 쌓아 하늘에 닿으려고 했다. 다시 말해 바벨탑 사건은 땅의 흙인 인간(아담)이 신에게로 지향하려는 피조성의 상징이며, 인간사(人間事)에 대한 신의 관심은 땅에 대한 신의 하향적 창조성의 상징이다. 그러나 인간의 신에게로의 지향성이 신의 경지를 넘어가려는 것, 이로써 그들의 위업(偉業)에 대한 명성을

내려는 것은 인간의 오만함이었다.

20. 성경에 따르면, 신은 "땅의 흙으로 사람을 지으시고"(창 2:7) "땅에 충만하라"(창 1:28)라며 축복까지 했으나, 사람이 선악과를 따먹은 죄 때문에(창 3:6) 저주하며(창 3:16-19) "에덴동산에서 그를 내보내어 그의 근원이 된 땅을 갈게"(창 3:23) 했고, 신약시대에 접어들면서 "하나님이 우리와 함께 계시기"(마 1:23) 위하여 우리의 "근원이 된 땅"에 직접 흙('adamah→Adam)이 되어 강림했다. 하나님이 성육신하여 그리스도 예수가 된 사건은 "하나님의 땅화" 사건이다. 이 경우 그리스도 예수는 "참하나님이며, 참인간(vere Deus, vere homo)"이며, 신토율의 체계에서 보면 '참신이며, 참흙(vere Deus, vere terra)'인 것이다. 그리스도 예수는 신ㆍ토(神ㆍ土) 동일체, 즉 신토불이 일체(神土不二一體)로서 흙으로 왔다 부활ㆍ승천으로 흙으로 돌아갔는데, 이 사건이 기독론의 핵심이다. 성육신 사건은 신이 땅에 접근한 사건이다.

21. 신은 인간이 에덴동산에서 "생명나무 열매도 따먹고 영생할까"(창 3:22) 염려되어 그를 "쫓아내시고 에덴동산 동쪽에 그룹들과 두루 도는 불칼을 두어 생명나무의 길을 지키게"(창 3:24) 했다. 이것은 인간이 스스로 영생을 얻을 수 있는 길을 차단한 것이다. 시날 평지(Ebene im Lande Sinear)에서는 인간이 자유의지로 신에게 올라가려는 길을 막았다. 이를 위해 신은 먼저 인간의 언어를 혼잡케 하여 의사소통과 감정표현을 불가능하게 했고, 곧이어 "그들을 온 지면에 흩으셨으므로"(창 11:8) 사실상 인간의 사회공동체를 와해시켜버렸던

것이다. 이것은 인간의 구원이 인간의 자유의지로 될 수 있는 가능성을 원천적으로 봉쇄한 것이다.

22. 창세기에 따르면 에덴동산에서도 언어를 사용했다. '에덴어'를 독어로는 'Edenisch', 영어로는 'edenish'로 표기할 수 있을 것이다. 에덴어는 하나님과 인간과 동물(뱀)이 의사소통과 감정표현을 완전하게 할 수 있고, 교감할 수 있는 공동언어였다. 이 언어로 하나님, 아담(=흙), 하와(=생명), 뱀이 상호 대화했던 것이다(창 3:1–19). 그러나 언어가 분화됨으로써 언어의 혼잡이 야기되었고, 이런 현상은 사회성을 파괴하며 언어의 사회관습을 깨는 결과를 초래했다. 오늘날 문명이 만들어낸 언어 역시 언어의 혼잡을 촉진하고 있다. 그 결과 끼리끼리 모이는 파편화된 모임들, 즉 파벌사회들(Cliquengesellschaften)이 급증해가고 있는 것이다. 이런 현상은 에덴동산과 바벨탑을 건축하던 시날 평지에서 발생한 사건들에서도 관찰되었다. 이것은 언어의 진화가 사건의 원인과 결과를 결정한다는 것을 의미한다. 한마디로 언어는 시간과 장소를 초월해서 진화하지만, 언어의 진화는 분화되어가는 과정을 거치며 돌연변이로 진화된다. 현재 청소년들의 문자 메시지에 쓰이는 언어는 진화 – 분화 – 진화의 과정을 거듭하며 파편화된/되고 있는 돌연변이 언어다.

4. 언어의 유형

1) 언어의 생명유기체적 기능

23. 언어에 대한 기존의 이해는 주로 의사소통과 감정표현에 초점이 맞추어져 있었다. 이것은 언어가 인간의 지 · 정 · 의와 관련된 '생명유기체적 기능(bio–organic function)'을 갖고 있다는 것을 의미한다. 이런 이해는 언어에 대하여 기능주의적으로 접근하는 데는 도움이 되지만, 언어의 구조와 체계를 이해하는 데는 크게 도움이 되지 못한다.

24. 언어의 일차적 기능은 생리적인 것이 아니라, 사회적인 것이다. 언어의 생명유기체적 기능은 지평언어와만 관계있을 뿐이다. 그 외의 모든 언어에는 사회성이 내포되어 있다. 그래서 언어는 사회습관과 깊은 관계를 맺고 있는 것이다. 이것은 언어가 상황의존적이라는 것을 의미한다. 이 말은 언어 사용자에게도 적용된다. 아날로그 시대의 언어습관으로 디지털 시대의 언어를 파악한다는 것은 컴맹에게 인터넷으로 자료를 검색하라는 것과 다를 바 없다. 이

런 오류는 언어의 상황의존성을 망각했을 때 발생할 수 있는 무지의 결과다.

2) 언어의 우주유기체적 구조

25. 언어는 인간의 지·정·의를 소리, 기호, 몸짓 등으로 전달하는 표현방법으로서 중요한 기능을 감당하고 있다. 그러나 이보다 더 중요한 것은 언어가 진·선·미의 보편타당한 가치를 형성하는 유기체라는 점이다. 인간이 인간일 수 있는 조건은 헤아릴 수 없을 정도로 많겠지만, 진·선·미의 보편타당한 가치를 배제하고는 결코 인간의 조건을 논할 수 없다. 진·선·미는 인간의 생득적 가치이며, 모든 규범의 원형이기 때문이다. 인간의 삶 자체는 진·선·미를 구현하는 과정이며, 이 점에서 인간은 동물과 구별된다.

26. 진·선·미는 존재의 조건이며, 만물의 현존(Dasein) 자체를 규정하는 척도다. 그러나 진·선·미의 보편타당한 가치는 인간의 삶과만 관계되어 있는 것은 아니다. 우주만물의 조화일치 역시 진·선·미의 표현이다. 우주의 법칙인 이기(理氣)의 조화일치는 절대적이다. 그 자체가 이미 진·선·미의 완성체이기 때문이다. 만일 이와 기가 카오스 상태에 돌입한다면 우주는 더 이상 우주의 실체로서 존재할 수 없을 것이다. 만물이 있는 그대로의 존재성 때문에 존재할 수 있듯이 우주 자체도 존재를 가능하게 하는 이와 기에 의해 유

지·지탱되는 것이다. 우주는 완전한 피조물이며, 스스로 존재하고 있는 자연 자체로서 조화일치를 통해 계속 진행해가는 과정이다.

27. 언어는 대상을 결정한다. 이 말은 언어가 대상의 본질을 규정함으로써 대상은 실체로서 개념화될 수 있다는 것이다. 이러한 과정을 거쳐 대상 자체는 존재한다. 그뿐만 아니라 언어는 우주의 법칙을 이와 기의 관계를 통해 설명하기도 하고, 이기이원일체(理氣二元一體)의 현상을 '우주유기체적 구조(cosmo-organic structure)'로 실재화하기도 한다. 이것은 언어 자체가 이미 우주의 이와 기, 즉 프린시피아와 에네르기아의 관계를 규명할 수 있는 우주유기체적 속성을 지니고 있다는 것을 의미한다.

28. 우주는 하나의 거대한 유기체로서 이와 기의 관계구조로 형성되어 있다. 이 구조를 인간은 설명할 수 있지만, 돌고래는 설명할 수 없다. 인간이 사용하는 언어는 수직언어이고 돌고래가 사용하는 언어는 지평언어이기 때문이다. 수직언어는 천, 지, 인, 진, 선, 미, 이, 기 등 8가지 인식의 대상들에 대하여 지성, 정서, 의지, 지각, 표상, 판단, 이해 등 7가지 인식의 방법을 통해 규명하는 기능을 가진 언어다. 언어의 이러한 행위를 '철학함'이라 한다. 수직언어는 철학함이고, 철학함은 우주의 본체와 그 현상, 이와 기를 해석/설명할 수 있는 언어다. 이 언어에 의해 본체가 실체화되기 때문에 언어 자체는 본체의 실체화를 구현할 수 있는 가소성을 갖고 있다. 이것은 언어와 존재와의 관계로도 설명된다. 그뿐만 아니라 이 언어에는 음

양의 역동성이 있다. 언어에 사상이 담겨 있다는 것은 이런 경우에 해당한다. 한마디로 말해서 언어는 우주유기체적 구조를 갖고 있다.

3) 언어의 신토유기체적 체계

29. 우주유기체적 구조를 함유하고 있는 언어는 철학적 언어이고, '신토유기체적 체계(thegeo–organic system)'와 관계되는 언어는 신학적 언어다. 이 두 언어의 공통성은 모두 수직언어를 사용한다는 점이다. 신토불이 체계는 '신 · 토 간의 관계'로 이루어진 통일체다. 이 관계에서 신토불이 신학이 형성된다. 신토불이 신학은 토속신(土俗神)이나 농경신(農耕神), 지모신(地母神)이나 대지신(大地神) 등과 관련된 원시종교의 신앙 행태와는 물론, '성지신학(eine Theologie des Heiligen Landes)', '대지숭배' 등과도 무관(無關)하다. 오히려 신토불이 신학은 이러한 신앙 행태나 신학들을 철저히 부정한다. 신토불이 신학은 물활론이나 범신론, 만유재신론이나 내재신론 등과도 무관하다.

30. 신토불이 신학은 이 땅과 이 땅의 창조주와의 관계에서 구조화된 신학으로서, 이 땅이 우주의 중심이며, 세계의 축(axis mundi)이라는 전제하에 체계화된 신학이다. 그러므로 이 신학에서는 신과 토의 관계가 매우 중요한데, 이 관계의 끈이 언어다.

31. 땅에서 신에게로의 상향성과 신에게서 땅으로의 하향성은 어

떻게 구체화될 수 있는가? 인간은 항상 무엇엔가 향하려는 지향성을 갖고 있다. 그래서 인간의 삶 자체를 운동, 생성, 과정 등으로 규정하기도 하고. 목적지향성을 가진 본질로 규정하기도 한다. 이 말은 인간은 늘 자기 자신을 초월하려는 본능을 가지고 있다는 것을 의미한다. 인간의 이러한 본능이 신앙으로 표출되어 구체화된 것이 종교다. 이 경우 신앙은 궁극적 존재와 교통할 수 있는 유일한 언어다. 신앙은 신과의 의사소통의 통로이며 동시에 방법이고, 감정표현의 수단이다. 언어로서의 신앙의 양태는 신앙의 다양한 형식들과 내용들, 신앙인들의 다양한 신앙생활과 신앙태도 등으로 표현된다. 이 언어는 인간이 사용하는 언어들 중에 가장 순수하고, 정직하며, 절대적이다. 모든 종교는 이 언어를 사용하기 때문에 원시종교나 고등종교를 막론하고 신앙의 질은 동일하다.

32. 인간은 에덴동산에서 쫓겨난 후에도 신의 음성을 들을 수 있는 유일한 피조물이다. 인간의 "하나님의 형상(*Imago Dei*)"에는 신의 언어성도 내재되어 있기 때문에 인간과 신은 대화를 할 수 있는 것이다. 신이 인간에게서 자신의 형상을 완전히 삭제하지 않았기 때문에 인간은 자신의 원형을 동경하게 되는데, 이 과정에서 언어가 매개 역할을 한다. 신은 첫째, 소리(신탁, 명령, 언어적 계시 등), 둘째, 기호(기적, 섭리 등), 셋째, 몸짓(현현, 성육신 등) 등, 세 가지 방식으로 언어를 사용한다.

33. 결론적으로 말해서 신토유기체적 체계에서 사용되는 언어는

신과 땅 간의 의사소통과 감정표현을 현실화하는 초월적 기능을 갖고 있다. 계시와 신앙은 '신·토 관계'를 종교로 발전시키며, 이 과정에서 언어는 성화(聖化)된다.

5. 언어의 신학

34. 철학적 언어는 언어의 표피주의(表皮主義)를 벗어날 수 없다. 철학적 언어 자체가 이성의 행위를 합리화하기 위한 도구에 불과하기 때문이다. 이 언어는 우주의 법칙인 이와 기의 관계에 이성으로 접근하는데, 철학은 이 행위를 사변이라고 한다. 그러나 신학적 언어는 신토유기체적 체계에서 고찰했듯이 '신 · 토 관계'로 구조화된 언어이므로 계시와 신앙의 언표로 소통하는 언어다.

35. 언어는 창조에 앞선다. "태초에 하나님이 천지를 창조하시니라"(창 1:1). 이렇게 창세기는 기록하고 있는데, 3절 이하에서는 천지창조의 과정을 상세하게 기술하면서 하나님이 "이르시되(sprach)", 즉 '말씀하심(sprechen)'으로 천지만물이 창조되었음을 기록하고 있다. 요한복음에는 "말씀"에 관해 아래와 같이 기록하고 있다.

1태초에 말씀이 계시니라 이 말씀이 하나님과 함께 계셨으니 이 말씀은 곧 하나님이시니라 2그가 태초에 하나님과 함께 계셨고 3만물이 그로 말미암아 지은바 되었으니 지은 것이 하나도 그가 없이는 된 것이 없느니라(요 1:1-3).

　요한복음에서 "말씀(das Wort = *Logos*)"은 창조주 자체를 가리키는 용
어다. 창세기에서 "이르시되"는 '창조하되', '만들되' 등 창조의 역동
력을 가리키는 낱말이고, 요한복음에서 "말씀"은 창조의 주체를 가
리킨 낱말이다. 아마도 성서학자들은 'sprechen'과 'das Wort'의 차이
점을 부각할 것이다. 물론 sprechen과 Wort는 어원도 다르고, 동사
와 명사로서 문장에서 쓰임도 다르다. 그러나 "태초에 하나님이 천
지를 창조하시니라"(창 1:1)라는 문장과 "만물이 그로 말미암아 지은
바 되었으니 지은 것이 하나도 그가 없이는 된 것이 없느니라"(요 1:3)
라는 문장의 공통성은 하나님은 천지의 창조주라는 점이다. 그리
고 창세기 1장 3절 "하나님이 이르시되 빛이 있으라 하시니 빛이 있
었고(Und Gott sprach: Es werde Licht! Und es ward Licht)"라는 문장과 요한복음
1장 3절 "만물이 그로 말미암아 지은바 되었으니 지은 것이 하나도
그가 없이는 된 것이 없느니라(Alle Dinge sind durch dasselbe gemacht, und ohne
dasselbe ist nichts gemacht, was gemacht ist)"라는 문장의 공통성은 '하나님이
만물을 창조하셨는데, 침묵이나 질료, 기타 그 어떤 것으로 만든 것
이 아니고 '말씀하시면(sprechen)' 창조되었던 것이다. "말씀(das Wort)"
은 창조주이고, "만물(Alle Dinge)"은 피조물이며, "이르시되(sprach)"는
창조의 동인인 것이다. 그러므로 "이르시되"와 "말씀"은 동질이형(同
質異形)의 유사용어로 볼 수 있다. 단적으로 말해서 "하나님이 이르시
되"에서 신이 사용한 언어(sprechen)는 신(das Wort)의 창조적 역동력이
라는 것, 그래서 신의 속성이라는 것, 이것이 언어신학(Sprachtheologie,

linguatheology)의 요지다.

36. "하나님이 이르시되"의 "이르시되"는 '말하다'라는 자동사의 유의어다. 문제는 "하나님이 이르시되"와 '선생님이 이르시되'는 영원한 질적 차이가 있다는 점이다. 인간의 언어로는 같은 낱말, "이르시되(sprach)"를 사용하였지만, 엄밀히 말해서 인간은 하나님의 언어를 이해할 수 없다. 인간이 창조주의 언어, 무에서 유를 있게 한 그 언어를 이해한다는 것은 불가능하다. 그래서 신은 인간이 사용하는 언어의 형식인 소리, 기호, 몸짓의 언어로 자신을 계시하는 것이다. 그리고 이 과정에서 신은 항상 이 땅의 언어를 사용한다. 한국 땅에서는 한국말로, 그리고 자신의 모습도 한국인의 모습으로 계시한다. "하나님의 땅화", "그리스도의 한국화", "그리스도의 한국인화"란 바로 이런 맥락에서 이해될 수 있는 개념이다.

37. 남의 땅에서 계시된 신의 모습과 말씀을 신앙의 원형으로 생각하고 믿는 행위는 맹신이며, "하나님의 땅화", "그리스도의 한국화", "그리스도의 한국인화"를 비판하고, 부정하는 것은 바리새적 위선이다. 한국인이 "하나님의 형상"인 한, 하나님은 한국인의 형상으로 한국인과 관계하며, 한국어로 대화한다. 베들레헴에서 그리스도는 유대인의 모습으로, 마사이(Massai) 땅에서 그리스도는 마사이인의 모습으로, 아마존 정글에서 그리스도는 인디오(Indio)의 모습으로 찾아왔다. 위의 진술은 기독교가 더 이상 전통적 도그마주의에 집착하지 말고 그리스도에 대한 신앙을 보편화해가며 열린 자세로

기독교의 개혁에 정진해야 한다는 점을 역설한 것이다.

38. 신은 어느 땅에도 강림하는 무소부재한 존재이지만, 특정 민족이 자신들의 모습으로 계시된 신만을 절대화함으로써 신독점주의를 확산하려는 것이나 자신들이 살고 있는 특정한 땅만을 성지화함으로써 성지숭배 신앙을 도그마화하려는 행위는 결과적으로 기독교를 세계의 여러 종교들 가운데 하나로 상대화시키는 것이다. 대다수의 신학자들마저 신독점주의나 성지사상을 기독교의 정통성(正統性)으로 주장하는 것 ─ 어쩌면 종교재판의 기요틴(guillotine) 때문에 '주장하려는 것'이 '주장하는 것'의 내용이 되지 못한 것은 아닌지? ─ 은 한 특정 지역의 삶의 현상들을 숭배하는 일종의 '지역편집증(locomonomania)'이다. 신학의 정체성(停滯性)이나 편협한 지역주의가 신학의 정통성(正統性)일 수는 없다.

39. 여기에서 언급되는 '언어신학'은 신인합일의 경지에서 교감된 신비주의자들의 환청체험이나 개인의 방언은사 등에 대한 신학함과는 물론이고, 요한복음의 "말씀"에 대한 신학적 연구나 "말씀의 신학" 등과도 철저히 구별된다. 언어신학은 '인간은 수직언어로 어떻게 신과 교감할 수 있는가?'에 대한 연구라고 할 수 있다. 수직언어로 인간은 신언(神言)을 들을 수도 있고 신에게 기도나 신앙의 형태로 말을 할 수도 있다. 신이 이 땅, 이 민족에게 말하는 것 자체는 인간의 차원에서는 수직언어의 형식이지만, 신의 입장에서는 수직언어의 형식이 아닐 수도 있다. 인간은 신의 언어를 이해할 수 없다.

인간이 말하는 것은 의사소통이나 감정표현의 수단일 뿐인데, 신의 말함은 무에서 유의 창조인 점에 비추어볼 때, 인간은 결코 신의 언어를 이해할 수 없다. 다만 인간이 하나님의 형상의 잔영을 갖고 있기 때문에 이에 비추어 어느 정도 — 매우 제한적으로 — 감지할 수 있고, 이해할 수 있을 뿐이다.

40. 언어의 신토유기체적 체계에서는 신학화가 세 방향으로 진행된다. 첫째, 신은 이 땅과만 관계한다. 신은 이 땅의 신이며, 그리스도는 이 땅의 그리스도이며, 성령은 이 땅에서 역사하는 영이다. 둘째, 신은 이 사람과만 관계한다. 신은 이 사람의 모습으로 다가오며, 이 사람의 원형으로 존재한다. 이 말은 신이 각 땅에서 그 땅의 사람들과 관계한다는 것이다. 그래서 신은 그 땅과 그 땅의 거민들의 신인 것이다. 셋째, 신은 이 언어로만 말한다. 그러므로 신과의 대화에는 통역이 필요 없다. 지금까지는 모든 신학이 번역신학이었고, 통역이 필요한 신학이었으나, 신학이 참신학이기 위해서는, 그리고 이 땅의 신학이기 위해서는 다른 사람이 건네준 번역본이나 중역본으로 신학을 하지 말고, 신으로부터 원서를 직접 받아 신학을 해야 한다. 이 신학이 신토불이 신학이다.

41. 언어신학은 신토불이 신학의 언어학이다. '신 · 토 관계'를 가능케 하는 것은 언어다. 이 언어가 수직언어다. 이 언어는 신이 토에로 지향하는 하향성과 토(천 · 지 · 인)가 신에게로 지향하는 상향성을 동시에 충족시킨다. 이 언어는 의사, 표현, 전달의 기능을 통해 의사

소통을 하거나 감정표현을 하는 것이 아니고, 계시와 신앙의 관계를 통해 '신·토 관계'를 구조화하는 것이다. 이점에서 수직언어는 지평언어와 질적으로 다르다. 이 차이는 영원과 시간의 차이만큼이나 서로 접근할 수 없을 정도로 이질적이다. 그렇다면 수직언어는 완벽한 언어인가?

6. 언어는 미완성이다

42. 언어는 대상을 개념화한다. 그러나 대상을 개념화한다는 것 자체가 불완전하기 때문에 어떤 대상도 결코 완전히 규명될 수는 없다. 이것이 언어의 한계성이다. 말하자면 언어는 미완성이라는 것이다.

43. 언어는 심층에 잠재되어 있는 지 · 정 · 의를 의식의 표피층으로 표출하여 대상을 그리는 행위다. 이렇게 의식의 백지(*tabula rasa*)에 그려 형상화한 것이 대상의 관념이다. 이 과정에서 언어는 창조적인 힘을 발휘하게 되는데, 이것이 언어의 에네르기아다. 에네르기아는 모든 언어에서 각기 다른 양태로 분출되기도 하고, 창조적으로 또는 파괴적으로 돌출되기도 한다. 언어의 에네르기아는 언어의 개념화나 형상화 과정을 추진하는 활력(vigor)이며, 그 지향성에 따라 지평언어와 수직언어로 분류된다.

44. 언어는 항상 창조되고 동시에 부단히 진화한다. 언어도 생물처럼 창조와 진화를 지속한다는 것이다. 그러나 언어의 창조적 진화는 역설적이게도 언어의 본질을 지속적으로 이질화시키는 과정이다.

이것은 언어가 대상에 대한 개념화나 형상화를 완전하게 할 목적으로 창조적 진화를 지속하지만, 대상 자체가 가변적이기 때문에 언어는 항상 미완성으로 만족할 수밖에 없다는 것을 의미한다. 예를 들어 A라는 사람이 크리스털 꽃병에 꽂혀 있는 빨간 장미를 보며, "꽃이 아름답다. 꽃병도 아름답다"라고 말한 상황을 가정해보자. 이 경우 A가 보고 감탄했던 장미는 이미 더 이상 그가 본 장미로 존재하지 않고 또 다른 장미로 존재하며, "아름답다"는 서술어의 주어인 꽃과 꽃병 역시 비교기준이 서로 다르기 때문에 미의 정도를 정확하게 측정할 수 없다. 언어는 대상을 완전히 서술하거나 규정할 수 있는 도구가 아니고, 상대적 가치를 절대화하려는 기술과정의 한 기능일 뿐이다.

45. 그렇다면 인간은 언어로 진리를 추구할 수 있는가? 이 질문은 언어에 던지는 철학의 질문이며 동시에 신학의 질문이다. 철학은 지혜를 사랑하는 행위다. 지혜에 대한 사랑은 진리추구의 열정이다. 하지만 불완전한 언어로 절대진리에 도달하려는 것은 모험일 뿐이다. 비근한 예로 서양 철학의 경우 기원전 8세기경부터 오늘날까지 수많은 철학자들이 '존재'에 관해 철학해왔지만, 지금도 많은 철학자들이 존재에 대한 철학함을 계속하고 있다. 이것은 '존재란 무엇인가?'라는 질문이 아직도 대답되지 못했다는 증거다. 인류가 멸망할 때까지 이 질문에 대한 대답이 계속될 터이지만, 결코 완전한 대답을 찾을 수는 없을 것이다.

46. 진리에 대한 신학의 질문은 신과 그 신이 형상화된 땅, 즉 "신의 땅화"가 어떤 관계를 유지하고 있느냐의 문제와 직결되어 있다. 예수께서 "내가 곧 길이요 진리요 생명이니 나로 말미암지 않고는 아버지께로 올 자가 없느니라"(요 14:6)라고 한 말 속에는 이미 신학적 대답이 들어 있다. 그리스도는 '신·토 관계'를 연결하는 통로(길)이며, 신이 이 땅의 그리스도로 땅화된 유일무이한 존재이기 때문에 참진리일 뿐 아니라 절대진리다. 인간은 신토분리(神土分離)의 신학과 신앙 때문에 — 백인의 원형인 신과 "하나님의 형상"인 흑인 간의 궤적을 이탈한 신학과 신앙 — 신에게로 접근할 수조차 없었다. 그러나 예수 자신이 신토불이(神土不二)의 길이 됨으로써 인간은 그 길을 통해 생명을 얻게 되었다. 이것은 예수 자신이 이미 신토불이를 역설했다는 증거다. 그리스도 예수는 신토불이 실체다. 그러므로 참신학은 그리스도 예수의 신학인데, 이 신학이 신토불이 신학이다.

47. 모든 언어 — 지평언어와 수직언어 — 는 창조와 진화를 계속하며 대상을 새롭게 개념화하거나 형상화한다. 언어의 '창·진 과정(創進過程, Prozess der Kreation–Evolution)'은 항상 언어를 미완성으로 남겨놓고 앞으로 진행한다. 수직언어마저도 미완성 언어다. 이를테면 영원한 존재인 신의 자기계시나 신탁 그 자체는 절대적이지만, 이것을 시간적 존재인 인간은 완전하게 파악할 수 없다. 그리스도로서의 예수가 비유를 많이 사용한 것은 이 때문이다.

48. 언어가 미완성이라는 것은 언어가 개념화하거나 형상화할 대

상이 가변적이라는 뜻과 일치한다. 이것은 피조물 자체가 미완성이라는 것, 그러므로 상대적 존재라는 것을 의미한다.

VI

神土不二 神學의 본질과 현상

식물은 무엇을 말하는가?

1. 머리말

1. 서양 문화는 고대 그리스 철학을 통해 개화되었고, 로마 제국의 군대에 의해 확산·발전되었으며, 기독교에 의해 신율문화로 전환되는 새로운 시대를 열게 되었으며, 근세의 세계관에 의해 현대문화의 틀을 세우게 되었다. 서양 문화의 기승전결(起承轉結) 과정을 보면서 어떤 이들은 지성사의 변천과정을, 어떤 이들은 폭력도 미덕이라는 힘의 논리를, 어떤 이들은 과학사의 원류를 밝혀보고 싶을 것이다. 그런가 하면 기독교 신학자들은 십자가가 그리스 문화와 로마 제국을 정복했다고 주장하며 서양 문화 자체를 기독교 관점에서 해석할 것이다.

2. 엄밀히 말해서 기독교는 로마 제국의 영향권에서 기원하여 대략 3세기에 걸쳐 집중적으로 로마화되면서 사실상 로마 종교로 형식화되었다. 그러나 대다수의 신학자들은 이 사실 자체를 간과하거나 고의적으로 부인하려 한다. 저들은 복음이 문화를 정복해야 한다는 강박관념 때문에 복음에 문화의 실체가 혼합될 수밖에 없다는 진리, 바꾸어 말하면 종교는 문화에 합류될 수밖에 없다는 진리를 깨

닫지 못한 것이다.

3. 서양 철학은 만물의 근원이 무엇인지에 대한 관심으로부터 시작한다. 일원론자들은 "물"(Thales), "아페이론"(Anaximandros), "공기"(Anaximenes), "불"(Heracleitos) 등을 만물의 근원으로 보는 데 반해서 다원론자인 엠페도클레스(Empedocles)는 "물, 공기, 불, 흙" 등 4원소들을 만물의 근원으로 간주한다. 엠페도클레스는 이 4원소들이 만물의 뿌리이며, 이들 간의 증애(憎愛)의 정도에 따라 각종 사물이 생성·소멸된다고 주장한다. 그 후 서양 철학은 생성, 우주, 자연, 정신, 존재, 신, 실재, 인간, 사유, 경험, 관념, 물질, 가치, 과정, 삶, 실존, 언어, 구조, 해체 등등 다양한 주제들을 중심화두로 철학해왔다. 말하자면 서양 철학의 아버지라는 탈레스로부터 라캉(Jaques Lacan)에 이르기까지 수많은 철학자들은 위에 열거한 주제들 가운데 하나를 절대화하여 자신들의 철학함을 형성해갔던 것이다. 그러나 20세기를 마치며 철학할 수 있는 주제들이 고갈되었기 때문에 향후 어떤 철학자도 위에 열거한 주제들의 범위를 벗어나서는 철학할 수 없게 되었다. 이것은 더 이상 새로운 철학이 태동할 수 없다는 것을 의미한다. 말하자면 미래의 철학은 과거의 철학을 개작(改作)하거나 재구성하거나 재해석해가며 명맥을 유지할 수밖에 없다는 것이다.

4. 철학의 한계는 짐작했던 것 이상으로 심각하다. 철학의 한계는 철학의 위기로 이어지고, 철학의 위기는 결국 인문학의 위기로 이어지게 된다. 경제적 생산성과 사회적 실용성의 관점에서 인문학의 위

기를 진단할 수도 있을 것이다. 그러나 나는 이런 이유로 인문학이 위기에 처하게 되었다는 주장에 동의하지 않는다. 인문학의 학문성 자체가 생산성이나 실용성에 의해 평가되기 시작하면 인문학은 사상으로서의 매력을 잃게 된다. 이것은 무엇을 의미하는가? 이것은 인문학 스스로 사상을 담아내길 포기했음을 자인하는 것이 아닌가. 내가 말하려는 것은 철학의 한계가 인문학의 위기를 초래했다는 것이다.

5. 어떻게 보면 만물의 영장이며, 척도라고 뽐내는 인간, 그리고 그 인간의 최고 지성이라고 하는 철인들도 들풀 한 포기만도 못한 셈이다. 인간은 언어로 진리를 규명하려 하지만, 식물은 그 스스로 진리를 표현하고 있기 때문이다. 인간은 언어를 신뢰하지만, 사실상 언어는 가장 위선적인 매체다. A가 B에게 '이 꽃은 아름답다'고 말할 때, B는 꽃의 겉모습을 인지할 수는 있지만, A가 '이 꽃은 아름답다'고 말하게 된 동기나 감정, 또는 A와 '이 꽃'과의 관계나 특별한 역사적 사건 등은 결코 인지할 수 없다. '이 꽃은 아름답다'는 A의 진술에 담겨 있는 맥락까지 B가 이해할 수는 없기 때문이다. 이것은 언어가 한 인간의 세계관, 인간관, 가치관 등은 물론 사상, 의식, 감정 등도 다른 사람에게 정확하게 전달할 수 없는 매체라는 것을 의미한다. 그래서 인간은 언어를 통해 전달된 내용을 정확하게 이해하기 위해서 해석을 하기 시작했다. 그러나 해석 자체도 해석자의 주관에 의존적일 수밖에 없기 때문에 불완전할 수밖에 없다. 한마디로 말해서 인간의 언어는 진리를 완전히 드러낼 수 없다는 것이다.

6. 그렇다면 이 세상에서 진리를 가장 정확하게 표현하고 완전하게 드러낼 수 있는 매체는 무엇인가? 인간이 가장 훌륭한 의사전달의 수단으로 간주하는 언어마저 진리를 정확하고 완전하게 전달할 수 없는 매체라고 한다면, 우리는 어떤 것을 진리의 척도로 갖고 있다는 말인가?

7. 이 세상에는 수많은 사물들이 존재하지만, 일반적으로 동물, 식물, 무생물로 분류하며, 동물 가운데 인간을 특별히 분류하기도 한다. 우리는 동물에게서 자본주의의 경제 원리를 배울 수 있고, 무생물에게서 땅(土)의 현상을 배울 수 있으며, 인간에게서 신(神)에 대한 의존성을 배울 수 있다. 그렇다면 식물에게서 우리는 무엇을 배울 수 있는가?

2. 물과 불

8. 식물의 언어는 성장 자체다. 식물은 지고의 존재인 신에 관해 말하지 않는다. 인간만이 신에 관해 말할 수 있고, 규명할 수 있으며, 그래서 신앙할 수 있다고 자랑한다. 그러나 인간의 이러한 자신감은 신관의 차이만큼이나 천차만별로 분열되어 있고, 이질화되어 있다. 그래서 인간은 가끔 인간이 참으로 신을 믿고 있는 것인지, 혹은 신이라고 믿고 싶은 자기만의 어떤 것 ― 절대가치, 지고선, 영원한 것, 초월적 힘 등등 ― 을 신상으로 믿고 있는 것인지 분명하지 않은 상태에서 종교적 인간으로 평가되기도 한다. 인간의 DNA가 모두 다르고, 지문이 모두 다르듯이, 인간의 지성이나 정서나 의지 등도 모두 다르다. 이것은 철저히 세뇌된 종교인들 간에도 신앙의 농도는 다를 수밖에 없다는 사실과 다만 똑같은 신앙이기를 바라는 기대가 신앙집단을 결속할 뿐이라는 점을 의미한다. 신이란 어떤 존재이며, 어떻게 존재하고 있는가라는 질문에 대해 같은 교단 내의 신학자들 간에도 신앙관에 따라 대답이 다를 터인데, 하물며 일반인들의 이해가 다른 것은 당연한 이치일 것이다.

신앙은 주관적이다. 이것은 신앙이 개인 각자의 신앙관과 직결되어 있기 때문에 상대적일 수밖에 없다는 것을 의미한다. 신앙의 이러한 현상을 솔직히 인정할 수 있을 때 비로소 인간은 참된 신앙을 가질 수 있을 것이다.

9. 인간의 이성이 불완전하고, 인간의 언어가 불확실하며, 인간의 신앙마저 불일치하다면 인간은 어디에서 절대진리를 찾을 수 있는가?

10. 인간은 주위에서 늘 절대진리의 두 양태와 접촉하며 생활하고 있으나, 그것의 절대가치를 깨닫지 못하고 살아가고 있다. 인간을 포함하여 우주 삼라만상에는 상승과 하강의 원리가 상존한다. 불(火)은 상승하려는 속성을 갖고 있는 상향적 실체다. 예를 들면 횃불은 장소나 시간, 또는 조건 등과 상관없이 항상 위로 향해 활활 타오른다. 불은 만물의 가장 근본적인 존재론적 실체다.

11. 그 반면에 물(水)은 위에서 아래로 흐른다. 물은 어떤 조건에서도 스스로 위로 흐르지 않는다. 저수지에 고인물이 증발하는 것을 보고 물이 아래에서 위로 올라간다고 역설할 수 있겠지만, 수증기는 불(大氣熱)이 물의 분자를 위로 올려 보낸 것일 뿐이다. 만물에는 불과 물이 포함되어 있다.

12. 그런데 식물만이 이 두 원리를 동시에 실현하며 존재하고 있다. 식물은 물을 지향하여 그 뿌리가 땅 속으로 뻗어가며 존재한다. 뿌리는 물을 찾아가는 속성을 갖고 있다. 그 반면에 식물의 줄기나

잎은 땅에서 하늘로 뻗어간 것이다. 모든 식물은 불을 향해 지향하고 있다. 들풀마저도 태양을 지향해 가고 있는 것이다. 식물은 바로 이 두 가지 자체만으로도 불과 물의 원리가 조화일치를 이룬, 우주 만물의 절대원리를 스스로 표현하고 있는 것이다. 식물은 침묵의 언어를 통해 절대진리를 말하고 있으며, 보여주고 있다. 식물은 인간의 언어처럼 애매모호하게 서술하지도 않고, 미사여구로 수식하며 현란하게 표현하지도 않지만, 가장 진실된 언어로 가장 정직하게 진리 자체, 만물의 근본원리 자체를 보여주고 있다.

3. 토착하려는 본능

13. 고대 그리스의 철학자들은 만물의 근원에 관해서는 다양하게 언급했지만, 만물이 어떻게 존재하는지에 관해서는 거의 관심을 갖지 않았다. 아리스토텔레스(Aristoteles)가 만물의 존재성을 범주론에 따라 설명하면서 비로소 존재의 양태에 관한 관심이 야기되기 시작했다. 그러나 아리스토텔레스마저도 존재의 조건에 관해서는 비교적 훌륭하게 설명하고 있지만, 만물의 본래성인 '존재에의 의지(Wille zum Sein)'에 관해서는 무관심했던 것이 사실이다.

14. 만물은 안정된 자리에 토착하려는 본능을 갖고 있다. 그렇지 않을 경우 만물의 위치는 불안하여, 자연의 이치에서 이탈하게 된다. 만물이 안전하게 존재하려는 의지는 만물의 속성이며, 본래성이다. 만물은 공간적으로 존재하지만 존재하는 것 자체로서 존재의 본래성이 충족되는 것은 아니다.

15. 만물은 공간에 존재하고 있으며, 공간의 중심으로 지향한다. 만물은 땅으로 확대 상징화될 수 있는 공간상에만 존재하고 있는 것

이 아니고, 그곳에 안전하게 토착하려는 본능을 갖고 운동하고 있다. 바위가 땅에 파묻혀 있는 것이나, 낙하한 돌이 땅에 박히는 것이나, 심지어 물마저 흘러가며 땅속으로 스며드는 현상 등에서 바위나 돌이나 물이 토착하려는 본성을 갖고 있으며, 그곳으로 지향하고 있음을 알 수 있다. 그뿐만 아니라 모든 동물들이 걷거나 기거나 달리면서 땅에 남겨놓은 흔적들, 예를 들면 곰의 발자국, 뱀이 기어간 자국, 사냥감을 쫓아가며 남긴 표범의 발자국 등에서도 토착하려는 본능을 읽을 수 있다. 그리고 모래 위를 걸을 때 발이 빠지는 것, 심지어 새나 물고기마저도 생을 마치면 땅에 파묻히는 것 등의 현상을 통해서도 토착하려는 본능을 인지할 수 있다.

16. 지금은 신화처럼 들리기도 하지만 만유인력의 원리를 설명할 때 뉴턴(I. Newton)과 사과의 이야기는 매우 흥미로웠다. 그런데 사과가 땅에 떨어지는 것이 땅이 끌어당기는 힘 때문이라고 하는 이론을 토착하려는 본능설에서 보면 사과 자체는 이미 토착되어 있는 사과나무의 열매이며, 그 뿌리로 돌아가려는 본능, 즉 토착하려는 본능 때문에 토착할 수밖에 없다는 이론으로도 설명이 된다. 이것은 만유인력의 원리마저 만물이 토착하려는 본능과 연계하여 설명될 수 있음을 시사하는 것이다.

17. 토착하려는 본능의 대표적인 존재는 식물이다. 식물은 그 자체가 이미 땅에 붙박여 뿌리를 내리지 않고는 살아갈 수 없다. 흙에는 물이 토착되어 있기 때문에 식물의 뿌리는 물을 찾아 땅속으로 뻗어

내려가며 그래서 결과적으로는 토착하며 성장해가는 것이다. 인간은 식물만이 땅속으로 지향하며 토착하려는 존재로 보지만, 사실상 모든 존재는 토착하려는 존재성을 갖고 살아가고 있는 것이다. 앞에서도 여러 예를 들어 설명했지만, 만물의 그 어느 하나도 토착하려는 본능을 갖지 않고 존재하는 것은 없다. 식물의 토착성은 본능인 동시에 '생명에의 의지(Wille zum Leben)'인 것이다.[1]

---

1) 식물은 토착하려는 본성을 지니고 있다. 이로써 유기적 결합이 가능하게 된다. 식물의 토착성은 생명력을 지속하려는 생명현상이다.

4. 궁극에로 지향

18. 인간학은 인간 자체에 깊은 관심을 갖고 인간을 탐구해가는 특수한 학문이다. 그러므로 인간을 어떤 관점에서 탐구하느냐에 따라 인간에 관한 이해가 달라질 수밖에 없다. 한마디로 인간을 이해함에 있어 창조론과 진화론의 관점이 다르고, 정신과학과 자연과학의 관점이 다르며, 동양과 서양의 관점이 다를 수밖에 없다는 것이다. 그런데 문제는 인간학이 문화, 언어, 교육, 이성, 감성, 놀이, 기술, 도구, 가족, 사회 등등 인간의 소여성(所與性)으로 기술되곤 하는 것들을 생물학적 인간학자들은 인간만의 본래성으로 간주하지 않는다는 점이다. 이들은 동물도 인간의 수준에는 못 미치지만 질적 차이 외에는 거의 동일한 존재조건을 소유하고 있다고 주장이다. 이들은 여러 실험을 통해 인간의 소여성 자체가 동물의 고유성임을 입증하곤 한다.

19. 그렇다면 인간만의 고유성은 무엇인가? 종교학자들은 인간만이 종교적이라고 역설한다. 이들은 인간만이 신이라고 믿는 절대적 존재를 숭배하기도 하고, 이를 위한 의식을 제정하기도 하며 궁극에

로 지향하려는 본성을 갖고 있다고 주장한다. 인간만이 신과 관계하고 있다는 것이다. 창세기의 인간학은 이에 더하여 인간만이 "하나님의 형상(*Imago Dei*)"이라고 기록하고 있다. 인간은 궁극적 존재를 지향하는 존재이며, 그 스스로 궁극적 존재이기도 하다는 것이다. 하나님의 형상이란 궁극적 존재의 모습이므로 인간만이 만물 가운데 가장 궁극적 존재에 가까운 존재라는 것이다.

20. 이러한 주장에 대하여 무신론자들은 부정적이다. 저들은 종교 자체를 인간의 인위적 산물로 간주하기 때문에 인간을 종교적 존재로 규정하는 것 자체를 부정한다. 저들의 주장의 요지는 종교란 인간이 인간을 착취할 목적에서 만든 제도적 악이라는 것이다. 이런 맥락에서 칼 마르크스(Karl Marx)는 『헤겔의 법철학 비판』이란 논고에서 종교를 "인민의 아편"으로 규정했다.[2] 결국 그는 "인간은 종교를 만들지만, 종교는 인간을 만들지 못한다(Der Mensch macht die Religion, die Religion macht nicht den Menschen)"는 명제로써 무신론의 입장을 표방하며 종교를 배척했다.[3] 한마디로 궁극이란 존재하지도 않을 뿐만 아니라 인간은 궁극에로 지향하기 위해 살아가는 존재도 아니라는 것이다.

21. 그렇다면 어떤 주장이 진실인가. 앞에서 우리는 토착하려는 본

---

2) Karl Marx, "Zur Kritik der Hegelschen Rechtsphilosophie," aus *Den Deutsch-Französischen Jahrbüchern* (1843/44), in *Die Hegelsche Linke*, ausgewählt u. eingeleitet von Karl Löwith (Stuttgart-Bad Cannstatt: Friedrich Frommann Verlag, 1962), p. 256.

3) Ibid.

능이 만물의 본래성이라는 점, 그리고 식물 자체가 이를 입증하는 절대적 척도라는 점을 역설했다. 무신론은 유신론을 비판하며 인간이 궁극에로 지향한다는 것 자체를 부정한다. 그러나 식물은 궁극에로 지향이 만물의 본래성이며, 우주의 원리임을 입증하고 있다. 식물은 물을 뿌리로 빨아들여 줄기를 거쳐 잎에까지 밀어 올린다. 그리고 자체 내의 불에 의해 물을 밖으로 뿜어내며 하늘을 향해 뻗어 올라간다. 즉 모든 식물은 원초적으로 궁극에로 지향한다. 식물은 위에서 아래로 지향하려는 물의 속성을 갖고 있는데, 이것이 토착하려는 본능이다. 동시에 식물은 아래에서 위로 지향하려는 불의 속성을 갖고 있는데, 이것이 궁극에로 지향이다. 간추려 말하면 식물 그 자체는 상징적으로 물과 불, 냉과 열, 땅과 하늘, 피조물과 창조주, 존재와 존재의 근원, 차안과 피안, 질료와 형상 등등을 부단히 연결해가며 성장해가는 우주의 본래성을 표지(標識)한다.

5. 생명의 순환성

22. 만물이 운동하는 형식을 보면 두 가지 양태를 띠고 있다. 하나는 상하운동의 형식이고, 다른 하나는 좌우운동의 형식이다. 그런데 상하운동은 상하운동으로만, 좌우운동은 좌우운동으로만 지속되는 것은 아니다. 상하운동에는 필연적으로 좌우운동이, 그리고 좌우운동에는 필연적으로 상하운동이 함께할 수밖에 없다. 예를 들면 지름 10cm의 피스톤이 상하로 작동하는 기계의 경우 이미 상하운동은 10cm의 좌우운동과 동시에 일어나는 것이다. 상하운동의 실체인 피스톤은 이미 좌에서 우로 10cm의 공간을 이동한 것이다.

23. 만물은 공간으로 존재하고, 공간은 만물의 존재조건으로 존재한다. 공간에는 상하좌우가 공재한다. 만물은 원형을 지향하는 속성도 갖고 있다. 행성들이 태양을 중심으로 원형(타원형)으로 공전한다든지, 물방울이 구형(球形)을 이루며 응집한다든지, 지상의 대기 중으로 던져진 포환이 포물선을 이루며 낙하한다든지 등등. 공간과 만물은 원형의 속성을 갖고 온전한 공간성을 만들어가며 운동한다. 만물이 원형을 지향하며 운동하는 것은 수직과 수평, 즉 상하운동과 좌

우운동이 함께 일어나기 때문이다.

24. 상하운동과 좌우운동은 만물의 두 가지 운동 형식을 대표한다. 그러나 좀 더 깊이 고찰해보면 만물은 상하운동을 하며 좌우운동을 또는 좌우운동을 하며 상하운동을 함께 하고 있으므로 동일한 운동을 하며 존재하고 있다고 하겠다. 중요한 점은 만물이 어떻게 운동하든지 모든 운동에는 시작과 끝이 있다는 것이다. 바로 이 운동의 형식이 만물의 속성을 결정한다. 그런데 끝은 이미 새로운 시작으로 이어지며 순환하는 것이 우주의 원리이며, 운동의 원리이다. 우주의 원리에서는 종말 자체가 또 다른 시작인 것이다.

25. 역사의 운동 역시 만물의 운동 형식을 따르고 있다. 구속사(Heilsgeschichte)는 상하로 운동하며 발전하고, 세속사(Profangeschichte)는 좌우로 운동하며 발전한다. 순환사관이나 변증법적 발전사관, 혹은 나선형 발전사관 등은 상하운동과 좌우운동을 함께 진행하며 발전하는 운동 형식을 따른다.

26. 만물은 유기체로 존재한다. 무심코 지나칠 수도 있는 길가의 풀 한 포기마저도 수많은 것들과 일정한 목적하에 필연적으로 관계하며 존재한다. 좀 더 부연해서 설명하면, 만물은 상하운동과 좌우운동을 함께하며 부단히 움직여간다. 이 운동은 시작과 끝, 원인과 결과를 이어가며 지속된다. 이것이 만물의 본래성이다. 분명한 것은 이 운동을 힌두교나 불교 같은 특정 종교의 윤회설(輪回說)이나 니체

(F. Nietzsche)의 영겁회귀설(永劫回歸說) 등과 연계하여 이해해서는 안 된다는 점이다.

27. 만물의 운동 자체는 원형을 지향하며 부단히 지속된다. 만물의 운동은 'C^1'(원인 1)에서 'E^1'(결과 1)으로, 'E^1'에서 'C^2'로, 'C^2'에서 'E^2'로, 'E^2'에서 'C^3'로, …… 'C^n'에서 …… 'E^n'으로, 'E^n'에서 'C^{n+1}'로 부단히 순환해가는, 영원한 과정으로 이해되는 원리다. 토마스 아퀴나스(Thomas Aquinas)의 신학을 따르는 신학자들은 신을 만물의 "제1 원인"이며 "최종 목적"으로 규정한다. 말하자면 신은 알파며 오메가라는 것이다. 그러나 현실적으로 보면 만물 자체는 생성의 "제1 원인"으로부터 궁극적 결과를 지향하며 존재하는 속성을 지니고 있다. 아퀴나스에 따르면 만물은 원인에서 결과로 수직운동만 할 뿐이다. 그러나 엄밀히 관찰해보면, '원인 – 결과'의 관계는 순환운동을 내포하고 있다. 순환성이 만물의 속성이기 때문이다.

28. 제1 원인으로서의 신(神)은 궁극적 결과로서의 만물(土)과 수직관계와 수평관계를 내포하고 있는 순환성 때문에 영원한 것이다. 그러므로 신 · 토 관계를 "은총의 빛(*lumen gratiae*)"과 "이성의 빛(*lumen rationale*)"의 수직관계(T. Aquinas)나 이성과 계시의 상관관계(P. Tillich)로만 이해하려 해서는 안 된다. 신학이 참신학이기 위해서는 신 · 토 관계를 특정한 공간(聖地, 聖所 등)에 제한시켜 의미화하거나, 우상화하지 말아야 한다. 신 · 토 관계, 즉 창조주인 신(神)과 피조물인 토(土) — 피조성 자체가 질료의 속성에 속하므로 광의적으로 흙, 땅, 원소,

공간, 심지어 가상공간(cyberspace) 등등도 토(土)로 규정될 수 있음 ―
의 관계가 시공간을 초월하여 우주적 관계의 맥락에서 해석될 때 비
로소 신토불이(神土不二)의 신학적 의미도 규명된다. 신학이 참신학이
기 위해서는 특정한 민족의 신학이나 특정한 지역의 신학을 지양하
고, 신토불이의 관계로 새로 구조화되어야 한다.

6. 창세기의 식물이해

29. 창세기 1장에는 하나님의 창조목적이 정확하게 기록되어 있다. 빛과 하늘, 물과 땅, 그리고 바다 등이 창조된 후 식물(植物)이 창조되었다. 이것은 식물을 위한 존재조건이 먼저 충족되었다는 것을 의미한다. 창세기는 식물을 크게 세 부류로 나눠 기술하고 있는데, 풀과 채소와 과수 등이 그것이다.

11하나님이 이르시되 땅은 풀과 씨 맺는 채소와 각기 종류대로 씨 가진 열매 맺는 나무를 내라 하시니 그대로 되어 12땅이 풀과 각기 종류대로 씨 맺는 채소와 각기 종류대로 씨 가진 열매 맺는 나무를 내니 하나님이 보시기에 좋았더라 13저녁이 되고 아침이 되니 이는 셋째 날이니라(창 1:11–13).

30. 창세기 기록에 따르면 식물은 최초의 생명체다. 그런데 식물이 생명을 유지하기 위해서는 땅에 뿌리를 내려야 하고 태양을 향해 하늘로 뻗어 올라가야 한다. 이것은 식물이 천과 지, 하늘과 땅을 이어주는 유일한 생명체라는 것을 의미한다. 뿐만 아니라 식물은 인간

을 비롯한 모든 동물의 식물(食物)로서 자신을 내어주며, 흙으로 돌아가서 다시 자신이 뿌린 씨를 통해 생명을 순환하는 만물의 순환성의 모본(模本)이기도 하다. 식물은 신·토 관계가 만물의 창조목적이라는 점, 그리고 이 관계가 지속적으로 순환한다는 점, 그렇기 때문에 이 관계는 우주적이라는 점 등을 생체적으로 보여주고 있다. 인간만이 그 원리를 이해하지 못하고, 식물을 가장 힘없는 존재로 간주하고 있을 뿐이다. 식물은 우주의 원리는 물론 만물의 존재조건까지도 정직하게 현시(顯示)하고 있는 척도다.

31. 창세기는 인간이 어떻게 죄를 지었으며, 그 결과가 어떠한지를 극명하게 설명하고 있다. 인간의 죄는 하나님의 명령을 어기고 뱀의 유혹에 빠져 에덴동산 중앙에 있는 선악과를 따먹으면서 시작되었다. 그러나 죄의 결과는 매우 비참했다.

14여호와 하나님이 뱀에게 이르시되 네가 이렇게 하였으니 …… 저주를 받아 배로 다니고 살아 있는 동안 흙을 먹을 지니라 …… **16**또 여자에게 이르시되 내가 네게 임신하는 고통을 크게 더하리니 네가 수고하고 자식을 낳을 것이며 너는 남편을 원하고 남편은 너를 다스릴 것이니라 하시고 **17**아담에게 이르시되 네가 네 아내의 말을 듣고 내가 네게 먹지 말라 한 나무의 열매를 먹었은즉 땅은 너로 말미암아 저주를 받고 너는 네 평생에 수고하여야 그 소산을 먹으리라 …… **19**네가 흙으로 돌아갈 때까지 얼굴에 땀을 흘려야 먹을 것을 먹으리니 네가 그것에서 취함을 입었음이라 너는 흙이니 흙으로 돌아갈 것이니라 하시니라 **20**아담이 그의 아내의 이름을 하와라 불렀으니 그는 모든 산 자의 어머니가 됨이더라(창 3: 14-20).

32. 하나님은 인간이 자유의지대로 행동할 것을 예견하면서도 "선악을 알게 하는 나무"를 동산의 중앙에 그대로 두었다. 그 이유가 무엇인가? 하나님은 "땅의 흙으로" 지어 생기를 코에 불어넣어 생령이 된 인간, 자신의 형상대로 만든 그 인간이 "선악을 알게 하는 나무"의 열매를 먹은 것 때문에 그들을 에덴에서 추방했다. 그 열매를 먹은 것 자체만으로도 큰 죄가 될 정도로 선악을 알게 하는 나무의 의미가 큰가?

33. 에덴은 생명의 근원이며 거룩한 곳의 상징이다. 그뿐만 아니라 세계의 축(*axis mundi*)으로 의미화되는 곳이기도 하다. 특히 그곳의 중앙은 지상의 지성소와 같은 곳이므로 우주의 중심축을 상징하는 곳이기도 하다. "선악을 알게 하는 나무"는 우주의 중심축에 뿌리를 붙박아 뻗어 내려가고 하늘을 향해 뻗어 올라가며 천지접점으로 상징되는 우주목(宇宙木)이다.

34. 이 나무의 상징성에는 선과 악, 신과 인간, 하나님과 피조물, 하늘과 땅의 대칭구조가 담겨 있다. 그러므로 인간이 그 열매를 따먹었다는 것은 대칭구조에 대한 도전이며, 하나님의 창조목적과 창조질서를 파괴한 행위다. 이로 말미암아 인간이 져야 할 죄의 결과는 너무나 엄청난 것이다. 흙으로 지어진 인간(아담=흙)은 흙으로 돌

아가서 뱀에 물리는 운명에 처했고, 여자(하와＝생명)는 산고를 통해 아이를 낳게 되는데, 출산의 고통을 통해 하나님이 인간을 지은 수고를 깨닫게 하려는 것이다.

35. 더욱 놀라운 사실은 인간의 사회제도마저 변화되었다는 것이다. "남편은 너를 다스릴 것이니라"(창 3:16)라는 구절은 사회체계가 모권제(matriarchy)에서 부권제(patriarchy)로 바뀌게 된 사실을 명시하고 있다. 선악과 사건 이후 하나님이 남자에게 여자를 다스리게 했다는 것은 무엇을 의미하는가? 이것은 선악과 사건 이전에는 여자가 남자를 다스렸다는 사실을 입증하는 것이 아닌가. 창세기 3장 17절은 이러한 사실을 뒷받침할 수 있는 매우 구체적이고 정확한 자료다. 하나님께서 "아담에게 이르시되 네가 네 아내의 말을 듣고 내가 네게 먹지 말라 한 나무의 열매를 먹었은즉"(창 3:17)이란 구절은 아담이 아내의 명령에 따를 수밖에 없는 입장에 처해 있었음을 사실 그대로 기록한 것이다.

36. 인류 최초의 사회제도는 어떤 형태였을까? 이 문제는 인류의 지성사만큼이나 오래된, 그리고 그 정도로 매력이 있는 것이었기에 이론도 구구했고 학설도 무수했다. 그러나 창세기 3장은 사회제도의 원형이 모권제였음을 간단명료하게 기록하고 있다. 어쨌든 죄로 말미암아 다스리는 권한이 여자에게서 남자에게로 이양되면서 가부장적 사회구조가 시작하게 되었다는 것이 창세기의 사회체계론이다.

37. "너는 흙이니 흙으로 돌아갈 것이니라"(창 3:19)라는 구절은 피조물의 순환성을 암시하는 것이다. 흙이 흙으로 돌아간다는 것은 만물이 궁극적으로는 그 자체에로 돌아가게 된다는 우주의 원리를 분명히 표현한 것이다. '그것'은 '그것 자체'에로 돌아간다는 것, 존재가 존재 자체에로 돌아간다는 것, 이것이 창세기가 표현하는 순환성 이론이다. 창세기 3장 19절은 '아담(흙)[1] → 흙[1] → 아담[2] → 흙[2] → ……'의 순환의 지속성을 말하고 있다. 여기에서 중요한 것은 아담을 만든 흙은 하나님의 질료로서 피조물 자체의 공통된 속성을 가리키는 것이다. 흙은 하나님(神)의 창조성과 대칭되는 하나님의 피조물(土)의 보편적 실재를 의미한다. 그러므로 흙을 지질학적 원소로 보면 창세기의 창조신학을 이해할 수 없으며, 인간(아담)이 흙이라는 것을 결코 이해할 수 없을 것이다. 아담은 흙이며, 하와는 생명이다. 그렇기 때문에 아담과 하와가 에덴에서 추방된 이후 인간은 아담의 후예로서 흙이지만 하와에 의해 생명체로 태어나게 되었다. 하와는 산자의 어머니이기 때문이다.

38. 생명윤리는 식물의 생체로부터 그 실마리를 풀어나가야 한다. 하나님은 식물을 위해 땅과 물과 햇빛을 먼저 창조하여 식물이 광합성 작용을 통해 생명을 이어갈 수 있도록 했고, 그 후에 동물과 인간을 창조하여 식물을 저들의 먹거리가 되게 했으며, 식물로부터 생명력을 얻은 동물과 인간이 생을 마치면 흙으로 돌아가서 식물의 먹이가 되게 했다. 자연은 이 과정이 지속적으로 순환하도록 창조되었다. 이것은 만물이 식물을 통해 궁극적으로는 모두 흙이 된다는 것

을 의미한다.

39. 그뿐만 아니라 하나님은 뱀의 죄를 물어 그를 죽이지 않았으며, 아담과 하와의 죄로 그들을 죽이지 않았다. 뱀에게도 아담과 하와에게도 저들이 살아갈 수 있도록 길을 열어 주었다. 뱀에게는 흙을(창 3:14), 인간에게는 흙의 소산을(창 3:17) 제공한 것이다. 이것은 하나님이 피조물의 생명에 대한 존엄성을 창조신학의 궤적에서 보여준 것이다.

40. 창세기의 핵심은 하나님(神)과 인간('adama＝土)의 관계에 대한 내용이다. 그러나 거시적 안목에서 보면 신·토 관계는 창조하는 주체와 창조된 객체와의 존재론적 관계, 다시 말해서 창조주와 피조물과의 관계로 해석될 수 있다. 창조는 인간을 위한 하나님의 궁극적목적이며, 피조물 자체는 인간을 위해 하나님이 시여(施與)한 비존재로서 개체일 뿐이다. 그러므로 피조물 자체는 궁극적으로 인간(土)을 위해 존재하는 것들에 불과하다. 피조물 가운데 인간만이 하나님의 형상이기 때문이다. 따라서 만물은 인간(土)을 위해 단순히 물적(物的)으로 있을 뿐이다.

41. 이 관계에 관한 신학이 신토불이 신학의 원형이다. 신·토 관계는 식물과 동물의 순환과정이 순리대로 지속되도록 하나님에 의해 계획된 창조목적과 창조질서에 부합한다. 여기에 생명의 존엄성이 가미되면 신토불이 신학의 생명윤리가 되는 것이다. 신토불이 신

학은 창조세계의 순환고리가 공해로 파괴된 현상만을 문제화하기
보다는 창조목적과 창조질서 자체의 과정에서 그 답을 찾아내려는
신학이다. 한마디로 말해서 신토불이 신학은 창조목적과 창조질서
에서 신·토 관계를 구명하여 해석하는 행위다.

42. 신학사 2,000년을 개관해보면 모든 신학이 주제나 방법에 집
착해왔음을 알 수 있다. 이것은 그동안 신학이 창조신학이 아니었다
는 것을 의미한다. 물론 창조신학이란 용어를 사용하는 신학자들도
있었지만 그들이 이해하는 창조신학이란 대체적으로 창조론을 역
설하는 신학들이었다. 그러나 엄밀히 말하면 창조신학이란 하나님
과 피조물 간의 관계를 창조목적과 창조질서의 맥락에서 학문화한
신학이며, 신·토 관계의 정립에 초점이 맞추어진 신학함이다. 이것
이 신토불이 신학이다.

43. 그렇다면 신토불이 신학은 무엇을 지향하고 있는가? 신토불
이 신학은 생명의 존엄성을 통해 깨달을 수 있는 생명윤리의 가치를
지향한다. 이것이 신토불이 신학의 궁극적 목적이다. 여기서 말하는
생명은 생물학적 의미를 초월한, 피조물 자체의 생명력(생동성)을 의
미한다.

7. 식물의 언어

44. "식물은 무엇을 말하는가?" 이 질문은 식물이 자연을 향해 무엇인가 말하고 있다는 것을 전제로 한 것이다. 식물이 말한다는 것에 대하여 언어학자들은 어떻게 반응할까? 아마 대다수의 언어학자들은 언어가 무엇인지에 관해 체계적으로 설명을 해가며 이 문제에 대하여 강력하게 반발할 것이다. 이들은 식물이 말한다는 것은 음성, 기호, 상징, 소통 등의 언어 기능적 측면에서 보더라도 불가능하다고 결론지을 것이다. 그들은 음성을 기호화한 것만을 언어로 규정하기 때문이다. 이것이 언어학자들의 고정관념이다.

45. 그러나 거시적으로 보면 언어는 존재를 설명하는 것이다. 언어는 주체와 객체와의 관계에서 '무엇을 말하는 것(Was-sagen)'이며, 이로써 '무엇'이 해명되고 이해되도록 하는 기능이다. '무엇을 말하는 것'이란 개념에는 존재란 무엇인가라는 존재의 본질에 관한 문제와 사실 자체를 설명하기 위한 표현이 함축되어 있다. 정리하면 언어는 진·선·미의 보편적 가치가 함유되어 있는 진리 자체를 드러내는 기능이다. 그러므로 한 언어가 우주적 진리를 가장 완벽하게 표현할

수 있을 때 그 언어는 가장 완벽한 언어가 되는 것이다. 이 말은 일 상언어는 불완전하며, 따라서 언어를 매개로 전달된 진리 자체는 사 실상 상대적이거나 거짓이라는 것이다. 언어에는 말하는 사람의 주 관이 개입되게 마련이다. 그러므로 말하는 사람과 듣는 사람 간에는 주관의 차이가 있을 수밖에 없다. 그렇다면 이 세상에서 어떤 언어 가 절대언어, 우주의 언어일 수 있는가?

46. 식물은 우주의 원리를 완벽하게 지니고 있는 생물이며, 창조주 와 피조물 간의 관계를 자신의 생체로 표현하고 있는 상징적 존재 다. 물리학자들을 비롯하여 여러 분야의 학자들이 우주의 원리를 규 명하려 연구하고 있지만, 식물은 이미 이 원리 자체를 몸으로 말하 고 있다.

47. 식물은 뿌리의 하향성과 줄기와 잎의 상향성을 통해 천과 지의 관계를 순리대로 설명하고 있으며, 창조주와 피조물 간의 관계를 이 어주면서 신·토 관계가 만물의 본래성임을 묵언(黙言)으로 표현하 고 있다. 그뿐만 아니라 식물은 생물이 자연에 의존해서 살아갈 수 있도록 생태계의 순환과정을 지속하며, 생명의 존재조건을 충족시 킨다. 식물은 주는 것이 받는 것임을 실천하고 있는데, 이를테면 자 신을 인간과 동물에게 내어줌으로써 자신이 그들을 다시 받아들이 는 자연의 순환과정을 실현하고 있다. 인간의 언어는 상대적이거나 거짓일 수 있지만, 식물의 언어는 우주의 원리, 창조목적과 창조질 서, 생명의 순환성 등을 그대로 표현하는 완벽한 언어다. 인간을 가

리켜 만물의 척도(Protagoras)라 하기도 하고 소우주(microcosmos)라 하기도 하지만, 실제로 만물의 척도가 되며 소우주가 되는 실재는 식물이다. 식물만이 가장 완벽한 우주의 언어를 사용하기 때문이다.

48. 식물은 인간에게 상생(相生)의 원리에 관해 묵언으로 가르치고 있다. 근래에 와서 상생의 철학이니 상생의 신학이니 말하는 이들이 있지만, 자연을 깊이 관찰해보면 이미 자연은 상생의 원리를 갖고 존재하고 있는 것이다. 상생은 서로 사는 존재방식이다. 인간은 어떻게 존재하는가? 인간의 존재방식은 자연에 의존적이다. 그러므로 인간이 자연을 개척하는 정도에 따라 인간의 삶은 차등화된다. 문명이란 이름으로 포장된 이런 현상들에 인간이 만족해하는 동안 자연은 상생능력을 점점 상실해가며 죽어간다.

49. 식물은 원초적으로 땅과 물과 공기와 햇빛을 공유하면서 존재한다. 그뿐만 아니라 최초의 생명체로서 인간과 동물을 위해 존재하며 상호의존적이다. 식물은 말없이 자신을 내어주지만 결국 모든 것을 자신의 것으로 받아들인다. 식물은 동물처럼 약육강식의 투쟁이나 인간처럼 존재하기 위해서 자연을 파괴하지 않으면서 평화적으로 존재하고 있다. 인간은 평화에 대하여 말만 하지만 식물은 그 자신의 삶으로서 평화를 말하며, 지키고 있다.

8. 맺음말

50. "식물은 무엇을 말하는가?" 식물은 우주의 원리를 자신의 몸으로 말하여왔고, 지금도 부드러운 소리로 속삭이듯 말하고 있다. 그러나 대다수의 인간은 그 언어를 들을 수도 이해할 수도 없다. 식물은 우주언어로 말하기 때문이다.

51. 식물은 만물에 물의 속성과 불의 속성이 공존하고 있는데, 물의 속성은 토착하려는 하향성으로 상징화되고, 불의 속성은 궁극에로 지향하려는 상향성으로 상징화된다는 점, 그리고 만물은 이런 운동을 지속하며 순환하고 있다는 점을 스스로 말하고 있다.

52. 식물의 이러한 속성은 식물이 천지(天地)를 이어주는 우주목과 같은 존재임을 상징하는 것이다. 창세기의 기록에 따르면 에덴동산의 중앙에는 "생명나무와 선악을 알게 하는 나무"(창 2:9)가 있다. 하나님은 천지를 이어주는 상징으로 우주목을 에덴에 심은 것이다.

53. 식물은 신 · 토 관계가 우주의 원리임을 자신의 몸으로 말(표현)

하고 있다. 말하자면 식물은 신·토 관계의 척도인 셈이다.

54. 신·토 관계를 신학화한 것이 신토불이 신학이다. 중요한 것은 신토불이 신학 역시 식물과 마찬가지로 우주의 원리대로 구조화되어 있다는 사실이다.

VII

神土不二 神學의 본질과 현상

호모 에코노미쿠스

1. 머리말

1. 자연과 상관없이 존재할 수 있는 생물은 없다. 심지어 무생물 마저도 자연에 의존해 존재하고 있으며, 자연의 일부분을 이뤄가며 지속하고 있다. 이처럼 만물을 자연과 동일시하거나 자연의 일부분을 이루고 있는 요소로 보는 것은 생소한 것이 아니다. 만물은 자연법칙에 순응하며, 자연과 상생하는 데 반하여, 인간만은 자연법칙에 역행하면서까지 자연을 수탈하며 살아가고 있다. 인간에게는 자연법칙을 발견하여 이용할 수 있는 이성이 있는데, 인간은 이것을 자연을 지배하고 문명을 창달할 수 있는 요술방망이처럼 간주하며 매혹적으로 느낀다. 그러나 언젠가는 자연을 파괴한 이성이 인간 자신마저 파괴하는 폭군이 되리라는 것을 인간은 깨닫지 못하고 이성의 빛에 도취되어 스스로 파멸되어가고 있다.

2. 이성적 인간이 자연과의 상관관계에서 발견한 것 가운데 가장 위대한 것은 사회와 경제다. 사회는 국가라는 대개념으로까지 확대될 수 있는 집단성을 의미하는 실재이고, 경제는 인간이 살기 위해서 필요한 물건을 어떻게 획득하여 이용할 것인가를 다루는 시장원

리의 법칙과 직결되어 있는 사회관계이다. 문제는 인간이 물건을 획득하고 이용하기 위해 자연의 순리에 역행하면서까지 '경제적 인간(*homo economicus*)'으로 진화되어왔다는 것이다. 바로 이점이 인간이 동물과 다른 점이다.

3. 인간을 포함해서 모든 동물은 적자생존의 본능 때문에 생체적으로뿐만 아니라 행태적으로도 생존조건이 양호한 곳으로 응집하려 부단히 움직여가고 있다. 이 과정에서 모든 동물은 진화와 돌연변이의 생명현상을 지속하며, 새로운 종으로 부단히 탈바꿈하게 된다. 이러한 주장에 기초하여 생물학적 인간학자들은 동물도 인간의 존재조건들 — 언어 사용, 사회성, 도구 제작과 사용, 문화성, 기억과 인식 능력, 애정표현과 의식(儀式) 행위, 먹거리나 주거환경의 취사선택, 감정표현과 행동절제 능력, 교수·학습 능력 등등 — 을 비록 미미하게나마 갖고 있다고 주장한다. 다시 말해서 존재의 조건들은 인간에게서뿐만 아니라 특정 동물에게서도 발견되는 소여성이라는 것이다.

4. 그렇다면 생존에 필수적인 물질에 대한 관계에서 인간과 동물의 차이는 무엇인가? 인간이나 동물이나 살아가기 위해서 반드시 필요한 것은 먹거리다. 동물에게는 먹거리가 공기나 물처럼 이미 주어진 것으로서 필요할 때 필요한 만큼만 필요한 물질에 불과하다. 그러나 인간에게는 먹거리가 물질적 가치와 노동 가치가 가미되어 재생산된, 상품으로 질화되어 유통되면서 부를 창출할 수 있는 재화

다. 그러므로 동물에게서는 땅이 먹거리를 제공하는 생명의 원천이며 상생의 대상이지만, 인간에게서는 땅이 부를 창출하는 원천이기 때문에 정복의 대상이다. 이런 관점에서 보면 인간의 역사는 땅을 정복하기 위한 전쟁의 역사인 셈이다.

5. 경제는 세속사(Profangeschichte)와 구속사(Heilsgeschichte)의 관점에 따라 해석되기도 하고, 땅과의 관계와 성(聖)과의 관계에 따라 해석되기도 한다. 결국 이런 접근방식은 인간과 땅의 관계로 경제를 해석하느냐, 하나님(神)과 땅(土)과의 관계로 경제를 해석하느냐의 문제다.

2. 경제란 무엇인가?

6. 인간은 누구나 경제에 대한 자신만의 이해를 바탕으로 생활하고 있다. 이것은 인간의 삶 자체가 경제행위라는 것을 의미한다. 제대로 걷지도 못하는 어린아이들이 놀이터 모래밭에서 플라스틱 모형으로 여러 가지 모양들을 찍어내거나 모래를 퍼 나르면서 친구들의 소꿉들과 바꿔 사용하며 어울려 노는 행위, 학생들이 친구들과 서로 물건을 교환해 사용하는 행위, 주부들이 식품을 싸게 사려고 발품을 팔며 다니는 행위, 연예인들이나 명사들의 자선행위나 기부행위, 노인들이 젊을 때 입던 옷이나 쓰던 물건들에 정이 들어 버리지 않고 갖고 있으려는 행위 등등은 인간의 행위 자체가 경제적 가치와 깊은 관계가 있음을 의미한다. 이처럼 인간의 행위 자체는 철저히 경제적이다. 인간의 행위는 목적을 갖고 있으며 결과를 지향하기 때문이다. 비근한 예로 남녀가 우연히 만나 사귀게 되었다면 남자는 여자의 어떤 면에 매력을 느꼈을 것이며, 여자의 경우도 마찬가지일 것이다. 그런데 솔직히 말해서 이런 매력은 상대방에게서 얻게 된 가치에 의해 증폭된 것이다. 만나고 싶은 충동이 일어날 만한 매력적인 가치 — 건강, 외모, 성품, 가문, 종교, 직업, 장래성, 가족관

계, 학력 등등을 비롯한 제 조건들 ― , 즉 경제성이 없었다면 더 이상 만남은 이어지지 않았을 것이며, 사랑은 시작되지도 않았을 것이다. 예를 들면 한 대학생이 수백 개의 교양 선택과목들 가운데 A라는 과목을 선택하여 수강하는 행위나, 유권자가 총선 때 자신이 선택한 후보에게 투표하는 행위 등은 행위자 스스로 이해타산을 따져 보고 자신의 욕구를 충족시켜줄 수 있는 조건을 선택한 것이며, 이것이 경제다.

7. 인간은 이성적 존재며 동시에 본능적 존재다. 이것은 인간이 경제적이라는 것을 의미한다. 이성은 경제적 가치를 계산하고, 본능은 경제적 실리를 추구한다. 그래서 인간을 '경제적 동물' 또는 '경제적 인간'이라고 한다. 말하자면 인간의 동물성은 환경이나 생태(*eco*)에 적응하기 위한 법칙(*nomos*)에 맞추어져 있기 때문에 생래적(生來的)으로 경제적이다. 인간의 동물성에는 이미 '*eco+nomos*'가 economy로 본질화되어 있다.

3. 부는 어떻게 창출되는가?

8. 경제적 가치는 어디에서 어떻게 창출되는가? 단도직입적으로 말해서 경제적 가치는 땅에서 창출된다. 아마 이 주장에 대하여 좌파와 우파를 막론하고 여러 학파의 경제학자들이 다양한 경제이론에 근거하여 반론을 제기하겠지만, 경제의 본질을 근원적으로 천착(穿鑿)해보면 경제란 땅에서 재화(財貨)를 획득·이용하는 과정을 진술한 이론이다. 분명한 것은 이 주장과 18세기 중엽 프랑스에서 케네(F. Quesnay)가 주창한 중농주의(physiocratie)와는 전혀 유사성이 없다는 것이다.

9. 경제적 가치는 땅에서 어떻게 창출되나? P라는 화가가 그림 한 점을 팔아 100만 원을 받았다면, 그 100만 원은 땅과 무슨 상관이 있는가? P가 100만 원을 노동의 대가로 생각하든지, 그림을 상품으로 포장해서 판매한 수입이라고 생각하든지 간에 P는 자신에게 100만 원의 가치가 있는 물건(그림)과 100만 원을 교환한 것이다. 그렇다면 100만 원의 가치는 어디에서 생겨난 것인가? 현대사회에서는 100만 원이 화폐 단위에 의해 가치화되어 있고, 교환가치로 통용

되고 있다. 그러나 100만 원의 가치를 결정하는 것은 종이에 찍힌 숫자가 아니고 — 이것은 일종의 사회적 계약임 — 교환가치를 가진 물건이다. P는 자신의 그림 a와 교환한 100만 원 b를 자신에게 필요한 물건 c와 다시 교환할 수 있다. 말하자면 a⇄b⇄c⇄d⇄e …… 이렇게 그림 a에서 시작된 물물교환 — 현대사회에서는 화폐를 매개로 사용함 — 은 계속 이어져가며 무한히 지속된다.

10. 이런 시각에서 본다면 만물은 교환가치를 가진 화폐다. 금이나 철이 교환가치를 가진 때도 있었고, 돌에 구멍을 뚫어 화폐로 통용한 때도 있었으며, 짐승이나 곡식이 화폐를 대신한 때도 있었다. 농경사회로 정착하면서 인간은 땅을 노동에 대한 교환가치의 척도로 삼았다. 마름이나 묘지기에게 노동의 대가로 소작료 없이 농지 일부를 사례로 부쳐 먹도록 한 관행 역시 노동의 가치를 땅과 연계시킨 사회적 제도인 것이다.

11. 인간은 살기 위하여 노동하며, 그 대가로 먹을 것을 얻는다. 노동은 생존본능의 동인(動因)이다. 이 점에서 인간은 동물과 차이가 없다. 그러나 인간이 동물과 근본적으로 다른 점은 인간만이 노동의 대가를 축적할 수도 있고, 필요한 물건과 교환할 수도 있는 능력을 갖고 있다는 것이다. 어쨌든 축적된 노동의 대가나 교환된 노동의 대가는 변형된 식물(食物)의 형식이고, 식물을 생산하는 땅은 노동의 가치를 결정하는 척도다. 이처럼 땅의 소산인 식물은 무수한 형태의 재화로 탈바꿈하며 지속적으로 재생산된다.

12. 만물은 교환가치를 가진 재화로서 땅에서 산출된다. 그런데 사회가 기능적으로 다양화되면 될수록 노동의 대가로 얻게 된 재화의 형태도 다양화된다. 이 과정에서 화폐가 교환수단으로 사용된 것이다.

13. 경제의 목적은 땅에서 재화를 얻어 이용하려는 것이고, 전쟁의 목적은 그 땅 자체를 정복하여 이용하려는 것이다. 땅은 원료의 생산지이기 때문이다. 그러나 제2차 세계대전의 교훈은 영토 확장을 위해 막대한 비용 — 전비, 점령지 통치비용, 그곳의 자원을 수탈하기 위해 투입해야 하는 사회간접자본과 생산설비, 국제기구들을 통한 경제 제재로 입게 되는 손실과 독립저항세력과의 게릴라전으로 입게 되는 손실과 인명피해 등등 — 을 쏟아 부었지만 득보다 실이 더 컸다는 것을 일깨워준 것이다. 이것은 강대국이 약소국가를 점령하여 원료를 수탈하기보다는 자본과 기술을 투자해 경제식민지로 만들어 수탈하는 것이 더 효율적으로 부를 창출할 수 있다는 것을 의미한다. 이런 경제구조로 세계 경제판도가 변해가고 있다.

14. 자본은 땅으로 유입되고, 땅은 부를 창출하며, 부는 자본가의 주머니에 들어가게 되는 경제의 순환고리가 국가 간에도 이루어지고 있다.

4. 경제의 형식들

15. 철학자들은 질료와 형상의 관계를 규명하며 절대가치를 찾으려 한다. 그러나 저들이 발견한 것은 질료는 가변적이므로 상대적이고, 형상은 불변적이므로 절대적이라는 것이다. 이처럼 서양 철학은 처음부터 가치의 두 양태로 질료와 형상을 간파했던 것이다. 질료와 형상의 문제를 경제적 관점에서 보면 물질과 물질의 상품가치로 나눠볼 수도 있다. 경제사상은 이런 관점을 구체화하여 정리한 것이다.

경제사상은 *eco*와 *nomos*를 어떻게 조합하며 해석하느냐에 따라 다양하게 분류된다. 경제는 그 자체로서 이미 해석을 필요로 하는 원리이기 때문이다. 경기동향을 분석하거나 경제성장을 예측하는 기준마저도 인간이 환경이나 생태적 조건에 얼마나 의존적인가에 따라 영향을 받게 된다. 이런 맥락에서 본다면 경제학은 환경이나 생태적 조건을 해석하는 '삶의 해석학'일 뿐이다. 해석학으로서의 경제학이 해석하려는 텍스트는 인간의 삶과 직결되어 있는 물질 자체다. 경제는 근본적으로 인간과 물질과의 관계에서 생성되는 현상이다. 물질에는 상품가치가 있고, 인간에게는 노동가치가 있다. 상품과 노동의 관계에 대한 이해와 목적에 따라 경제의 형식들이 분류된다.

경제의 형식들은 크게 여섯 가지로 정리된다.

1) 제1 형식: 종족 경제학

16. 이 형식의 원형은 원시사회의 '종족경제(tribal economy)'다. 이러한 경제구조에서 생활하는 사람들은 노동과 생산, 분배와 소비를 공유하기 때문에 사냥하거나 채취한 식물(食物)을 상품으로 인식하거나 노동을 상품생산의 가치로 인식하지 않는다. 그렇다고 경제주체까지도 공유되는 것은 아니다. 경제주체는 노동의 소유자들이다. 그러나 저들 역시 식물을 교환가치로 인식하거나 개념화할 수 있는 능력을 갖고 있지는 않았다. 그러므로 종족 중심의 공동체적 경제구조에서 계급사회로 진화하는 데는 오랜 시간이 걸렸다. 이러한 경제구조에서는 '생명에의 의지(Wille zum Leben)'만이 삶의 동인으로 작용한다.[1]

2) 제2 형식: 자본주의 경제학

17. 이 형식의 원형은 '자본주의 경제(capitalistic economy)'다. 어떤 계

---

1) 경제의 기본원리는 생명현상을 충족시키는 것이다. 그러므로 생명에의 의지를 어떻게 해석하느냐에 따라 경제이론은 다양화된다. 생명에의 의지는 만물의 본래성인 동시에 삶의 동인이다.

기 때문인지는 분명하지 않지만 인간은 언제부터인가 상품의 교환가치나 노동의 상품가치를 인식하기 시작했고, 부를 축적하는 기술을 점진적으로 익혀가기 시작했다. 뿐만 아니라 모든 가치의 질과 양의 차이를 인식하기 시작하면서, 교환가치의 환경적 조건들과 변수들을 발견하기 시작했다. 그리고 자산증식과 재화의 재생산이 자본형성을 구조적으로 촉진한다는 사실도 알게 되었다. 이러한 수준에 도달하게 되자 자본가가 경제주체로 등장하게 되었고, 사유재산이 인정되기 때문에 개인의 경제활동이 활성화되게 되었다. 이때의 경제양태는 다중구조를 띠고 있었다. 축적된 자본의 힘은 자본가의 독재로 이어졌다. 돈이 힘인 한 이러한 등식은 계속되게 마련이다. 이러한 경제구조에서는 '권력에의 의지(Wille zur Macht)'가 삶의 동인으로 작용한다.

18. 자본주의의 경제구조에서는 돈이 인간의 사회적 관계까지도 지배한다. 그만큼 '돈의 활력(vitality of the money)'이 강하다는 것이다. 그래서 누구나 돈을 많이 벌려고 한다. 마르크스(K. Marx)는 자본축적을 목적으로 노동력을 착취하며, 이 과정에서 노동자는 사회, 자연, 자기 자신으로부터 철저히 소외되어 물화(物化)될 수밖에 없는 경제구조를 자본주의로 이해했다. 홉슨(John Atkinson Hobson)은 원료와 도구를 구입하고 노동자를 고용하여 부를 창출하려는 기업구조를 자본주의로 규정한다.

3) 제3 형식: 사회주의 경제학

19. 이 형식의 원형은 '사회주의 경제(socialistic economy)'다. 이 형식의 초기 형태는 더불어 사는 사회공동체의 생활 자체였다. 그러나 사회 공동체의 생활이 복잡해지고, 공동체 자체가 커지면서 인간은 공동 분배 방식에 착안했다. 노동의 산물들 — 사냥한 짐승들, 수확한 농산물들 등등 — 을 공유하며 공동생활을 하던 초기 공산사회에서 벗어나면서 사회주의 형식의 생활이 시작되었다. 마르크스는 이 형식에 착안하여 과학적 사회주의를 설계했다. 이 경제구조에서는 노동이 생산과 생산관계 및 교환가치의 결정적 역할을 한다.

20. 인간은 누구나 자신이 일한 노동의 결과를 자신이 소유하려 한다. 그런데 제3 형식의 경제구조에서는 노동의 양과 질에 따라 노동의 가치가 결정되는 것이 아니고, 분배의 법칙에 따라 노동의 가치가 결정되기 때문에 결과적으로 노동의 질이 저하되고, 생산성이 위축되며, 경영의 효율성이 떨어지게 마련이다. 말하자면 노동가치 자체가 상품성을 상실하게 된다는 것이다. 이런 경제구조에서는 프롤레타리아트(Proletariat)가 경제주체로 사회를 지배하게 된다고 하지만, 현실적으로는 사회 자체는 다중구조의 경제양태로 형성되어 있다. 이러한 경제구조에서는 '소유하려는 의지(Wille zum Haben)'가 삶을 촉진하는 동인으로 작용한다.

21. 자본가에 대하여 마르크스는 필(筆)로 맞섰고, 마르크스에 심취

한 레닌(W. I. Lenin)은 낫과 망치로 맞섰으며, 산업사회의 노동자들은 쟁의로 맞서고 있다. 저들은 자본가가 계약에 의해 노동자를 채용했다고는 하지만, 노동시장이 제한되어 있기 때문에 노동력을 제값에 팔 수 없었다고 주장한다. 그러므로 자본가의 축적된 부는 덜 지급하고 남은 노동가치의 잉여금이라는 것이다.

22. 공정분배가 실현되는 사회에서는 노동력의 착취가 사라진다고 하지만, 노동력의 양적 가치나 노동가치의 질적 차이는 어느 사회에서나 있을 수밖에 없다. 예를 들면 건축현장에서 8시간 동안 벽돌을 40kg씩 40번이나 등에 지고 3층까지 운반한 사람과, 30kg씩 40번 운반한 사람에게 동일한 일당을 제공한다면, 40kg을 운반한 사람은 결과적으로 10kg씩 40번만큼 노동한 값을 덜 받은 셈이다. 이것은 노동가치가 25% 수탈되었거나 본인의 의사와는 상관없이 양보된 것이다.

4) 제4 형식: 생체 경제학

23. 이 형식의 원형은 '생체경제(bio-economy)'다. 넓게 보면 경제학 자체는 환경이나 생태와 상관되어 있는 일정한 법칙과 이 법칙에 의해 결정적 영향을 받는 인간과의 관계를 연구하는 학문이다. 말하자면 '*eco+nomos*'로서의 경제학(economics)은 '*eco+logos*'로서의 생태학(ecology)과 환경이나 생태에 접근하는 방법의 차이 외에는 근본

적으로 차이가 없다는 것이다. 이런 관점에서 보면 '생체경제학(bio-economics)'은 '생태학적 경제학(ecological economics)' 혹은 '경제학적 생태학(economical ecology)'인 셈이다. 다만 경제의 원리에 생물학적 역동성과 생명현상을 가미하여 경제행위를 생명적(*bios*) 행위로 파악하려는 점에서 이런 개념이 붙여진 것이다.

24. 제4 형식의 경제구조에서는 상품개념이나 노동개념이 무의미하다. 경제란 본래 질료를 매개로 자연과 상관되어 있는 관계성이고, 지구상의 모든 생명체와 필연적으로 연계되어 있는 생체이며, 환경이나 생태의 순리에 따라야 하는 자연질서다. 그런데 인간은 질료를 가치로 전환하는 기술(이성의 능력)을 통해 만물을 상품화했고, 만물을 우주적 생체유기체(bio-organism)로 인식하지 않고 물질로만 인식하며 착취했으며, 부의 창출을 목적으로 환경이나 생태의 순환고리마저 파괴하면서 만물을 교환가치의 대상으로 만들어버렸다. 이런 관점에서 보면 인간은 역설적이게도 '경제적 인간'이 아니다. 인간 스스로 경제의 본래성에 역행하고 있기 때문이다.

25. 이 형식은 인간이 만물을 있는 그대로 인식하고, 만물 자체의 존재성을 존중하며, 인간도 만물의 한 부분으로서 생체적 원리를 갖고 있음을 인정할 수 있을 때 가능한 우주적 원리이므로 '존재하려는 의지(Wille zum Sein)'가 동인이 되어 있는 형식이다.

26. 이 경제 형식은 가장 순수하고 이상적인 경제이론이다. 하지

만 인간의 사회구조에 적용하기에는 현실적으로 불가능한 이론이다. 제4 형식의 경제구조는 인간의 시각에서 보면 신화적이고, 물활론적인 형식이지만, 자연법칙의 궤적에 따라 살아가는 동물들의 생활에서는 이미 생활화되어 있는 생체적 형식이며, 그들의 삶 자체의 행태다. 동물의 행태는 단발성(單發性) 행동으로 점철되어 있다. 동물은 인간처럼 한 곳에 정착해 살며 먹거리를 생산·교환할 수 있는 존재가 아니다.

27. 농부는 매년 같은 논에서 일정한 양의 쌀을 추수한 후 1년 동안 먹을 만큼의 쌀만 남겨놓고 나머지 쌀은 팔아 필요한 물건들을 구입하여 생활한다. 이 과정에서 시장이 형성되고 수요와 공급에 따라 그때마다 쌀값이 결정되며, 시장경제가 정착된다. 그러나 동물은 먹거리를 찾아 계속 이동하면서 자신이 필요한 만큼만 먹고 또 다른 곳으로 이동한다. 동물에게서는 그가 사냥해서 먹고 남은 고기를 교환하거나 비축할 필요가 없다. 남은 고기는 다른 짐승의 먹거리가 된다. 짐승을 잡아 포식한 그 동물 역시 언젠가는 더 강한 동물의 먹이가 될 수도 있다. 이처럼 동물의 생태계에서는 약육강식과 적자생존의 법칙이 결정적이다. 그러나 생태계의 순환고리가 끊어지지 않고 이어져가는 것은 자연의 생명 순환능력에 의해 자연 본래의 상태로 보존되기 때문이다.

28. 모든 경제는 땅에서 시작한다. 인간은 땅의 산물들을 교환가치로 전환하여 시장에 팔아 이윤을 얻게 된다. 물건의 수요·공급 과

정에서 이윤이 창출되기 때문이다. 이윤창출의 과정에서 분쟁이 일어나고, 더 나아가 전쟁으로까지 확대되곤 했던 예를 세계사에서 발견하기는 어렵지 않다. 어쨌든 모든 전쟁은 땅을 소유하려는 욕망의 표출 때문에 발발하게 된다. 그러나 동물의 경우 땅이 먹거리를 제공한다고 하여 그 땅 자체를 소유하거나 정복할 필요가 없다. 동물은 땅을 생명의 공동체로 삼고 살아갈 뿐이다. 동물은 환경에 맞추어 적응해가며 살아간다. 털갈이나 동면(冬眠) 등도 동물들에게는 경제적 생활의 표현이다. 인간은 겨울이 지나면 방한복들을 다음 겨울에 입으려고 잘 손질해 옷장에 보관해둔다. 그러나 동물은 계절에 따라 털이나 지방을 조절하며 생활한다. 인간은 방한복에 대한 소유가치도 갖고 있다. 소유가치는 교환가치까지 포함하기 때문에 때로는 이윤을 창출할 수 있는 재화로 환원되기도 한다. 그러나 동물의 경우 겨울 동안 자신을 보호해준 털이나 지방이 소유가치나 교환가치로서 이윤창출의 수단이 되는 것은 아니다. 인간은 겨울이 오면 방한복을 다시 꺼내 입지만 동물은 겨울마다 새로운 털로 몸을 보호한다. 동물의 경우 계절마다 털갈이나 지방조절이 되는 것은 생리적 현상이며, 생태계에 적응할 수 있도록 진화된, 자연의 순리에 맞추어진 동물성이다. 이것이 동물의 행태에서 읽을 수 있는 경제원리다.

29. 동물은 땅과 환경에 의존해 살아가기 때문에 땅을 소유하거나 환경을 개척할 필요가 없다. 땅이나 환경이 동물에게는 자연에 불과하지만, 인간에게는 상품가치를 지닌 물건이다. 예를 들어 벌에게는

벌집이, 개미에게는 개미굴이, 그리고 거미에게는 거미줄을 쳐놓은 곳이 중요한 공간이지만, 그렇다고 그 공간 자체가 교환가치를 지닌 상품은 아니다. 인간만이 공간을 매매할 수 있는 상품으로 간주한다. 벌이나 개미나 거미 등이 양식을 저장하는 것도 물물교환이나 자본축적, 또는 사회적 분배를 목적으로 한 것이 아니고, 생존을 위한 비축행위다. 간추려보면 동물은 본성상 필연적으로 자연법칙에 순응하며 살아가기 때문에 삶 자체가 자연의 한 부분을 이루고 있는 실체다. 인간에게는 자연이 상품이므로 수탈과 정복의 대상이지만, 동물에게는 자연이 생명의 모체이므로 상생의 대상이다. 광의적으로 말해서 인간의 경제는 자연을 어떻게 수탈하느냐에 초점이 맞추어져 있고, 동물의 경제는 자연과 어떻게 상생하느냐에 초점이 맞추어져 있다. 동물의 경제 원리는 자연주의적이며, 물활론적이다. 이것이 생체경제학이다.

5) 제5 형식: 땅의 경제학

(1) 땅의 저주(창 3:17 - 19)

30. 인간은 어떤 형태로든지 종교적이다. 이 점에 있어 무신론자도 예외는 아니다. 무신론자는 신의 존재 대신 자기 자신의 이성에 절대성을 부여하고 그것에 의해 결정된 내용 — 신념이나 이데올로기, 또는 주의나 주장 등등 — 을 믿으며 자기도취에 빠져 살고 있는 나

르시시스트(narcissist)다. 나르시시즘은 자기숭배주의와 동일한, 일종의 종교적 형식이다. 요지는 종교적이 아닌 인간은 없다는 것이다. 이런 맥락에서 본다면 인류사는 종교사와 맞물려 발전되어온 진화과정의 역사다. 이정도로 종교는 인간과 불가분리의 관계를 맺고 있는 것이다.

31. 이와 관련하여 창세기는 다음과 같이 기록하고 있다.

7여호와 하나님이 땅의 흙으로 사람을 지으시고 생기를 그 코에 불어 넣으시니 사람이 생령이 되니라(창 2:7).

19여호와 하나님이 흙으로 각종 들짐승과 공중의 각종 새를 지으시고 아담이 무엇이라고 부르나 보시려고 그것들을 그에게로 이끌어 가시니 아담이 각 생물을 부르는 것이 곧 그 이름이 되었더라(창 2:19).

이 인용부분에는 어떤 의미가 담겨 있는가? 아담이 동물에게 지어준 이름으로 그들을 호명하거나 다스릴 수 있게 되었고, 실제로 하와가 뱀과 대화를 나누기도 했다는 것은 인간과 동물이 서로 의사소통을 할 수 있는 동질성 — 창세기는 흙으로 묘사함 — 을 갖고 있음을 의미한다. 이것은 인간과 동물에는 생물학적 동질성과 존재론적 이질성이 상존(常存)하고 있음을 암묵적으로 드러낸 것이다.

32. 인간과 동물만 흙으로 창조되었다는 것은 흙이 흙을 식물로

삼을 수 없다는 논리로 인간은 동물을 먹이로 삼을 수 없음을 가르쳐준 것이다. 하나님은 인간에게 "온 지면의 씨 맺는 모든 채소와 씨 가진 열매 맺는 모든 나무"(창 1:29)의 실과는 먹되, "선악을 알게 하는 나무의 열매는 먹지 말라"(창 2:17) 명하시며, "네가 먹을 것은 밭의 채소"(창 3:18)라고 했다. 이것은 동물을 인간의 식물(食物)로 창조한 것이 아니고, 인간이 다스리며(창 1:28), 더불어 살아가야 하는 상생의 동반자로 창조했고, 인간에게는 채소와 나무의 열매를 동물에게는 "모든 푸른 풀"(창 1:30)을 먹거리로 주셨다는 것을 입증하는 것이다. 창세기는 인간과 동물이 흙으로 창조되었기 때문에 흙의 소산인 식물을 먹으며 생존해야 하는 피조물로 규정하고 있다. 이것은 인간과 동물, 모두가 채식을 하도록 창조되었다는 것을 의미한다.

33. 창세기에는 인간의 창조와 원죄, 그리고 그 이후의 삶의 형식 등에 관한 내용뿐만 아니라 인간의 사회구조와 문화 형식 — 사회체제, 인간과 땅, 그리고 노동과 식물(食物) 등등 여러 현상들 — 에 이르는 구체적인 내용까지도 기록되어 있다.

17아담에게 이르시되 네가 네 아내의 말을 듣고 내가 네게 먹지 말라 한 나무의 열매를 먹었은즉 땅은 너로 말미암아 저주를 받고 너는 네 평생에 수고하여야 그 소산을 먹으리라 18땅이 네게 가시덤불과 엉겅퀴를 낼 것이라 네가 먹을 것은 밭의 채소인즉 19네가 흙으로 돌아갈 때까지 얼굴에 땀을 흘러야 먹을 것을 먹으리니 네가 그것에서 취함을 입었음이라 너는 흙이니 흙으로 돌아갈 것이니라 하시니라(창 3:17-19).

위에 인용한 내용에 의하면 여자가 뱀의 유혹으로 에덴동산 중앙에 있는 선악과를 따먹고 아담에게도 먹이게 되어 죄를 지었으므로 하나님은 땅을 저주하여, 그곳에 가시덤불과 엉겅퀴가 무성하게 했다. 이것은 창조질서를 어긴 인간에게 자연이 주는 재앙을 상징한다. 한마디로 땅에 내린 저주는 땅의 파괴, 곧 자연환경 파괴의 결과를 암시하는 것이다. 그러나 좀 더 깊이 상고해보면 "동산 중앙에 있는 나무"(창 3:3), 즉 "생명나무와 선악을 알게 하는 나무"(창 2:9)란 만물의 창조근원과 존재 양태를 상징하는 것이며, 이 나무의 열매 — 생명의 상징 — 를 따먹었다는 것은 생명을 죽인 생태파괴 행위이며, 창조목적과 창조질서 자체를 근원부터 부정한 도전인 것이다.

34. 그리고 "네 평생에 수고하여야 그 소산을 먹으리라"(창 3:17), "얼굴에 땀을 흘려야 먹을 것을 먹으리니"(창 3:19)라는 것은 노동의 대가가 인간의 삶을 지속시켜준다는 것을 의미한다. 다시 말해서 인간은 살기 위하여 땅의 소산을 먹어야 하는데, 그것은 노동의 결과로 주어진다는 것이다.

35. 선악과 사건으로 인간은 죄의식을 갖게 되었고, 부끄러움을 느끼게 되었으며, 두려움을 갖게 되었다. 그리고 영생할 수 없게 되었다. 그리고 뱀은 흙을 먹어야 했다. 인간과 동물이 모두 창조질서를 어겼기에 창조목적과 다르게 변질되고 이질화된 것이다.

(2) 땅의 정복(창 15:7 - 21; 민 13:1 - 33, 14:1 - 35; 수 23:1 - 16; 삿 1:21, 27 - 36)

36. 창세기는 인간을 먹어야 살 수 있는 존재로 규정하고 있다. 에덴동산에서조차 인간은 온갖 채소와 열매를 먹었으며, 심지어 선악과까지도 따먹었다. 이것은 인간의 삶이 먹기 위한 것임을 입증하는 것이다. 그러나 인간이 동물과 다른 점은 인간만이 식물(食物)을 교환가치로 전환할 수 있는 능력을 갖고 있고, 이로써 부를 창출할 수도 있다는 것이다. 이것은 인간의 생명현상 자체가 필연적으로 경제와 상관적임을 의미한다.

37. 인간은 에덴동산에서도 '경제적 인간'으로 존재했다. 경제는 하나님의 축복이다. 하나님은 인간을 창조하시고 "그들에게 복을 주시며 하나님이 그들에게 이르시되 생육하고 번성하여 땅에 충만하라, 땅을 정복하라, 바다의 물고기와 하늘의 새와 땅에 움직이는 모든 생물을 다스리라"(창 1:28) 하셨고, 땅의 소산인 채소와 열매를 식물로 주셨다. 땅은 만물의 생활 터전일 뿐 아니라 식물(食物)의 소산지이기 때문에 창세기는 이점을 특히 강조한다.

38. 유대 민족은 땅의 정복을 하나님의 명령으로 간주하며, 그곳에서 하나님에게 감사하며 축복을 확인한다. 구약성서에는 수많은 전쟁 이야기가 기록되어 있다. 대체적으로 땅을 정복하기 위한 전쟁이다. 하나님은 아브람의 자손에게 "겐 족속과 그니스 족속과 갓몬 족속과 헷 족속과 브리스 족속과 르바 족속과 아모리 족속과 가나안

족속과 기르가스 족속과 여부스 족속의 땅"(창 15:19-21), 즉 나일 강 지역에서 유프라테스 강에 이르는 광대한 땅을 주시기로 언약했다 (창 15:18). 이때부터 이스라엘의 민족사는 전쟁사로 점철되었다. "전쟁은 여호와께 속한 것"(삼상 17:47)이며, "전쟁에 능한 여호와"(시 24:8) 하나님이 전쟁을 위한 작전에도 직접 개입하여(민 13:1-33; 신 1:19-33), 주위의 모든 족속들을 진멸하고(수 23:1), 그의 백성 이스라엘에 그 땅을 주며 축복했다는 것이 구약성서의 전쟁관이다.

39. 모든 전쟁은 땅을 정복하기 위한 영토전쟁이다. 땅은 경제적 부를 창출할 수 있는 원천이기 때문이다. 구약성서의 경제원론은 '땅의 경제학(geo-economics)'에 기초를 둔 가장 대표적인 전형이라 하겠다. 구약성서의 경제원론을 현대적 의미로 읽으면 제국주의적 경제학이다. 땅의 정복이 하나님의 언약이며 명령이라는 것은 팽창주의를 닮은 이론이다. 객관적으로 보면 구약성서는 유대 민족사다. 아담으로부터 그 후손에 이르기까지의 핵심 내용은 땅과 연관되어 있다. 유대 민족은 이방 민족을 완전히 진멸할 수 있을 때까지 전쟁을 계속하여 땅을 확장하는 것이 하나님의 명령에 따르는 것이라는 매우 특이한 이데올로기를 내세워 팽창주의를 고수하며, 그곳의 원주민들과 강화(講和)도 하지 않고, 그들을 불쌍히 여기지도 않으며, 그들과 혼인도 하지 않을 정도로 잔인하고 배타적이다.

1네 하나님 여호와께서 너를 인도하사 네가 가서 차지할 땅으로 들이시고 네 앞에서 여러 민족 헷 족속과 기르가스 족속과 아모리 족속과 가나안 족속과 브리스 족속과 히위 족속과 여부스 족속 곧 너보다 많고 힘이 센 일곱 족속을 쫓아내실 때에 2네 하나님 여호와께서 그들을 네게 넘겨 네게 치게 하시리니 그 때에 너는 그들을 진멸할 것이라 그들과 어떤 언약도 하지 말 것이요 그들을 불쌍히 여기지도 말 것이며 3또 그들과 혼인하지도 말지니(신 7: 1-3).

이처럼 유대 민족의 민족지상주의는 매우 철저하다. 이 형식의 경제구조에서는 '진멸하려는 의지(Wille zur Ausrottung)'가 삶을 촉진하는 동인이다. 한마디로 말해서 '땅의 경제학'은 제국주의적-팽창주의 경제학의 원시 형태다.

6) 제6 형식: 성(聖)의 경제학

40. 예수의 중심사상은 인간이 땅보다 더 귀하다는 데 초점이 맞춰져 있다. 그러므로 예수의 경제관은 땅을 빼앗기 위해 이방 민족을 진멸하는 것도 하나님의 명령이라며 합리화하는 구약성서의 경제관과 철저히 다르다. 구약성서는 이방 민족의 땅을 정복하기 위하여 여호와 하나님께 도움을 청하고, 이로써 땅을 정복하게 되면 제사를 드리며 감사하는, 유대 민족의 선민의식으로 획일화되어 있다. 이것이 구약성서의 땅의 경제학이다.

41. 그 반면에 예수의 경제학은 "너희는 먼저 그의 나라와 그의 의

를 구하라 그리하면 이 모든 것을 너희에게 더하시리라"(마 6:33)는 말씀에 집약되어 있다. 이것은 땅의 의미가 현세적인 것일 뿐 결코 절대적이 아니며, 더욱이 영원한 것도 아님을 암시한다. 예수의 경제학은 세계 만민의 영혼을 구원하기 위해 땅끝까지 복음을 전하되(행 1:8), 결코 땅을 정복하여 부를 창출하려 하지 말라는 것이다.

예수의 경제학은 다음의 네 가지로 간략히 정리된다.

(1) 포도원 품꾼들의 비유(마 20:1 - 16)

42. 이 비유에는 날이 저물 때까지 일한 다섯 유형의 품꾼들이 등장한다. 한 사람은 이른 아침부터, 그리고 다른 사람들은 3시, 6시, 9시, 11시부터 일했다. 그러나 주인은 다섯 명 모두에게 일당 1 데나리온씩 주었다. 더 많이 일한 사람들이 불평을 하기 시작하자 주인은 "내 것을 가지고 내 뜻대로 할 것이 아니냐"(마 20:15)라고 꾸짖으며 이것이 "내 뜻이니라"(마 20:14)라고 말했다. 이 비유는 여러 관점에서 해석될 수 있다. 우선 노동의 양과 관계없이 노동의 대가를 지불했다는 것은 사회주의적 경제논리라고 볼 수도 있겠고, 주인과 품꾼 각자와의 계약에 의해 임금이 결정된 점에 초점을 두고 보면 고용계약을 강조하는 자본주의 경제논리로 볼 수도 있을 것이다. 그러나 이러한 해석들은 본문이 드러내려는 핵심사상과는 거리가 멀다.

43. 복음의 진수는 얼마나 오래전부터 믿었느냐보다는 믿는 것 자

체만으로 영생을 얻는다는 데 있다. 이런 논리로 예수는 노동의 양이나 시간보다 노동에 참여한 노동 자체의 신성성을 강조했다. 이러한 경제관을 신고전주의의 경제원론에서는 납득할 수 없을 것이다. 노동이 생산의 핵심요소가 되어야 함에도 불구하고 오히려 노동자의 삶에 역점을 두었다는 것은 사회주의적 자본주의 경제이론에 가깝다.

44. 포도원 품꾼들의 비유는 노동을 위한 인간보다는 인간을 위한 노동의 철학을 강조한다. 이것은 인간을 노동 생산성과의 관계에서 규정하지 않고 인간 자본(human capital, human resources)의 측면에서 규정한 새로운 인간이해다. 한 가지 더 부연할 것은 자본가(포도원 주인)의 경제철학이 새로운 경제적 가치기준이 될 수 있다는 것이다. 포도원 주인의 경영방식은 현대사회에서도 그 예를 찾을 수 있다. 파장(罷場) 즈음에 물건을 떨이로 싸게 판다거나, 회사에서 전문가를 영입할 때 연봉협상을 하여 함께 영입된 사람들 간에도 연봉에 차이가 있게 되는 것 등은 노동의 양이 반드시 임금과 비례하는 것이 아님을 보여주는 것이다. 이 비유는 생명의 존엄성에 중점을 둔 인본사상이다.

45. 그러나 시장경제는 출발점에서부터 노동력에 따라 인간의 노동가치를 차등적으로 평가한다. 이러한 경제논리에 따르면 장애인이나 여성들은 처음부터 차별대우를 전제로 고용된다. 이것은 인간을 노동동물 이상의 가치로 인정하지 않는다는 것을 의미한다.

(2) 가이사에게 세 바치는 일(막 12:13 - 17; 마 22:15 - 22; 눅 20:20 - 26)

46. 바리새인과 헤롯당원이 예수를 시험하려고 가이사에게 세 바치는 문제를 물었을 때 예수는 "가이사의 것은 가이사에게, 하나님의 것은 하나님께 바치라"(막 12:17; 눅 20:25)라고 대답했다. 이것은 신학적으로 여러 해석이 가능한 내용이지만, 경제적 관점에서 해석한다면 두 가지로 간추려질 수 있을 것이다. 첫째, 본문의 핵심은 세금은 국가에 바치고, 믿음은 하나님께 바치라는 것이다. 이것은 예수가 세금납부의 당위성을 역설하면서 현세의 삶을 긍정적으로 인정한 것이다. 동시에 예수는 인간의 궁극적 목적은 영생인데, 그것은 하나님께 속한 것이므로 하나님에 대한 절대믿음으로 살 것을 강조했다. 말하자면 지상의 나라와 하나님의 나라를 국가의 실체로서 인정한 것이다. 둘째, 경제란 도덕적이어야 한다는 것이다. 부의 축적은 합법적으로 창출되어야 한다. 탈세가 부의 원천이 된다거나, 치부의 수단이 되어서는 안 된다. 세금은 부의 축적과정에서 국가로부터 차용해 쓴 빚과 같은 것이다. 광의적으로 보면 국가가 나와 내 가족들의 생명을 지켜주기 위해서 지출한 비용을 갚는 것이 세금인 셈이다.

(3) 달란트의 비유(마 25:14 - 30; 눅 19:11 - 27)

47. 한 주인이 종 세 명에게 금 5 달란트, 2 달란트, 1 달란트씩을 맡기고 여행 갔다 돌아와 회계할 때 5 달란트와 2 달란트 받은 종들

이 각자 원금을 두 배로 증식하여 바쳤다. "그 주인이 이르되 잘 하였도다 착하고 충성된 종아 네가 적은 일에 충성하였으매 내가 많은 것을 네게 맡기리니 네 주인의 즐거움에 참여할지어다"(마 25:21, 23)라며 칭찬을 했다. 그러나 1 달란트를 받은 종은 원금을 땅에 묻었다 그대로 가져와서 "주인이여, 당신은 굳은 사람이라 심지 않은 데서 거두고 헤치지 않은 데서 모으는 줄을 내가 알았으므로, 두려워하여 나가서 당신의 달란트를 땅에 감추어 두었었나이다"(마 25:24~25)라고 변명하며 원금을 그대로 돌려주었다. 이에 격분한 주인은 "악하고 게으른 종아 나는 심지 않은 데서 거두고 헤치지 않은 데서 모으는 줄로 네가 알았느냐. 그러면 네가 마땅히 내 돈을 취리하는 자들에게나 맡겼다가 내가 돌아와서 내 원금과 이자를 받게 하였을 것이니라 하고, 그에게서 그 한 달란트를 빼앗아 열 달란트 가진 자에게 주라. 무릇 있는 자는 받아 풍족하게 되고 없는 자는 그 있는 것까지 빼앗기리라"(마 25:26~29)라고 질타하며 종을 내쫓았다. 이 비유에서 예수는 노동의 신성함과 이윤창출의 경제원리를 강조하며, 부의 축적이 노동, 자본, 경영전략, 근면 등에 깊이 의존되어 있음을 역설했다. "있는 자는 받아 풍족하게 되고 없는 자는 그 있는 것까지 빼앗기리라"라는 것은 부자를 옹호하고 가난한 사람을 무시하는 것이 아니고, 재산을 모으러 부지런히 일하는 사람은 점점 더 부자가 되고, 일하기 싫어하고 게으른 사람은 있는 자본마저도 까먹게 되어 더 가난해진다는 진리를 말하고 있다. 이것은 부는 근면과 노동의 결과임을 말하는 것이다. 이 비유에는 예수의 경제관이 그대로 표명되어 있다. 그러나 이 비유의 요지는 적극적으로 신앙생활을 하라는 것이다.

(4) 내일 일을 위하여 염려하지 말라
(마 6:19 - 34; 눅 11:34 - 36, 12:22 - 34, 16:13)

48. 예수의 경제학을 이해하기 위해서는 먼저 인간의 존재목적에 대한 전이해를 갖고 있어야 한다.

24한 사람이 두 주인을 섬기지 못할 것이니 혹 이를 미워하고 저를 사랑하거나 혹 이를 중히 여기고 저를 경히 여김이라 너희가 하나님과 재물을 겸하여 섬기지 못하느니라 25그러므로 내가 너희에게 이르노니 목숨을 위하여 무엇을 먹을까 무엇을 마실까 몸을 위하여 무엇을 입을까 염려하지 말라 목숨이 음식보다 중하지 아니하며 몸이 의복보다 중하지 아니하냐(마 6:24-25).

33너희는 먼저 그의 나라와 그의 의를 구하라 그리하면 이 모든 것을 너희에게 더하시리라 34그러므로 내일 일을 위하여 염려하지 말라 내일 일은 내일이 염려할 것이요 한 날의 괴로움은 그 날로 족하니라(마 6:33-34).

인간은 살기 위하여 재물을 필요로 한다. 재물을 얻으려는 노동이 곧 재물의 상품가치를 결정한다. 재물이 재화로 바뀌어 축적되면서 자본형성으로 이어지고 이렇게 하여 자본가와 노동자의 계급도 형성되어 사회가 구성된다. 이처럼 물질은 인간의 존재를 위한 필요 불가결한 조건이다. 하지만 예수는 이런 경제학의 ABC를 부정한다. 경제가 인간의 생명과 관계되어 있는 한, 가장 의미심장하고 절대적인 삶의 가치를 창출할 수 있는 것이 가장 효율적인 경제일 것이다. 예수는 이 점을 역설한다. 들꽃처럼 잠시 화려하게 피었다가 사라지는 인생이 아니고, 영원히 사는 생명을 위한 가치에 경제의 효율성을 둔 것이다. 이것이 '영생의 경제학(the economics of the eternal life)'이다. 영생의 경제학은 '성(聖)의 경제학(sacro-economics)'이다.

49. 예수의 경제학은 다분히 2분법적 논리로 전개된다. 그는 인간에게 지상의 나라를 택할 것인가 하나님의 나라를 택할 것인가, 물질을 택할 것인가 하나님을 택할 것인가, 결단을 요구한다. 그러면서 그는 무엇을 먹고 살 것인가에 대한 고민보다는 어떻게 살 것인가에 보다 가치를 두고 매일을 이런 자세로 살아갈 것을 명령했다. 그의 경제학은 재물의 축적에 의한 자본축적에 목적을 둔 것이 아니고, 영원한 생명을 얻기 위한 믿음의 축적에 목적을 둔 것이다. 이 형식의 경제구조에서는 '믿으려는 의지(Wille zum Glauben)'가 삶을 촉진하는 동인이다.[2]

---

[2] 물질은 만물의 존재를 결정한다. 바꾸어 말하면 만물이 존재한다는 것은 물질의 범주에 속한다는 것이다. 그러나 인간만이 물질의 범주 내에 제한된 동물이 아니다. 인간은 물질적인 것뿐만 아니라 물질을 초월해서 존재하리라고 믿는 어떤 절대적인 것에 대한 의식도 갖고 살고 있다. 이 의식으로부터 철학이나 종교 등이 기원했다. 기독교는 물질보다 영원한 생명을 얻기 위한 믿음을 강조한다(요 3:15-16).

5. 맺음말

50. 호모 에코노미쿠스! 경제적 인간, 그는 과연 어떤 존재인가? 결론에 대신하여 요점만을 간추려 정리해보면 다음과 같다.

첫째, 인간은 유의 본질에 대한 직관과 유의 현상에 대한 해석을 통해 형상과 질료의 문제를 다루어왔다. 형상과 질료의 관계로부터 진 · 선 · 미의 보편타당한 가치를 추구하면 철학이 되고, 창조와 피조의 문제를 궁구(窮究)하면 종교학이 되며, 상품가치의 효율성을 이론화하면 경제학이 된다.

둘째, 경제의 형식들은 동인에 따라 ① 종족경제(tribal economy), ② 자본주의 경제(capitalistic economy), ③ 사회주의 경제(socialistic economy), ④ 생체경제(bio–economy), ⑤ 땅의 경제(geo–economy), ⑥ 성(聖)의 경제(sacro–economy) 등으로 분류된다.

셋째, 경제는 부의 창출과 분배에 궁극적 목적을 두고 있으므로 이 과정에서 갈등, 분쟁, 전쟁 등이 발발한다. 이론적으로는 부가 자본운영의 여러 과정을 거쳐 재생산되며 축적되지만, 현실적으로는 어떤 형식으로든지 수탈된다. 경제는 자원의 수탈, 노동의 수탈, 심지어 인간의 두뇌마저도 수탈한다.

넷째, 모든 전쟁은 경제전쟁이다. 심지어 개인 간의 갈등이나 싸움도 사회구조상 이해관계로 엮일 수밖에 없는 경제상황에서 발생되는 것이다. 말하자면 경제는 전쟁의 잠재적 원인인 셈이다. 죽마고우도 궁극적으로는 이해타산으로 맺어진, 경제적 친소성(親疎性)과 관계되어 있다.

다섯째, 동물의 행태는 창조질서 보전의 경제학이다. 동물에게는 땅이 생명의 원천이며 상생의 대상이다.

여섯째, 경제의 원론은 땅에 대한 경제적 관점과 이해에 의존적이다. 경제는 부의 창출을 목적으로 하고, 부는 땅에서 획득되기 때문에 어떤 형식으로든지 땅과 관련되어 있다.

일곱째, 땅의 경제학은 수탈의 경제학이다. 전쟁, 정복, 식민지, 경제종속주의 등등의 경제학은 땅의 정복에 궁극적 목적을 두고 있다.

여덟째, 구약성서의 경제학은 땅의 경제학의 고전이다. 구약성서의 경제학은 땅을 빼앗아 경제적 부를 창출하려는 땅의 경제학이며, 제국주의적-팽창주의 경제학이다.

아홉째, 예수의 경제학은 영원한 생명의 효용가치를 극대화하기 위한 행위에 초점이 맞춰져 있는 성의 경제학이다.

VIII

神土不二 神學의 본질과 현상

예술과 창조적 모방

1. 머리말

1. '예술이란 무엇인가?' 예술철학자들마다 이 질문에 진지한 자세로 대답을 했다. 하지만 아직까지도 이 질문이 유효한 이유는 이 질문에 대한 지금까지의 대답 자체가 완전하지 못했기 때문이다. 이것은 예술철학자들의 예술관이 예술의 본질 자체를 분석 – 해석 – 이해하는 데 한계성을 갖고 있었다는 것을 의미한다. 예술에 대한 이러한 한계성이 언제부터 시작되었는지는 알 수 없다.

2. 인간은 자신의 삶의 한 표현에 불과했던 그림, 노래, 몸짓, 만들기 등의 행위와 그 형상들에 자의적으로 의미를 부여하며 이것을 예술로 간주했고, 자신의 인식행위를 예술작품 분석에 관계시키면서 모든 것을 예술로 승화하려 했다. 그렇다면 '예술'과 '예술 아닌 것'의 구별은 어떻게 가능한가?

3. 예술에 관한 문제는 예술관의 획기적 전환을 통해 새롭게 해석되어야 할 것이다. 예술에 대한 이해의 전환점이 예술에 대한 올바른 이해를 가능케 할 수 있다는 말이다. 그렇게 될 때 비로소 예술

에 대한 본질규정이 정확히 드러날 것이다. 빅토르 쿠쟁(Victor Cousin, 1792–1867)이 "우리는 종교를 위한 종교, 도덕을 위한 도덕, 예술을 위한 예술을 필요로 한다"고 말한 것이나 "예술을 위한 예술(l'art pour l'art, Gautier, Flaubert)"을 주장하는 이들의 공통성은 예술 자체를 예술성 자체에 제한하려는 것이다. 그렇기 때문에 저들은 예술의 다양한 기능을 포괄적으로 인식할 수 없었다. 예술은 결코 '예술을 위한 예술'이어서는 안 된다. 뿐만 아니라 예술 자체가 양식이나 형식, 기능이나 가치, 정신이나 물질 등의 어느 한 관점으로 고착된 편견으로 이념화되어 작품의 순수성을 인위적으로 각색해도 안 된다. 아도르노(T. W. Adorno, 1903–1969)가 "'예술을 위한 예술'의 원리는 참으로 굉장히 낡아빠진 것이다(The principle of l'art pour l'art is indeed dreadfully antiquated)"라고 비판하는 것도 이런 이유에서다.[1] 한마디로 말해 지금까지 예술론이나 미학이론은 예술을 예술로 본질규정하지 않고, 이념화하거나 기능주의적으로 관찰하며 규정했기 때문에 예술성 그 자체를 드러내는 데는 소극적이었다.

4. 여기에서 제기되는 문제는 '예술의 원형은 어떻게 구조화되어 있으며, 무엇을 지향하고 있는가?'라는 점이다. 인간은 예술작품을 만들고, 심지어 숭배까지 한다. 이렇게 만들어진 예술작품에는 인간의 본래성이 함축되어 있다. 그러므로 예술에 대한 이해는 궁극적으로는 인간이해의 차원에서 진솔하게 드러날 것이다. 예술이 인간의

---

1)   Theodor W. Adorno, *Aesthetic Theory* (London: Routledge & Kegan Paul, 1984), p. 442.

삶의 표현인 한 더욱 그렇다. 인간의 삶이 공통성을 갖고 있듯이 모든 예술은 그 장르가 어떠하든지 공통성을 갖고 있다. 개인의 삶이 체험에 따라 차별화되듯이 예술 역시 삶의 체험에 따라 차별화된다. 예술은 인간의 삶 그 자체의 표출된 표현이기 때문이다. 그러므로 예술에 대한 이해는 예술의 원형에 대한 분석 – 해석 – 이해를 통해 정확하게 규정되어야 할 것이다.

2. 예술의 본질

1) 존재와 가상

5. 인간은 무엇이든지 정의하려 하고, 그 사실 자체를 규정하려 한다. 인간의 이러한 본능이 자연에 대한 해석을 가능하게 했으며, 이런 원동력이 인간을 창조적 존재로 자연 속에서 자연을 지배하며 살아갈 수 있도록 했다. 인간의 이러한 행위는 인간이 사변적 존재일 뿐 아니라 자신의 삶의 체험을 그 스스로 되돌아볼 수 있도록 하는 것이다. 인간은 체험한 것을 표현할 수 있으며, 이러한 표현과정에서 자신의 체험에 절대성을 부여하곤 한다. 인간은 독창적인 의식의 과정을 거쳐 자신의 삶의 형식과 내용을 만들어가며, 인간으로 형성된다. 인간은 체험하며 인간이 되는 것이다. 인간만이 체험적 존재이기 때문이다. 인간은 자기 스스로 자연적인 현상을 보며 그것으로부터 매혹적인 체험을 할 수 있고, 이런 체험이 축적되어 매혹에 전율되며 "누미노제 감정(*sensus numinis*)"을 갖게 된다. 이런 과정의 반복행위가 인간으로 하여금 예술을 만들 수 있게 하는 것이다. 이 감정은 초자연적 존재에 대한 외경(畏敬)이기도 하기 때문에 루돌프 오토

(Rudolf Otto, 1869-1937)는 인간의 종교성으로 이 개념을 사용한다.[2] 이런 맥락에서 오토는 종교와 예술의 공통성을 주장한다.

6. 예술은 미(美) 자체를 창출해내는 창작행위다. 그렇기 때문에 예술에서 가장 중요시하는 것은 무엇이 미(美)인가를 규정하는 것이다. 그런데 문제는 미를 판단하는 척도가 절대적이지 않을 뿐만 아니라 결정적이지도 않다는 점이다. 미의 척도는 관상자(觀賞者)의 주관적 판단에 의존하기 때문에 실제로 미란 상대적이다. 바꿔 말하면 미란 관상자의 주관적 판단에 의해 인위적으로 만들어진, 그리고 위선으로 포장된 편견일 뿐이다. 이런 의미에서 예술은 이념과 같은 것이다. 그러므로 절대예술을 주장하거나 예술의 절대주의를 역설하는 이론은 사실상 그 자체로서 위선이며, 편견을 절대화하는 모순일 뿐이다. 예술에서 절대미(絶對美)란 존재하지 않기 때문이다. 모든 예술은 절대미를 추구하고, 모방(模倣)하려 하며 그런 과정에서 모방이 예술행위로 인식되기도 한다. 미란 그 자체로서 존재하는 것이며, 인간은 결코 미를 창조할 수 없다. 다만 미를 모방할 뿐이다. 이것을 인류는 지금까지 예술이라고 불렀고, 이런 행위를 창작이라고 했다.

7. 예술가는 대상을 작품화함으로써 창작된 작품에 존재론적 의미를 불어넣게 된다. 나는 예술가의 이런 행위를 예술에서의 철학함

---

2) Rudolf Otto, *Das Heilige: Über das Irrationale in der Idee des Göttlichen und sein Verhältnis zum Rationalen*, 23. bis 25. Aufl. (München: C. H. Beck'sche Verlagsbuchhandlung, 1936) 참조. 한승홍, 『문화종교학: 종교학파와 방법론을 중심으로』 (서울: 장로회신학대학교 출판부, 1993), pp. 176-80.

이라고 규정한다. 예술가가 환상을 구상화(具象化)하거나 사물을 추
상화(抽象化)하는 행위 자체가 대상의 본래성을 규명하는 존재론적
행위이기 때문이다. 존재론이란 사물의 대상성에서 사물 그 자체의
본질을 규명하는 철학의 한 유형이다. 그러므로 예술에서의 존재론
적 행위는 예술이 담아내는 작품의 대상성에서 그 작품의 실체를 표
출하는 것에 대한 이해를 가능하게 한다.

8. 이러한 이해를 전제로 하고 예술의 본질을 구명하며 규정해보
면 예술에서는 착각(錯覺)과 실재(實在)의 경계가 존재하지 않는다는
것을 발견할 수 있다. 착각이란 대상의 본래성과 비본래성을 동일시
함으로써 '비실재적인 실재(irreale Realität)'를 절대화한다. 비실재적 실
재란 가상(Schein)이며, 예술가에 의해 작품화된 예술작품 자체의 형
상이다. 관상자는 그가 지금 감상하고 있는 예술작품에서 실제적으
로는 가상을 인식함으로써 예술의 미를 극대화하며, '이것이 예술이
다'라고 착각하고 있는 것이다. 그 반면에 예술가에 의해 예술을 위
한 소재로 결정된 것은 예술의 대상일 수는 있지만 완전히 표현될
수는 없는 것이므로 예술가는 결코 '대상의 존재(Sein)'에는 접근할
수 없다.

9. 예술이란 무엇인가? 엄밀히 말해서 예술은 인식의 대상인 존
재를 의식의 대상으로 전환하면서 그 자체를 가상으로 만들어가는
행위다. 그러므로 예술에서는 존재와 가상의 경계가 불분명하다.

2) 모방과 위선

10. '예술이란 창조인가, 모방인가?' 이 문제로 토론을 한다면, 끝없는 논쟁으로 끝날 것이다. 플라톤(Platon)과 아리스토텔레스(Aristoteles)로부터 부알로(Nicolas Boileau)와 바움가르텐(A. G. Baumgarten), 현상학적 미학(M. Geiger, R. Odebrecht)과 존재론적 미학(N. Hartmann)에서의 예술이해에 이르기까지, 아니 오늘날까지의 수많은 예술철학자들에 이르기까지 예술은 인류의 지대한 관심사였다. 그러나 궁극적 관심의 대상에 대한 질문에 대답함에 있어서는 항상 애매모호한 태도를 보였던 것이 현실이었다. 다시 말해 '예술이란 창조인가, 모방인가?'라는 질문에 대하여 주어진 대답은 항상 양자택일의 입장이었기 때문에 애매모호했다는 것이다.

11. 예술에 대한 가치가 관상자에 의해 차별화될 수 있듯이, 예술이론에 대한 주장 역시 이론가들의 관점에 의존할 수밖에 없다. 예술이란 자동차의 성능을 평가하는 것처럼 기계적으로 수치화될 수 있는 대상도 아니고, 감상적인 기분에 의해 평가될 수 있는, 느낌 자체의 절대화로 의미화될 수 있는 것도 아니다. 예술이란 예술의 대상을 근원적으로 천착(穿鑿)해가며 대상 그 자체를 분석하여 본질규정하는 행위다. 이정도로 예술은 철학과 깊이 관련되어 있다. 그렇기 때문에 예술에 대하여 논하려면, 예술의 철학함을 통해 규정하는 자세가 요구된다. 오관을 통해 감상된 것 자체를 예술로 보는 것은 예술의 본질을 오도하는 것일 뿐만 아니라 예술 파괴행위와 마찬가

지다. 예술의 본질을 규정하거나 예술작품을 분석함에 있어서 본질 직관을 필요로 하는 것은 이 때문이다. 예술은 해석됨으로써 그 가치가 표출될 수 있기 때문에 정확하게 분석 – 해석할 수 있는 능력을 가진 전문가에 의해 분석 – 해석될 수 있을 때 예술의 예술성이 완전하게 이해될 수 있는 것이다.

12. 모든 예술은 예술의 대상 자체를 모방하는 행위다. 예를 들어 발레(ballet)는 주제에 접근하며 그 동작을 흉내 내는 것이다. 차이코프스키(Peter Ilych Tchaikovsky, 1840–1893)가 남긴 3개의 발레 음악 중 최초의 작품인 〈백조의 호수(Schwanensee)〉(1877)는 중세 독일의 전설을 바탕으로 작품화한 것으로서 숲속의 작은 나라 황태자 지그프리트와 마법사 로트바르트에 의해 백조의 모습으로 변화된 아름다운 왕녀 오데테의 사랑을 주제로 하고 있다. 지그프리트에 의해 마법에서 풀려난 오데테와 백조들의 춤이 발레의 정수로 꼽힌다. 발레는 예술의 한 장르를 구성하고 있는 역동적 예술이다. 이 작품은 백조의 군무를 발레리나들이 아름답게 흉내 냄으로써 예술의 극치를 표출할 수 있었다. 한국 탈춤의 경우도 탈의 상징성을 얼마나 유사하게 표현할 수 있는가에 의해 춤의 예술성이 평가될 수 있는 것이다. 한국 동물 춤의 일인자인 공옥진 여사의 동물 춤은 인간이 흉내 낼 수 있는 동물의 행태를 가장 유사하게 표현한 것으로 유명하다. 정리하면 발레, 춤, 무용 등으로 불리는 이러한 예술의 경우에서 보듯이 예술이란 모방이다.

13. 음악의 경우 가장 완벽한 음악이란 가장 완벽한 소리의 표현일 것이다. 하지만 이런 것은 불가능하다. 인간의 기술은 아직도 자연의 소리를 완벽하게 재생할 수 없다. 특히 악기로 표현해야 하는 소리의 경우 자연의 소리는 재생 불가능한 것이다. 말하자면 음악은 결코 자연음을 만들어낼 수 없고, 오직 유사한 음, 즉 자연음을 흉내 낸 정도의 음만을 만들어낼 뿐이다. 음악은 자연음을 재생하려 하지만, 필연적으로 인공적인 음만을 만들 수밖에 없다. 요한 슈트라우스 2세(Johann Strauss II)의 〈비엔나 숲속의 이야기(*Geschichten aus dem Wienerwald*)〉(Op. 325)에서 새들의 지저귐을 연상시키는 후반부의 음악은 매우 아름답고 맑은 소리를 전해주지만, 새들의 지저귐을 흉내내고 있을 뿐, 새들의 소리와 일치하는 것은 아니다. 인간이 만든 소리예술(Tonkunst)인 음악이 불완전한, 오직 자연음을 모방하려는 행위에 불과한 것임을 여기서도 발견할 수 있다.

14. 미술의 경우도 예외는 아니다. 알브레히트 뒤러(Albrecht Dürer)의 조각동판화(engraving) 〈아담과 이브〉(1504)는 에덴동산의 생명현상을 동물들(앵무새, 뱀, 고양이, 토끼, 사슴, 소 등)과 식물들(생명나무, 선악을 알게 하는 나무, 무화과나무, 기타 여러 식물들)로 표현했고, 그 중심에 아담과 이브의 나체를 기하학적 인체 비율에 따라 아름답게 표현하고 있다. 이 그림에서 뒤러는 가상을 존재화했다. 그의 구상은 에덴동산을 인간의 삶의 형식을 이입한 장소로 묘사하고 있다. 뒤러는 아담과 이브의 삶이 이 세상에서의 인간적 삶의 모습과 닮은 것으로 묘사했다. 역으로 해석하면 이 세상의 삶의 현상들이 에덴동산의 원형을 흉내 내

고 있다는 점을 인상적으로 표현하려 했던 것일 수도 있다. 어쨌든 미술은 계속 원형을 닮아내려 하고, 유사하게 표현하려 하는데, 미술에서의 이런 행위는 자연을 모방하려는 인간의 본능이다. 그렇기 때문에 미술 역시 자연 그 자체를 완벽하게 표현할 수 없으며, 그래서 미술에서 표현주의나 인상파라는 개성이 강한 화풍이 등장하게 된 것이다. 미술이 사실을 그대로 옮겨놓을 수 없다는 것은 화가가 어느 대상으로부터 받은 인상만을 부각하여 표현하든지, 대상을 개성적으로 표현하든지 함으로써 자신의 예술성을 보여주고 인정받아야 한다는 것을 의미한다. 엄밀한 의미에서 예술의 예술성이란 존재할 수 없지만, 예술은 예술가의 주관적 인상을 표현할 수 있는 특수한 영역이라는 점에서 이해한다면, 모든 예술은 모방한 것을 형이상학화하려는 창작행위라고 할 수 있을 것이다. 그래서 예술은 철학과도 상통하는 것이다.

15. 조각이나 건축의 경우에도 자연미(自然美)의 절대성은 찾아볼 수 없다. 건축은 공간을 구성하는 예술의 한 장르이지만, 건축 자체가 공간을 제한하는 행위이기 때문에 건축 예술은 오히려 공간을 훼손하는 예술인 것이다. 좀 극단적으로 표현한다면 건축은 공간 미학을 지향하지만, 결과적으로는 공간을 가장 비공간적으로 만드는 것이다. 현대 건축의 경우 새로 개발된 재료들과 공법을 활용하여 자연적인 공간을 창조하려 노력하고 있지만, 오히려 '공간의 무극성(無極性)'을 표현할 수 없기 때문에 결국 '공간의 공허성(空虛性)'만을 건축 구조물에 이입하고 있다. 공간은 공간만으로 존재하는 실재가 아

니다. 건축 예술의 한계는 공간을 오직 입체적 공간으로만 구조화하려는 점이다. 그러나 공간의 실재를 깊이 관찰해보면 공간은 시간과 분리될 수 없는 실재다. 인간은 지금 이곳에 존재하는 공간적 존재이며, 동시에 시간적 존재인 것이다. 인간의 거주 공간은 인간이 존재하는 이 땅만이 아니다. 모든 공간은 시간과 연계되어 있다. 건축 예술은 이 점을 무시하고 구조물을 공간화함으로써 구조물의 공간성을 창조하려 한다. 그러나 건축 예술이 공간에 창조성을 부여하여도 그 공간 자체는 공간 그 자체를 분절(分節)한 것에 불과하다. 이것은 전시 공간에 놓여 있는 꽃꽂이 작품이 아무리 아름다워도 자연공간인 들에 피어 있던 그 꽃 본래의 아름다움과는 비교될 수 없는 것과 같은 이치로 이해될 수 있다. 인공적으로 만든 공간은 우주적 공간의 극치를 담아낼 수 없다. 그래서 이런 미학적 의식을 가진 건축 예술가들은 자연을 닮은 공간을 생활공간이라는 이름으로 주거문화에 이식하려 노력하고 있다. 그러나 그들의 한계는 인간이 공간을 창조할 수 없다는 진리를 망각하고, 공간을 창조하기 위해 다양한 구상과 기법을 동원하여 실험하고 있지만, 그들이 만든 것은 파괴된 공간의 부분일 뿐 완전한 공간 자체를 만들 수는 없다는 것이다. 인간은 시간을 창조할 수 없을 뿐만 아니라 공간도 창조할 수 없다. 다만 인간은 공간을 조각내고 있을 뿐이다. 한마디로 말해서 건축 예술은 공간을 창조할 수 있는 창조예술이 아니고, 우주공간을 흉내 내는 일종의 모방일 뿐이다. 이로써 예술이 창조적일 수 없다는 것이 다시 한 번 증명된 것이다. 건축예술의 한계는 실제 공간과 비실제 공간, 공간성과 비공간성의 경계를 구별할 수 없다는 점, 그렇기 때문에 공간과 시간의 관계를 작품화할 수 없다는 점이다.

16. 예술은 예술의 대상 그 자체를 모방하면서 표현양식을 통해 창조성을 강조하지만, 엄밀히 들여다보면 그런 행위 자체가 위선이다. 어떤 예술이든지 '본래적인 것(das Ursprüngliche)' 자체를 흉내 낸 것인 한 예술은 '있는 것 그 자체'를 모방한 것이며, 복사한 것이며, 극단적으로 표현하면 표절한 것이다. 본래 예술을 의미하는 영어 art는 라틴어 *ars*에서 유래한 낱말로서, 그리스어 *techne*와 같은 뜻으로 사용되는데, 이 낱말은 '기술(技術)'을 의미한다. 독일어로 예술을 의미하는 Kunst란 낱말 역시 '기능', '기술', '기예', '솜씨', '인위', '인공' 등의 의미를 담고 있다. 이것은 예술이 '모방하는 기술'일 뿐, 창조적일 수 없다는 것을 의미한다. 정리하면 예술은 원본을 모방한 사본(寫本)일 뿐이다. 그러므로 예술가가 사본을 창조적 실재로 포장하여 신성화하는 것은 그 행위 자체로서 위선이다. 그렇다면 예술작품은 무엇인가? 한마디로 예술작품은 예술가의 삶이 세계(예술가의 인식의 대상)와 접촉하면서 받은 인상이나 직관을 재현(再現)하는 '솜씨'를 통해 만들어진 구상(具象)이다.

17. 많은 예술철학자들이 예술을 원형의 모방으로 규정한 플라톤이나 아리스토텔레스를 비판하지만, 이제는 솔직히 그들의 주장에 귀를 기울여볼 때이다. 유한한 인간의 행동이 어떻게 절대적 자연을 만들 수 있는가? 인간은 흉내 내는 것 이상으로 어떻게 자연, 즉 '본디 있는 것 그대로'를 창조할 수 있는가? "예술은 모방행위의 한 방

편이다(Art is a refuge for mimetic behaviour)."3) 아도르노 역시 예술이란 원형의 모방임을 이렇게 표현했다.

18. 예술이 모방이거나 위선이라면 예술의 예술성이 인류에게 의미하는 것은 무엇인가? 이 질문에 대한 대답은 철학에서 찾아야 할 것이다. 철학은 진 · 선 · 미의 보편타당한 가치를 다루는 학문이기 때문이다. "진실 외에는 아름다운 것이 없다"는 부알로(Nicolas Boileau, 1636–1711)의 고백은 그의 의도가 어떠했든지 간에 예술과 철학의 관계를 연결시킨, 의미 있는 표현이다. 이것은 진리가 예술의 예술성을 평가하는 척도이며 규범임을 역설한 것이다. 솔직히 말해서 예술의 예술성은 '비예술적인 것(das Unkünstlerische)'과의 대조를 통해 쉽게 의미화된다. 이런 노력은 예술을 철학으로 접근하려는 예술가의 의식에 의해 확대되고 가치화될 수 있다. 그렇지 않을 경우 예술의 예술성은 훼손될 것이다.

---

3) Theodor W. Adorno, *Aesthetic Theory*, p. 79.

3. 예술의 원리

1) 지 · 정 · 의의 해석학

19. 예술에서 지 · 정 · 의의 문제는 미학의 문제이기도 하다. 미학이란 그리스어 *aisthesis*에서 유래한 용어다. *aisthesis*란 '지각', '감각'이란 뜻이다. 존재를 사변할 수 있는 행위를 *nous*라고 하는 반면에, 생성의 세계를 감성적으로 인식할 수 있는 행위를 *aisthesis*라고 한다. 1750년 바움가르텐이 이 낱말에서 '미에 대한 지각'의 학문이란 의미로 'Ästhetik', 즉 미학이란 개념을 만들어 사용하면서 미학은 예술철학의 한 특수 형식으로 사용되고 있다.

20. 미학은 미의 본질 자체에 대한 철학적 이해에 근거한다. 나는 미에 대하여 지성적 · 정서적 · 의지적으로 접근하며 미의 본질을 분석 – 해석 – 이해하는 행위를 미학이라고 규정한다. 구체적으로 말해서 미란 지성에 의해 '가치의 결정체(眞)'로 지각될 수도 있고, 정서에 의해 '아름다움의 감성(美)'으로 인식될 수도 있으며, 의지에 의해 '올곧음의 규율(善)'로 성찰될 수도 있는 형식이다. 이처럼 미에

대한 지·정·의의 반성은 예술가의 주관적 행위와 직결되어 있다. 미학에서의 지·정·의는 예술의 본질을 결정하는 원리다. 예술은 대상의 형식을 표현하는 행위이고, 미학은 이러한 표현을 통해 대상의 내용을 분석 – 해석 – 이해하는 행위다.

21. 예술의 원리를 어떤 성향으로 이론화하느냐에 따라 미학의 원리는 다양해질 수 있다. 니체(Friedrich Nietzsche)는 예술을 "아폴로적인 것(das Apollinische)"과 "디오니소스적인 것(das Dionysische)"으로 유형화했다. 아폴로는 그리스 신화에 나오는 제우스(Zeus)와 레토(Leto)의 아들로 '빛의 신'이다. 예술에서는 "아폴로적인 것"이란 이지적이며, 개체적인 원리로서 질서와 조화를 지향하는 주지적 경향으로 이해·사용한다. 니체는 조형예술을 아폴로적인 예술의 형식으로 규정한다. 예술에서 중요한 또 하나의 원리는 "디오니소스적인 것"인데, 디오니소스는 그리스 신화에 나오는 '포도주의 신'으로서 도취, 정열, 광란을 상징하는 예술의 원리다. 그러므로 예술에서 '디오니소스적인 것'이란 포도주에 취하여 황홀해진 기분이나 역동적 예술혼 등으로 표출되는 현실적 예술행위를 가리키며, 지적(知的)이기보다는 정적(情迹)이며, "개체화의 원리(*principii individuationis*)"이기보다는 "통합하려는 원리"를 나타내는 유형이다.[4] 니체는 음악을 디오니소스적 예술의 한 형식으로 진술한다.[5] 한마디로 말해 인간의 지성적 기질과

---

4)   한숭홍, 『철학 12강』 (서울: 장로회신학대학교 출판부, 2005), pp. 220–22.

5)   Friedrich Nietzsche, *Die Geburt der Tragödie* (Stuttgart: Alfred Kröner Verlag, 1964), pp. 47f, 133.

감성적 기질의 상관관계를 통해 대상을 미의 실체로 형상화하는 것이 예술이라는 관점이 그의 예술철학이다. 그러나 그의 오류는 예술행위에서 인간의 의지가 얼마나 중요한가 하는 점을 인식하지 못한 점이다.

22. 인간은 지성이나 감성으로만 예술행위를 하는 것은 아니다. 인간에게 가장 중요한 것은 의지의 행위다. 인간뿐만 아니라 동물도 이성이나 감성을 갖고 행동한다. 그러나 동물은 그 자신의 의지에 의해 세계를 창조하며, 자신의 세계를 이끌어갈 수 있는 책임적 존재가 아니다. 의지는 행동의 명령자로 역할할 뿐만 아니라 의지 자체가 인간적 삶의 규범과 척도를 결정한다. 의지는 행동의 형식을 결정하여 추진하는 힘이다. 인간은 의지를 통해 세계를 만들고 지배할 수 있다. 예술 역시 인간의 의지의 결정체다. 이러한 맥락에서 쇼펜하우어(Arthur Schopenhauer)는 예술을 "의지 자체(den Willen selbst)"의 표현행위로 간주했다.[6] 이처럼 의지는 예술에서도 그 어떤 것보다 중요한 원리다. 의지는 선악의 문제나 가치판단의 문제에서 항상 사회적 삶의 규범을 결정하는 척도다.

23. 예술에서 지·정·의의 문제는 예술의 원리를 대표하는 기질이기 때문에 중요하다. 니체는 지(知)·정(情)을 강조했고, 쇼펜하우어는 의(意)를 강조함으로써 이들은 예술의 원리의 일각만을 대표한

---

6) Arthur Schopenhauer, *Arthur Schopenhauer Sämtliche Werke* II (Darmstadt: Wissenschaftliche Buchgesellschaft, 1980), pp. 573–81.

것이다. 지금까지 예술의 형식은 주지주의(主知主義) 미학, 주정주의 (主情主義) 미학, 주의주의(主意主義) 미학 등, 세 가지로 유형화되곤 했다. 이것은 예술가가 어떤 원리와 기법으로 대상을 모방하느냐에 따라 예술의 형식이 결정된다는 것을 의미한다. 예술은 지성, 감성, 의지 등의 원리들을 통해 모방되기도 한다. 그렇기 때문에 예술은 예술가의 철학적 사상과 예술적 기법에 따라 다양하게 분화된다. 미술의 경우 초현실주의(surrealism) 양식에서는 작가의 지성을 인지할 수 있고, 표현주의(expressionism) 양식에서는 작가의 감성을 느낄 수 있으며, 인상주의(impressionism) 양식에서는 작가의 의지를 감지할 수 있다. 이것은 예술의 표현이 관상자의 예술관을 지배할 수 있는 위력을 갖고 있음을 증언하는 것이다. 참다운 예술가라면 자신만의 예술성(철학)을 가지고 있어야 한다. 철학이 없는 예술은 통속물(Kitsch)로 전락하고, 철학이 없는 문학은 신변잡기의 넋두리로 전락할 수밖에 없다.

24. 예술에서 지성적인 것, 정서적인 것, 의지적인 것은 예술의 3대 유형을 형성하는 원리들이다. 이 원리들이 예술의 동인을 규정한다. 그러므로 예술의 원리들은 매우 주관적이고, 인간에 의해 이즘(ism)으로 다양화되기도 한다. 그러나 예술의 작품성을 이 세 유형으로만 분류하는 것은 매우 주관적이므로 절대적일 수 없다. 예술에서 지·정·의는 예술가의 개인적 삶의 체험을 표현하는 수단이기 때문에 이렇게 창작된 예술은 해석학적 방법을 통해 예술성이 드러난다. 이 경우 예술작품의 예술성은 해석자에 의해 결정되기 때문에 예술가가 자신의 작품에서 표현하려는 사상은 종종 극단적으로 굴

절되거나 예술가 자신의 세계관과는 전혀 다른 이즘으로 조작되기도 한다. 이것은 예술작품을 해석하거나 해설하는 것이 얼마나 주관적이고, 모험적인가 하는 것을 반증하는 것이다.

2) 이 · 기의 현상학

25. 예술의 원리는 예술창작의 주체인 예술가의 입장에서뿐만 아니라 창작된 객체인 예술작품의 작품성에서도 규명될 수 있다. 사물은 불변의 형상적 원리(*Principia*)와 상변의 질료적 활력(*Energia*)의 조화일치로 존재한다. 형상적 원리는 이(理)에 해당하고, 질료적 활력은 기(氣)에 해당한다. 이런 원리가 아리스토텔레스에게서는 형상(Form = *morphē*)과 질료(Materie = *hyle*)의 관계를 규명하는 존재론으로, 주자학에서는 이기론으로, 후설(E. Husserl)에게서는 현상학으로 철학화되었다. 이는 기의 형상으로 기는 이의 질료로 이해할 수도 있고, 이는 기의 원리로 기는 이의 활력으로 이해할 수도 있다. 어쨌든 인식의 대상이 되는 모든 것은 이와 기의 상관관계를 통해 완전한 사물로 존재한다.

26. 예술에서도 이 · 기의 원리는 적용된다. 예를 들면 신윤복의 〈미인도〉(비단에 채색/114.2×45.7cm)는 풍속화의 특징을 차분하게 표현한 작품이지만, 서양 미학의 척도로는 화풍을 규정할 수 없는 동양의 독특한 기법과 구도를 갖고 있다. 신윤복은 이 그림에서 조선 후

기 미인상을 형상화하려 했다. 〈미인도〉를 보는 순간 순결한 소녀 같은 얼굴에 눈이 멈추게 된다. 여인의 얼굴은 앳되고, 순진해 보이지만 가만히 뜯어보면 여자의 색향이 흐른다. 누군가를 마음에 품고 기다리고 있는 듯한 눈빛에서 은은하게 풍겨 나오는 그리움의 묘한 연정과 세련된 화장으로 여인의 아름다움을 살포시 드러내고 있는 모습, 정숙한 여인처럼 보이지만 여인의 자태에서 뿜어 나오는 몸의 향기는 야릇할 정도로 자극적이다. 자줏빛 댕기로 머리에 눈길을 모으게 한 머리장식과 귀 뒤에서 하늘거리는 잔 머리털, 가녀린 상반신으로 미루어볼 수 있는 고아(高雅)한 몸매, 젖가슴을 살짝 덮을 정도로 길이가 짧은 삼회장저고리와 그 옆구리로 흘려놓은 핏빛 붉은 색 띠, 쪽빛 옷고름에 달아놓은 붉은 삼작노리개를 만지작거리는 가늘고 긴 손가락, 가슴까지 감싸 두른 넓은 치마말기, 주름을 많이 넣어 풍성하게 부풀려놓은 쪽빛 치마, 치맛자락 밑으로 살짝 내보인 버선발 등 여인의 자태를 전체적으로 아울러 보게 되면 조선 후기 미인의 조화미를 곧 느끼게 된다. 〈미인도〉는 이렇게 그려졌다.

서양 미술은 화법이나 이즘에 의해 장르를 개척한다. 이에 반해서 동양 미술은 자연의 오묘한 미를 강약, 음양, 이기의 긴장과 일치를 균형 있게 조절하며 아름다움을 살포시 드러낸다. 서양의 미는 드러내며 관능미를 표출하지만 동양의 미는 가리면서 고아한 자태를 살짝 내비친다.

27. 이렇듯 신윤복의 〈미인도〉에는 동양적 미학의 원리가 깊이 표현되어 있다. 여인의 다소곳한 얼굴에는 수다나 저잣거리의 천박한

말투를 느낄 수 없을 정도로 차분하면서도 강렬한 욕구를 담고 있고, 냉정할 정도로 무거운 침묵은 곧 분출될 것 같은 조선 여인의 리비도(Libido)가 숨겨진 채 느껴지고 있다. 색깔의 음양조화와 중용적 채색은 서양 미술의 강력한 명암의 대조화법과는 구별된다. 이 그림에서 절정은 음양의 조화가 표출되어 있는 구상이다. 여인의 기다림은 음과 양의 원리를 표현한 것이고, 그림 전체를 채색한 색깔의 중용성은 빛과 어둠의 대조를 흡수하고 있다. 이 그림에는 이의 질료로서 기가 숨 쉬고 있는 듯 흐르고 있고, 기의 형상으로서 이가 여인의 존재 자체를 담고 있다. 여인의 아름다움을 표현함에 있어 서양 화가는 나체의 살덩이 그 자체를, 힌두교에서는 다산(多産)을 신앙화한 노골적이고 적나라한 성행위를 에로티시즘의 형식으로 표현하고 있다. 그 반면에서 대다수 조선의 화가들은 유교적 영향이 있었겠지만 '숨기며 보여주는' 화법으로 여인들의 아름다움을 표출한다. 신윤복의 〈미인도〉는 우주적 원리로 해석된 화법(畵法)으로 그려졌다.

28. 다른 한 예를 들어보자. 피카소(Pablo Picasso)가 1937년에 그린 〈게르니카(Guernica)〉(유채/351×782cm)는 초기 입체주의(cubism) 양식을 따르고 있다. 게르니카는 스페인 북부 바스크 지방의 작은 마을이다. 스페인 내전이 한창이던 때, 프랑코(F. Franco)는 히틀러에게 군사 지원을 요청했고, 독일 공군은 1937년 4월 26일 게르니카를 공습하여 민간인 2,000명을 학살했다. 이 소식에 접하자 피카소는 전쟁의 야만적 폭력성과 생명의 고귀한 존엄성을 그림으로 표현하려 했

다. 그는 놀라 멍하게 서 있는 황소, 부상으로 고통스러워 울부짖는 말, 인간 군상들의 고통과 고뇌에 찬 몰골, 천장에 매달려 밀폐된 공간을 비추고 있는 유일한 백열등, 공포에 질린 사람들의 피난공간을 상징화한 벽돌 벽면과 아주 작은 창, 그리고 그 창가에서 하늘을 우러러보며 자유를 부르짖고 있는 젊은이, 진리의 빛을 대망하는 여성의 모습, 죽은 병사의 손에 꽉 쥐어져 있는 꺾여진 꽃과 부러진 칼, 목이 잘린 시체, 정강이가 잘린 다리, 노파의 굽은 등과 위를 쳐다보며 원망스러워하는 눈길, 죽은 아이를 안고 오열하고 있는 젊은 어머니 등을 무채색(희망상실을 상징하려 함)으로 처리하며 3차원 입체구성을 기하학적기법으로 추상화했다. 이 작품에서 예술의 원리는 지성, 감성, 의지와는 관계없는 예술 자체만의 원리로 구상되어 있다. 〈미인도〉나 〈게르니카〉에서 인식할 수 있었듯이 예술에는 예술 자체가 풍기는 이와 기, 본질과 현상이 존재한다. 〈게르니카〉는 '사건 그 자체에로(Zu den Sachen selbst)' 파고들어가 본질을 직관할 수 있을 때 그 의미가 파악되는 피카소의 현상학이다.

29. 모든 예술이 지·정·의의 어느 한 원리로만 구성되어 있는 것은 아니다. 예술작품은 우주적 존재와도 관계되어 있다. 특히 동양 예술은 이 원리를 예술작품에서 묘사하려 하기 때문에 서양 예술에서처럼 기교주의나 이즘에 절대적 의미를 두지 않는다. 우주의 본체인 이(*Principia*)와 우주의 현상인 기(*Energia*)는 우주의 궁극적 실체다. 인간의 삶 역시 이·기의 관계를 통해 존재하는 양태다. 예술도 이 원리에서 예외적이지는 않다. 심지어 동양에서는 이와 기가 우주 자

체는 물론 인간의 운명과 죽음 이후의 삶의 형식마저도 좌우한다고 믿으며, 종교화하고 있다.

30. 예술은 예술가에 의해 주관적 체험으로 표출된 미에 대한 해석학일 뿐 아니라 예술작품에 대한 본질직관을 통해 객관적 실체로 표출된 미에 대한 현상학이다. 만물의 본질에는 이와 기가 내재되어 있다. 예술작품에서도 이와 기가 작용하고 있다. 이것에 대한 이해가 미의 객관적 표현이다. 미가 그 스스로 표현될 수 있는 것은 이 때문이다. 나는 미의 본질 자체에 잠재되어 있는 이와 기를 표출하여 그 원리를 구체화하는 행위도 미학으로 간주한다. 이런 의미에서 이해하면 예술철학은 지·정·의의 해석학적 인식론인 동시에 이기이원일체로 본질 그 자체를 표현하는 우주적 인식론(동양 철학의 방식), 현상학적 존재론이기도 하다. 후설의 현상학은 우주론적 존재론의 한 유형이다.

4. 예술의 규범

1) 진·선·미의 문제

31. 예술에서 규범이란 예술성을 결정하고 실행할 수 있도록 하는 규칙이며 척도다. 바꾸어 말하면 아름다움에 대한 판단과 평가의 규준(規準)이 되는 것을 예술에서는 규범이라고 한다. 그러므로 예술에서 규범은 절대적이다. 이것은 규범이 규범일 수 있기 위해서는 규범 자체가 절대적이어야 하며, 동시에 보편타당한 가치를 갖고 있어야 한다는 것을 의미한다. 철학은 진·선·미 자체를 절대적이며 보편타당한 가치로 규정하며, 그것을 철학함의 대상으로 삼는다. 진·선·미, 즉 '참다움(das Wahre)', '착함(das Gute)', '아름다움(das Schöne)'을 인간의 삶의 현상들과의 관계에서 대상화하려는 것이 철학의 의도이기 때문이다. 예술에서는 예술 자체를 판단하고, 평가하는 규범으로 진·선·미를 수용한다.

32. 예술은 이미 그 자체로서 보편타당한 가치를 표현하고 있다. 예술이란 예술가가 자연을 모방하는 행위, 예술가의 자기충족을 위

한 유희적 행위, 예술가가 자기감정을 이입하여 작품을 만드는 행위, 예술가가 자신의 이상을 작품에서 표현하는 행위 등, 아주 다양한 관점에서 정의되어왔다. 그런데 이러한 예술관은 예술 자체를 예술가에 의한 의도적인 창작행위로 간주하기 때문에 궁극적으로는 예술의 아름다움 자체를 굴절할 수밖에 없다는 점이다. 엄밀히 말해서 "예술가는 그가 원했던 것을 창작하는 것이 아니고, 그에 의해 기대된 것을 창작한다(Der Künstler schafft nicht eigentlich, was er will ……, er tut das, was von ihm erwartet wird)."[7] 예술가는 예술의 대상을 자의적(恣意的)으로 만들어가는 것이 아니고, 대상 그 자체를 직관한 후, 그 직관된 내용을 자신의 보편타당한 가치관에 의해 창조해간다는 점을 듀프렌느(Mikel Dufrenne)는 이렇게 표현한 것이다.

33. 예술은 예술가의 창작행위와 관련된 표현이다. 예술가는 빛깔, 소리, 몸짓, 꼴, 틀 등의 밑감과 그리기, 부르기, 춤추기, 빚기, 세우기 등의 솜씨로 인식의 대상(das Seiende)에서 대상의 존재(das Sein)를 표출해내는 기술자다. 예술은 이런 과정을 거쳐 만들어진다. 그런데 이렇게 만들어진 것을 모두 예술이라고 할 수는 없다. 비근한 예로 유아원생 A가 어제는 레고(Lego) 블록으로 집을 만들었고, 오늘은 크레용으로 어머니 얼굴을 그렸다면, A는 예술가인가? 이 질문은 A가 만든 레고 블록 집이나 스케치북에 그려진 어머니 얼굴 그림이 예술작

---

7) Mikel Dufrenne, "Phänomenologie und Ontologie der Kunst," in *Ästhetik*, ed. Wolfhart Henckmann (Darmstadt: Wissenschaftliche Buchgesellschaft, 1979), p. 132.

품인가에 대한 질문과도 관계된다. A가 만든 레고 블록 집에는 건축 공학적 공법과 건축구조론 및 건축예술의 미학이 빠져 있으며, 어머니 얼굴 그림에는 화가의 독창적 화법과 구도 및 초상화가 풍기는 인물 내면의 인격이 표현되어 있지 않기 때문에 A는 예술가가 아니다. 이것은 동물의 몸에 여러 가지 수채화 물감을 잔뜩 칠해놓고 화폭 위를 구르거나 다니게 하여 만든 것이 예술작품일 수 없는 것과 같은 이치다. 여기에서 분명히 말할 수 있는 것은 '예술'과 '예술 아닌 것', 즉 예술과 사이비 예술을 구별하는 척도가 애매모호하지만, 그 경계는 분명하다는 것이다.

34. 1994년 어느 날 대학로의 한 극장에서 〈미란다〉(John Fowles 원작 *The Collector*)라는 연극이 공연 중이었다. 그런데 남녀 주연 배우들의 전라 성행위 연기가 외설(猥褻)로 판정되어 공연은 중단되고 관계자들은 법의 심판을 받았다. 이 작품이 매스컴의 집중조명을 받게 되면서 예술 분야에 종사하는 전문가들을 비롯하여 여러 분야의 인사들이 포르노(pornography)와 에로티시즘(eroticism)의 경계를 어떻게 결정할 것인가라는 문제로 토론을 벌이기도 했다. 이를 계기로 그 당시까지만 해도 금기시해왔던 성에 관한 이야기가 사회인류학적, 생체 본능적, 미학적 시각으로 바라보아야 하는 삶의 순수하고 숭고한 원초성으로 인식되기 시작했다. 분명한 것은 포르노는 색광(erotomania)을 자극하는 섹스 퍼포먼스(sex performance)이고, 에로티시즘은 연애학(erotology)의 형식을 빌려 표현한 예술(art)이다. 포르노와 에로티시즘의 경계는 보편타당한 가치에 의해 판단되고 평가될 수 있느냐에 따

라 결정된다. 포르노는 상업주의가 개재(介在)된 외설이고, 에로티시즘은 인간의 내면을 채우고 있는 성애의 순수성이 승화되어 표출된 예술이다.

35. 지금까지 '유아원생 A'와 〈미란다〉를 예로 들어가며 예술에서 예술성을 결정하는 규범의 문제를 어떻게 이해할 것이냐에 관해 간략하게 언급해보았다. 이 문제는 좀 더 구체적으로 진술되어야 할 예술에서의 결정적 문제다. 예술은 예술 자체로서 존재하는 것이 아니고 예술을 예술되게 하는 여러 성향에 의해 형성된다. 그러므로 예술을 이해한다는 것은 예술을 예술되게 하는 것에 대한 분석과 해석을 통해 가능하다.

36. 모든 예술은 '참다움(das Wahre)'을 형상화해야 한다. 이것이 예술의 가치를 결정하는 '진(眞)'이다. 표현된 작품이나 창작된 예술작품이 모조품이거나 위작이라면, 그리고 작품의 형상과 질료가 괴리되어 예술로서의 참다움을 드러내지 못한다면, 이러한 작품은 예술로서의 가치와 의미를 가질 수 없을 것이다. 예술의 규범은 예술이 표현하려고 하는 것을 가장 진실되게 드러낼 수 있도록 하는 절대적 기준이다. 예술은 진실을 말하며, 진리를 표현한다. 부연해서 말하면 예술은 예술가의 구상과 관상자의 감상이 일치될 때 참된 것, 즉 예술로서의 진실을 드러낼 수 있다. 이것이 예술의 예술성을 규정하는 규범이다. 그러므로 예술의 규범은 진리 자체여야 한다. 참다움이란 진리의 표준이기 때문이다. 참다움은 주체와 객체, 대상과

대상 그 자체, 의식행위(noesis)와 의식내용(noema) 등의 일치를 통해 진리로 지향한다. 언어학에서 언어의 행위(parole)와 말(langue)을 구별하면서도 이 둘의 일치로 언어가 기표(記標)될 수 있다는 것을 주장하는 것도 예술의 규범문제에서처럼 진리의 문제와 관계되기 때문이다. 예를 들어 화가 P가 붉은 장미를 그리려 한다면, P는 먼저 붉은 장미 R을 직관하고 그 R의 본질 그 자체를 그려야 한다. R에 대한 직관과 R의 본질 그 자체에 대한 묘사의 일치는 곧 R을 그린 그림의 예술성을 표출한다. 여기에 화가 P의 화법과 그림의 도구들과 재료들, 그리고 P의 철학이 가미되어 하나의 작품으로 탄생되었을 때, 그 작품은 참된 것이다. P의 작품에서는 위선이 개입되지 않았는데, 사실을 사실 그 자체로서 묘사했기 때문이다. 정리하면 예술의 창조성이란 예술의 규범인 참다움의 본질을 구체적으로 발현하는 것이다.

37. 참다움이 예술의 규범이기는 하지만 이것만으로 예술의 예술성을 결정할 수는 없다. 예술은 사회통념상 보편타당한 가치에 의해 판단되고 평가되는 규범을 통해 예술로서 인정된다. 예술은 예술가의 철학을 반영하는 것이며, 예술가가 인식한 대상의 본질 그 자체를 표현하는 것이다. 그러므로 예술가의 삶과 사상이 예술의 예술성을 결정한다. 예술가가 개인적으로 추상에 깊은 관심을 갖고 창작활동을 한다면, 그에게서 대상의 추상성은 표현주의로 성격화될 것이고, 예술가가 변증법적 유물론의 정치 · 경제학적 이데올로기를 화폭에 담았다면, 그에게서 예술은 사회적 투쟁을 지시하는 구호적 역할을 할 것이다. 이러한 예술의 형식은 "사회주의적

실재론"의 양식을 따르게 될 것이다. 루카치(Georg Lukács, 1885–1971)에 의하면 "사회주의적 실재론은 새로운 인간의 생성과 성장의 형성을 근본과제로 삼는다(Der sozialistische Realismus stellt sich als Grundaufgabe die Gestaltung des Entstehens und des Wachstums des neuen Menschen)."[8] 그는 이 예술의 표준을 "마르크스, 엥겔스, 레닌, 스탈린의 작품들에서" 추출하여 주형하려 했다.[9] 여하튼 예술이 주관적 관심의 표현이냐 객관적 실재의 표현이냐의 문제는 예술가들의 사회적 가치관에 따라 달라질 것이지만, 중요한 것은 예술 자체가 사회적 가치의 보편성을 요구한다는 점이다.

38. 예술에서 사회적 가치의 하나는 선(善)이다. 선은 악의 대칭 개념이며, '착함(das Gute)'의 척도로서 사회적 노모스(nomos)다. 선이 배제된 사회는 비도덕적 사회이므로 이러한 사회에서는 도덕적 인간의 건전한 사회성을 찾을 수 없다. 예술은 사회성을 작품으로 표현하면서, 착하고 올바른 삶의 형식과 내용을 이상화한다. 이정도 되면 예술은 거의 건전한 사회를 위한 도덕과 같은 것이다. 이것은 모든 예술이 개인윤리와 사회윤리를 근본적으로 담지하고 있다는 것, 즉 예술은 도덕성(Sittlichkeit)을 갖고 있다는 것을 의미한다. 예술의 규범으로서 진(眞)이 예술의 진리를 표현하는 것이라면, 선은 예술의 정의를 표현하는 것이다.

---

8) Georg Lukács, "Kunst und objektive Wahrheit," ibid., p. 390.
9) Ibid., p. 341.

39. 예술가의 예술행위는 자신의 실제적 욕망이나 의지를 행동으로 표현하는 실천(praxis)과 자신의 사회성을 밑감과 솜씨를 통해 만드는 것(poiesis)이기도 하다. 예술이 사회를 위한 보편타당한 가치를 제공할 수 있을 때 비로소 예술은 건전한 사회를 위한 예술로서 인정될 것이다. 이것은 예술이 예술가 자신만을 위한 노리개처럼 전락된다면 예술의 사회적 의미와 가치는 상실된다는 것을 의미한다. 선은 예술가 자신의 윤리의식을 규정하는 척도와 예술작품의 예술성을 결정하는 척도로서 작용한다. 이처럼 선은 예술의 규범으로서 도덕성과 예술성을 함유하고 있으며 창작물의 예술성을 결정하는 중요한 규범이다. 예술가가 선을 예술의 규범으로 수용하지 않고 창작행위만을 할 경우 그에게서 예술은 순수 행동주의에 이상(理想)을 두게 될 것이다. 이것은 마치 환각상태에서 불특정 다수에게 총을 난사하는 행위를 행위예술이라고 하는 것과 같은 잘못된 예술관이다. 선이 예술의 규범이 되어 있지 않은 경우 예술은 사디즘(sadism)이나 마조히즘(masochism)의 경향을 띠게 된다. 이러한 경향의 예술은 사실상 예술을 피폐하게 할 뿐만 아니라 예술가를 광인으로 만들거나 열등의식으로 심성이 파괴된 잔인한 야수로 만든다. 예술은 건전한 사회를 위해 끊임없이 선에로 지향해야 하며, 그래서 예술가들에게 예술의 사회적 기능을 요청하는 것이다.

40. 모든 예술은 궁극적으로 선을 지향한다. 선이란 대상의 완전한 조화일치와 이를 추구할 수 있을 정도로 가치가 있는 것이며, 도덕적 선행이나 개인의 자기만족으로 이해될 수도 있는 것이다. 이 경

우 선은 객관적이고 개체적이며, 초월적이고 절대적이다. 예술은 바로 이 선을 예술의 규범으로 삼고 예술행위의 정당성과 예술작품의 합목적성을 사회화한다. 예술을 도덕이나 종교와 유사한 원리의 학문으로 인식하는 것은 이 때문이다. 한마디로 말해서 선은 예술의 규범으로서 지고선(至高善)을 지향하는 예술적 가치를 절대화하며, 이로써 예술을 예술되게 한다. 이런 의미에서 이해하면 예술은 사회성을 표출하고 승화하는 도덕적 관습과도 근원적으로 관련되어 있다고 하겠다.

41. 예술을 예술로서 이해함에 있어 '아름다움(das Schöne)'을 간과할 수는 없을 것이다. 예술에서 미(美)의 문제는 예술가의 예술창작에 대한 예술혼과 관상자의 예술작품에 대한 이해의 정도에 의해 결정될 수 있을 것이다. 단지 피상적으로 아름답게 느껴졌다고 그런 현상 자체를 미학적 의식이나 인식으로 간주해서는 안 될 것이다. 예술에서 아름다움은 예술의 규범으로서 예술의 예술성을 판단하고 평가하는 기준이다.

42. '예술에서 미(美)란 무엇인가?' 미란 진과 선과 더불어 예술의 규범 중 하나다. 미, 즉 아름다움은 예술가의 창작행위에 의해 만들어지는 구체적 표현이다. 예술가는 창작을 통해 자신의 유일회적(唯一回的)인 행위를 표출하기 때문이다. 뿐만 아니라 미는 예술작품이 표현하고 있는 그 자체다. 예술작품이 풍기는 맛과 멋은 예술가에 의해 유일의적(唯一義的)으로 창작된 것이므로 관상자의 눈에는 질료

와 형상의 완전한 조화일치의 절대미(絶對美)로 다가오게 된다. 이 지경에 이르면 이미 관상자는 작품화된 것에서 존재와 가상을 꿰뚫어 볼 수 있는 미학적 안목, 형이상학적 혜안(慧眼)을 갖고 있는 것이다. 마지막으로 미는 사랑(eros)의 열정을 분출하는 생명력이다. 사랑은 예술을 지향하는 열정이며, '추함(das Häßliche)'까지도 포용할 수 있는 에너지다. 예술에서는 아름다움과 추함의 경계가 존재하지 않기 때문이다. 예술에서는 대칭과 비대칭도 예술의 한 기법으로 수용한다. 조형예술에서도 마찬가지다. 이것은 비대칭은 대칭보다 아름답지 못하다거나, 추하다는 편견을 부정하는 것이다. 사실 아름다움과 추함은 주관적 판단이며 평가일 뿐 예술이 표현하려는 장르에서는 그 자체가 곧 예술의 작품성으로 인정된다.

43. 아름다움의 또 다른 모습은 가상(das Schein)이다. 인간이 아름답다고 인식한 것은 질료와 형상이 완전히 일치된 외관이며, 가시적 현상일 뿐이다. 일례로 발레나 뮤지컬의 경우 관객을 매혹시켰던 예술적 아름다움은 관객의 기억 속에서 역동할 뿐 극장을 나서면서 이미 예술로서의 아름다움은 더 이상 존재하지 않는다. 이 경우 예술에서의 아름다움이란 존재론적 가치로서 존재하는 것이 아니고, 시간과 마찬가지로 기억 속에서 회상될 뿐이다. 아무튼 예술적 아름다움은 상대적이므로 인간은 결코 절대미를 감상할 수 없다. 절대미란 신적 존재처럼 존재 그 자체이기 때문이다. 다만 인간은 절대미를 현상학적으로 직관할 수 있으며, 그것은 편견을 제거한 상태에서 수용해야 하는 주관적 인식행위다. 이 지경에서 아름다움에 관해 더

깊이 언급하려 한다면, 우리는 예술을 철학으로 전환해야 할 것이다. 아름다움은 가치의 문제일 뿐 아니라 미학의 문제이기도 하다. 가치의 문제는 선의 문제와도 관계있으며, 도덕률에 속한다.

44. 일반적으로 아름다움은 자연적 아름다움과 예술적 아름다움, 또는 자연미(自然美)와 인공미(人工美)로 분류될 수 있다. 아름다움이 예술의 규범으로서 예술가의 예술행위에 의해 예술작품으로 승화되기도 하고, 예술작품에서 표현되기도 한다는 것은 아름다움 자체가 예술성을 결정한다는 것을 의미한다.

5. 예술의 분류

45. 예술은 원리에 따라 두 가지 범주로 나눠지고, 각 범주는 각각의 원리와 규범의 연계성에 따라 다양하게 세분된다.

첫째, 예술을 예술가의 주관적 관점에서 해석할 경우, 예술은 진 · 선 · 미의 3규범을 지 · 정 · 의의 3원리와 상호연계하며 9장르로 분류된다. 물론 이러한 분류가 절대적일 수는 없다. 예술의 분류 원칙에 대한 예술철학자들의 이해가 상대적이기 때문이다. 영화(映畵)를 예로 들어보자. 예술철학에 따라 영화를 예술의 원리 의(意)와 예술의 규범 진(眞)이 연계된 예술로 분류할 수도 있고, 예술의 원리 의(意)와 예술의 규범 선(善)이 연계된 예술로 분류할 수도 있을 것이다. 이 두 경우가 모두 가능하다는 말이다. 이것은 예술의 분류에 절대적 척도란 없다는 것을 의미한다. 예술의 분류는 철저할 정도로 주관적이다. 그렇기 때문에 수학이나 물리학에서처럼 객관적 가치로 결정될 수 없는 것이다. 영화는 영상을 흐름의 형식으로 표현하며 관객의 의식을 지배하기도 하고, 이런 과정을 거쳐 사고의 흐름에까지도 영향을 주면서 사상의 도구로 사용되기도 한다. 영화감독이 인간의 사회현상을 촬영기에 담이 편집 · 배열하던 무성영화 시대부터 영화는 사회성을 가진 종합예술로 인정되기 시작했다. 그런가 하면 어떤 예술철학자는 영화를 계몽의 수단으로 인식한다. 이 경우 영화는 사회윤리적 기능으로서 의식의 흐름을 도덕적 명령으로 고착하게 하는 역할을 하게 된다.

둘째, 예술작품의 객관적 실재를 분석하며 작품의 본질을 직관할 경우, 예술은 진·선·미의 3규범을 이(理)와 기(氣)의 2원리와 상호 연계하며 6장르로 분류된다. 이 경우에도 예술의 분류는 주관적이고 상대적이다.

〈예술의 분류표〉

예술원리 / 예술규범		해석학적 원리			현상학적 원리	
		지	정	의	이	기
보편 타당한 가치	진	디자인	뮤지컬	영화	공예	도예
	선	설치미술	사물놀이	행위예술	서예	연극
	미	미술	음악	조각	건축	무용

6. 맺음말

46. '예술이란 무엇인가?' 이 질문은 예술의 본질과 현상에 관한 것이다. 처음부터 예술은 존재한 것이 아니다. 그러므로 인간이 예술의 창조자라고 하는 것은 매우 잘못된 것이다. 누구도 예술을 창조할 수는 없다. 창조란 '무에서 창조(*creatio ex nihilo*)'를 의미하는 신학적 용어다. 그러므로 이 용어는 신에게만 사용될 수 있다. 예술에서 창조란 엄밀히 말해서 '유로부터의 모방'에 불과하다. "예술은 자연을 모방한다(*ars imitatur naturam*)"는 아리스토텔레스의 주장이 진리인 것은 이 때문이다.

47. 역설적이게도 예술가의 창작활동을 '창조적'이라고 부르기도 한다. 이 경우 예술가의 '창조적' 행위란 개념에는 예술의 대상에 대한 '최초의', '독창적인' 만듦 등의 의미가 담겨 있다. 말하자면 예술가에게서 창조성이란 '창조적 모방(creative mimesis)'을 가리키는 말이다. 창조적 모방은 예술에서뿐만 아니라, 문학이나 과학, 종교 등의 모든 문화 영역에서도 보편화되어 있는 진리다.

48. 예술의 원초적 형식은 자연에서 출발한다. 자연은 예술의 기본 성향이다. 그러므로 모든 예술은 자연주의적일 수밖에 없다. 여기에서 자연이란 삼라만상의 자연은 물론 존재의 내면에서 본질 자체를 이루고 있는 본연으로서의 자연도 의미한다.

49. 예술은 질료와 형상, 내재성과 초월성 등과 필연적으로 관계됨으로써 형이상학의 체계를 지향해간다.

50. 예술은 예술가에 의해 자연적인 것에 초자연적인 것을 이입시키고, 동시에 초자연적인 것을 자연적인 것의 형상으로 표현한다.

51. 모든 예술은 초월적 존재의 현상(天), 구체적 존재의 생태(地), 인간적 존재의 정황(人) 등의 제 문제를 존재와 가상의 상관성을 견지하며 여러 양태의 예술로 표현하고 구체화하여 작품화한다. 예술의 장르에 따라 예술의 규범이 어느 정도 다르게 관계될 수는 있겠지만 동서양을 막론하고 예술은 천·지·인의 현상을 작품으로 창작한다는 점에서는 공통적이다. 다만 예술가의 예술경향과 예술사상, 그리고 창작을 위한 밑감과 솜씨의 차이로 예술의 형식이 달라질 뿐이다.

52. 모든 예술은 해석학적 인식론이나 현상학적 존재론으로 분석 – 해석 – 이해될 수 있는 철학이다. 철학함(Philosophieren)으로 예술을 할 수 있는 예술가야 말로 진정한 예술가인 것이다.

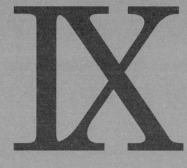

神土不二 神學의 본질과 현상

IX

역사철학에도
코페르니쿠스는 존재하는가?

1. 머리말

1. "정확히 말하면 역사란 없고 전기(傳記)만 있을 뿐이다." 에머슨 (R. W. Emerson)은 이 한마디로 역사를 규정했다. 존재하지 않는 역사, 그러나 개인 각자가 남기고 가는 삶의 여정 속에 퇴적물처럼 남겨져 있는 실체로서의 역사, 우리는 그것을 어떻게 이해해야 하는가?

2. 역사를 화두로 아무리 오랫동안 토론을 하더라도 인간은 결코 어떤 결론에 도달할 수 없다. 역사란 그 자체로서 신비스런 실체이기 때문이다. 그런데 이 신비스런 실체에 대한 각자의 인식 정도에 따라 역사의 의미는 다르게 해석될 수밖에 없다. 이렇게 본다면 역사란 사실상 존재하는 것이 아니고, 개인이 구체적으로 어떤 체험을 하며 살아왔고, 개인의 삶 자체가 어떻게 의미화 되며 축적(蓄積)되어 왔느냐에 따라 다양한 해석의 가능성만을 드러낼 뿐이다. 그래서 칼라일(T. Carlyle)도 "역사란 수많은 전기(傳記)들의 실체"라고 말했던 것이다. 그렇다면 인간은 역사에 어떻게 접근해야 하는가? 역사 자체가 구체적 사실로 존재하는 것이 아니고, 신비스런 어떤 실체라면 역사는 신화일 수밖에 없다는 말인데, 이것은 무엇을 의미하는가?

3. 역사의 주체는 누구인가? 신인가, 인간인가? 왜 역사철학에는 코페르니쿠스(Copernicus)가 존재하지 않는가?

2. 역사란 무엇인가?

4. 우리는 인간을 '역사적' 존재라고 하거나 어떤 극적인 사건을 '역사적'이라고 하는 말을 우리 주위에서 흔하게 들어왔다. 이것은 인간 자체는 물론이고 인간과 관련된 모든 삶의 현상들과 돌발된 사건들마저도 역사와 관계되어 있다는 것을 암시하는 것이다. 인간과 사건을 역사와 관계시킴에 있어 역사철학 역시 예외는 아니다. 그러나 문제는 인간이 참으로 역사적인가, 사건 자체가 곧 역사인가 하는 점이다. 인간의 삶을 역사적이라고 하지만 그 삶 자체는 아직도 규정되지 않은 유기체일 뿐이고, 사건을 역사적이라고 하지만 역사화되지 않은 사건은 역사가 아니기 때문이다.

니체(F. Nietzsche)는 인간을 "아직도 고정되지 않은 동물(das noch nicht festgestellte Tier)"로 규정한 바 있다. 인간은 부단히 자기 자신을 정형해 가며 살아가지만 결코 완성된 존재가 될 수 없다는 것을 의미하는 말이다. 인간의 삶이 고정되지 않았다면, 역사 자체도 고정될 수 없다는 것을 의미하는데, 그렇다면 역사란 도대체 무엇이란 말인가?

1) 사건과 해석

5. 오래 전부터 역사에 관한 담론은 언제나 둘로 나뉘지며 마무리되곤 했다. 역사를 사건(事件)으로 이해하려는 사건사적 역사철학과 사건에 대한 해석(解釋)에 의해 사건 자체를 역사화하려는 해석사적 역사철학이 그것이다. 이 논쟁 역시 결론을 도출하기는 거의 불가능한 것임에 틀림없다. 사건이 없는 해석이란 불가능하고, 해석될 수 없거나 해석될 필요가 없는 사건이란 역사화해야 할 정도로 가치가 있는 것이 아니기 때문이다.

2) 사건의 역사

6. 모든 역사는 땅에서 시작한다. 땅과 무관하거나 땅을 초월하여 기승전결(起承轉結) 되는 역사란 상상할 수도 없다. 비근한 예로 전쟁은 땅에서 벌어지는 양대 세력 간의 힘의 대결이며, 천재지변은 기상이변에 의한 힘(energy)의 분출이 땅에서 나타난 돌발현상이거나 우주적 파장에 의한 여파의 표출현상이기 때문에 전쟁사나 자연사는 땅에서 발발한 사건들과 깊은 관련이 있다. 이러한 역사관의 요지는 역사란 사건의 역사일 뿐이라는 것이다.

3) 해석의 역사

7. 그렇지만 사건 자체가 그대로 역사는 아니다. 한 사건이 그 자체로서는 실증적 자료가 될 수 있지만 역사는 아닌 것이다. 역사란 사건의 진행과정과 서술방법이 함께 어우러져 비판 · 해석되면서 의미화된 실체다. 이처럼 한 사건이 역사가 되기 위해서는 인간에 의해 해석되어야 하는 것이다. 바꾸어 말하면 해석되지 않은 사건 그 자체는 결코 역사가 아니라는 것이다.

3. 역사는 어떻게 만들어지는가?

1) 관심과 해석

8. 역사란 사건의 돌발(突發), 혹은 발생(geschehen)이란 개념으로 이해되곤 하는 'Geschichte'라는 의미와 사건 자체를 탐구(探究)한다는 개념으로 이해되곤 하는 'Historie'라는 의미를 포괄하고 있다. 그런데 문제는 돌발 사건이나 탐구의 대상이 될 만한 사건은 어떻게 결정되는가하는 것이다. 모든 사건이 역사화될 수 있는 대상은 아니다. 역사란 사건을 역사화할 것인가, 말 것인가라는 역사가의 결정으로부터 출발한다. 그렇기 때문에 역사의 문제는 사건에 대한 역사가의 관심(關心)과 해석(解釋)을 요청한다. 역사는 이율배반적인 모순을 갖고 있다. 이것은 같은 사건에 대한 관심의 차이에서도 발생하고, 같은 종류의 사건에 대한 해석의 차이에서도 발생한다.

2) 역사가의 관심

9. 6·25 전쟁을 역사화함에 있어 남한 역사가들 ― 북침설을 주장하는 일부의 친북 역사가들이나 철저한 공산주의 계열의 좌익 역사가들을 제외하고 ― 과 북한 역사가들의 관심은 근본적으로 다르다. 남한의 입장에서 보면 북한의 한국전쟁사는 사건의 실증적 사실마저도 날조한 허구(虛構)의 진술일 수밖에 없으며, 반대로 북한의 입장에서 보면 남한의 한국전쟁사는 억설(臆說)의 진술일 수밖에 없다. 그렇다면 한국전쟁의 역사적 사실은 무엇인가? 한국전쟁이 허구와 억설의 진술일 뿐이라면 한국전쟁의 객관적 사실도 허구와 억설로서만 의미가 있다는 말인가? 그렇다면 역사가가 관심을 갖게 되는 사건 자체는 비사실적이고 이 사건에 대한 해석은 비역사적일 수밖에 없지 않은가?

3) 관심의 척도

10. 2004년 12월 26일 오전 7시 58분 53초(00:58:53 UTC), 인도네시아 북수마트라에서 발생한 리히터 규모 9.0의 지진 여파는 2시간가량 뒤 거대한 지진해일(tsunami)로 변하여 진원지에서 8,000km나 떨어진 남아프리카 포트엘리자베스 해안에까지 영향을 미치며 23만 명이 넘는 사망자와 재산상의 피해를 입혔다. 인도네시아에서만 17만 명 이상이 숨졌으며, 스리랑카, 인도, 타이, 소말리아, 미얀마,

말레이시아, 몰디브 등에서도 많은 사람들이 목숨을 잃었다.[1] 「아시아개발은행」(ADB)은 이 지역의 생존자들 가운데 200여만 명은 절대 빈곤층으로 전락하게 되리라고 보고했다.[2] 한마디로 말해서 이 지역을 지탱해왔던 사회구조가 복합적으로 붕괴되었다는 것이다. 이 사건은 이곳의 역사를 새로 써야 할 정도로 심각하고 결정적인 영향을 미치게 되었다.

11. 이 사건을 역사화하기 위한 작업에는 수많은 분야의 전문가들 — 기상학자, 생태학자, 환경론자, 정부관료, 경제학자, 지질학자, 민속학자, 역사학자, 해양학자, 지진학자 등 — 이 동참할 수밖에 없을 것이다. 세계 각국에서 지원한 인력 및 물자 등도 이 사건을 역사화하는 데 일조하게 될 것이다. 그런데 똑같은 곳에서 그동안 수도 없이 밀려와서 해안을 덮치고 물러가곤 했던 해일들과 해안가에 밀려왔다 밀려가곤 했던 파도들은 왜 역사화되지 못했는가? 도대체 사건을 역사화하기 위한 관심의 척도(尺度)는 무엇인가?

12. 어느 지역에 전날에는 비가 1분 동안 0.1mm 내렸는데 그 다음 날에는 20시간 동안 1,000mm나 쏟아졌다면, 그래서 산사태와 도로 및 교량 붕괴, 전선과 가스관 파괴, 수만 명의 사상자와 수십만 명의 이재민과 도시 전체와 주변 저지대 지역까지 완전 침수되는 사건이

1)   <http://en.wikipedia.org/wiki/2004_Indian_Ocean_earthquake>.
2)   "Tsunami Could Throw Nearly 2 Million Additional People into Poverty in the Affected Countries," adb.org, 13 Jan. 2005. <http://www.adb.org/news>.

발생했다면, 0.1mm의 비와 1,000mm의 비는 왜 역사화하는 데 차별화되는가? 0.1mm의 비와 1,000mm의 비를 역사화하기 위한 척도는 무엇인가? 비의 양 0.1mm에서 1,000mm 사이에서 어느 정도의 비의 양서부터 역사적 사건으로 간주하게 되는가? 사건의 양(量)이 역사화하기 위한 척도를 결정하는 기준이 되는가? 만일 그렇다면 역사에서의 질(質)의 문제는 어떻게 이해되어야 하는가?

미국은 오사마 빈라덴(Osama Bin Laden)을 제거하기 위하여 2001년 10월 8일 아프가니스탄을 침공한 후 지금까지 수많은 희생자와 전비로 큰 값을 치루고 있는데, "국가살해(To Kill A Nation)"(Michael Parenti)라는 이 사건도 양의 문제로 역사화되어가고 있는 과정인가?

4) 관심

13. 사건에 대한 역사가의 관심은 사건 자체를 역사화하는 데 결정적 역할을 한다. 말하자면 역사해석의 문제는 한 사건에 대하여 역사가가 얼마나 관심을 갖고 있는가와 깊은 관계가 있다는 것이다. 카이사르(Julius Caesar, 100–44 B.C.)가 "주사위는 던져졌다"라고 말하고 건넜던 루비콘 강(the Rubicon)은 로마 역사의 한 장을 이루고 있는데, 왜 카이사르의 도강(渡江) 전후의 사건들은 무의미한 것인가? 카이사르와 루비콘 강의 관계는 역사가에 의해서 로마의 역사로 해석되면서 역사화된 것이다. 역사가의 관심이 이 사건 자체를 의미화한 것이란 뜻이다.

5) 해석

14. 사건 자체가 그대로 역사가 되는 것은 아니다. 사건에 대한 역사가의 해석에 의해 사건이 역사화됨으로써 사건은 의미를 갖게 되고 역사로서 평가되는 것이다. 그런데 문제는 역사가들마다 사건을 역사화함에 있어 주관적 차이를 극명하게 드러내게 된다는 점이다. 이것은 마치 같은 날 같은 장소에서 여러 명의 화가들이 해 돋는 바닷가의 풍경을 그려도 인상에 따라 서로 다르게 표현한 경우와 비견된다. 예를 들어 화가 A는 검푸른 바다에서 불끈 솟아오르는 해를 강조하기 위하여 포구의 어선들과 바위들을 상대적으로 작고 초라한 모습으로 그렸고, 화가 B는 그에게 강한 인상을 준 어촌의 토속적 정취를 강조하기 위하여 수평선에서 떠오르는 해를 작은 광원체(光源體) 정도로만 상징화해 그렸으며, 화가 C는 바위에 부딪혀 물보라 치며 밀려왔다 밀려가는 파도와 그곳에 쏟아지는 햇살을 강조하기 위하여 붉은빛으로 물들고 있는 아침의 힘찬 역동성을 화폭에 담아냈다고 가정해보자. 이 경우 이 3명의 화가들은 같은 풍경을 서로 다르게 표현(해석)하며 작품화(역사화)했는데, 그렇다면, 어느 그림이 사실(어촌)과 일치하는가? 화가들마다 같은 풍경을 표현하더라도 받은 인상에 따라 저마다 다르게 작품화한 것과 역사가들마다 같은 사건을 해석하더라도 역사관에 따라 저마다 다르게 역사화한 것 간에는 무슨 차이가 있는가?

15. 돌발된 사건이거나 인위적으로 만들어진 사건이거나 간에 사

건 자체는 역사가에 의해 해석되면서 다양하게 역사화된다. 이처럼 역사란 전적으로 역사가의 주관적 해석에 의해 만들어지기 때문에 역사의 객관성이란 존재하지 않는다. 사건 자체는 대상적이기 때문에 객관적일 수 있지만, 그것의 역사성은 역사가의 주관적 해석에 의해 창작되기 때문에 객관적일 수 없다. 이것은 역사란 비실재적이라는 것을 의미하기도 하고, 절대적이지 않다는 것을 의미하기도 한다. 역사성이 역사가의 주관적 해석에 의해 창작된다는 것은 역사화란 역사의 신화화와 같은 맥락에서 이해될 수밖에 없다는 것을 의미한다. 이런 점에서 본다면 역사가는 사건을 신화화하는 작가인 셈이다. 역사의 사실(史實)이 신화인 한, 역사의 내용은 가상(假象)의 실체일 뿐이다. 말하자면 역사가에 의해 역사화된 사건을 사실(史實)로 믿는다는 것은 역사가에 의해 신화화된 내용 ─ 정론으로 사관화(史觀化)된 것 ─ 을 역사로 인식한다는 것과 같은 뜻이다. 그런데 사람들은 이러한 역사인식으로부터 역사의식을 고취할 수밖에 없다.

6) 역사의식의 문제

16. 역사란 발생한 사건(geschehen → Geschichte)을 탐구하는 것(Historie)이며, 탐구된 내용을 이야기하는 것(Geschichte)인 한, 그리고 이러한 이야기 자체가 역사가의 창작이기 때문에 지어낸 이야기(Historie)인 한, 역사는 신화와 같은 것이다. 그럼에도 불구하고 민족마다 역사의식을 고양하기 위해서는 필연적으로 이 역사에 의존적일 수밖에

없는데, 그 정도는 매우 차이가 크다. 역사의식이 강한 민족일수록 자신들에 의해 자행된 사건들에 세계사적 의미를 부여하며 역사화 (=신화화)하려는 의지가 강하다.

강한 역사의식은 강한 민족을 만든다. 몽골과 이스라엘의 민족사는 이러한 예를 단적으로 증언하고 있다. 칭기즈칸(Genghis Khan, 1162–1227)의 몽골은 민족 정체성을 규합할 수 있는 역사의식보다는 강한 군사력에 의한 정복과 지배에 역점을 두면서 한때는 동유럽 제국에 이르기까지 영토를 확장했으나, 1368년 명나라에 패한 후 사분오열되며 멸망했다. 유대 민족은 야훼신앙(Yahwism)에 철저하게 뿌리를 둔 구속사적 역사의식(선민의식)을 갖고 있기 때문에 그들은 세계 곳곳에 흩어져 살면서도 작은 강대국가의 민족으로서 살아가고 있는 것이다.

7) 시대구분의 문제

17. '역사는 어떻게 만들어지는가?' 이 질문은 역사를 어떻게 시기화할 것인가 하는 문제와도 맞물려 있다. 역사는 문명의 발흥(發興)에 결정적인 계기가 되었던 동인이나 전기(轉機)에 따라 시기화되기도 하고, 사상의 획기적 전환점에 의해 신기원이 열린 때를 분기점으로 시기화되기도 하며, 왕조의 영고성쇠(榮枯盛衰)에 따라 시기화되기도 한다. 그러므로 무엇을 역사화하느냐에 따라 역사의 시대구분은 달라질 수밖에 없다. 서양 철학사의 경우 철학함의 대상에 따라 역사

적 시대구분이 이루어지고 있는데, 고대 – 중세 – 근세 – 현대로 4분
되어 있는 서양 철학사의 경우 고대는 자연을, 중세는 신을, 근세는
인간을, 현대는 사상을 중심 대상으로 철학했던 것이다. 그런데 문
제는 이 시대 분기점이 정확하지 않다는 것이다. 예를 들면 언제부
터 중세가 시작되었으며, 언제부터 근세가 시작되었는지, 그리고 언
제부터 현대가 시작되었는지 명확하지 않다는 것이다. 역사를 시대
구분 함에 있어 시간은 물리적으로 측정될 수 있는 일정한 양의 속
도로 흐르지만, 사건은 사회 · 심리적 역동성에 따라 질(質)의 진폭(振
幅)을 달리하기 때문이다.

4. 역사의 주체는 누구인가?

18. '역사의 주체는 누구인가?'라는 질문은 '누가 사건을 만드는 가?'에 관한 문제다. 이 문제의 발단은 역사관의 문제에서부터 야기된다. 인간의 삶의 현상과 관련된 모든 것은 대체적으로 양분되어 그 의미를 심화·발전시키며 고착화되거나 이론화되는 경향이 있다. '역사의 주체는 누구인가?'라는 질문과 관련해서 보더라도 이 문제에 접근하기 위한 방식의 양상이 양분될 수밖에 없다는 것은 불변의 진리다. '역사의 주체는 누구인가? 인간인가, 신인가?' 이 질문으로부터 역사철학이 유형화된다.

1) 역사의 주체로서의 인간

19. 인간을 역사의 주체로 간주하는 주장에 의하면 사건은 인간에 의해 만들어지고 기승전결의 과정을 거치면서 역사화된다. 이러한 입장에서 보면 카이사르가 루비콘 강을 건넜고, 히틀러(A. Hitler)가 제 2차 세계대전을 일으켰으며, 김일성이 6·25 전쟁을 일으켰다는 것

등은 이들의 자유의지의 결과인 셈이다. 그렇다면 이들은 그 사건의 결과까지도 그들의 자유의지대로 마무리 지었는가? 피살, 자살, 급사 등으로 무의미하게 생을 마친 저들은 자신들의 운명마저도 지배한 주체였는가? 만일 인간이 역사의 주체라면, 그래서 사건은 인간의 자유의지의 결과라면, 2004년 12월 26일 북수마트라에서 발생하여 동남아 일대를 휩쓴 지진해일은 어떻게 이해될 수 있는가?

20. 인간이 역사의 주체라면 역사의 동인은 인간의 자유의지에 의존적일 수밖에 없다. 이러한 논리에서 마르크스(K. Marx)는 프롤레타리아트(Proletariat)를, 칼라일은 영웅을, 민중신학은 민중을, 북한의 주체사상은 인민을, 토인비(A. Toynbee)는 인간과 인간집단을, 카(E. H. Carr)는 인간을 역사의 주체로 간주했다. 저들의 지론대로 인간이 역사의 주체라면, 인간은 역사적 결과에 대한 책임까지도 져야 할 정도로 절대적이어야 하며, 역사를 지배할 수 있는 초역사적 존재여야 할 것이다. 그렇다면 예를 들어 알렉산더 대왕, 카이사르, 칭기즈칸, 나폴레옹, 히틀러, 스탈린, 마오쩌둥, 호찌민, 김일성, 폴 포트(Pol Pot) 등을 비롯한 세계사의 수많은 영웅들, 천재들, 독재자들, 폭군들, 인민들, 사회의 하부구조에 속한 민중들은 역사를 움직인 초역사적 존재였는가? 파스칼(B. Pascal)은 "인간을 분쇄하기 위하여 전 우주를 무장할 필요는 없다. 증기나 물 한 방울로도 그를 죽이기에는 충분하다"라고 말한 바 있다.[3] 비록 자연의 미미한 존재일지라도 "생각하

---

3)   Blaise Pascal, *The Pensées*, trans. J. M. Cohen (Baltimore: Penguin, 1961), III, 264.

는 갈대"라는 인간보다 위력적이라는 이 교훈에는 무엇이 담겨 있는가? 물 "한 방울"만도 못한 인간이 자기 자신을 역사의 주체로 간주하는 것은 과대망상일 뿐이라는 비웃적거림과 은유(隱喩) 속 조소가 담겨 있는 것은 아닌지?

2) 역사의 주체로서의 신

21. 신 — 그것이 절대적 존재이든지 초월자든지, 숙명이든지 운명이든지 간에 인간을 초월하여 존재하는 힘으로 간주되는데 — 에 의해 섭리되는 역사과정에서 보면, 인간은 역사화되어가고 있는 사건에 객체로서만 관계할 수 있는 피동적 존재다. 이러한 역사관에 따르면 신만이 역사의 모든 과정을 기승전결(起承轉結)하는 주체며, 역사 자체의 동인이다. 대체적으로 역사의 운명론이나 종교적 역사관이 이러한 역사관의 주종을 이루고 있다. 기독교의 경우 이러한 역사관을 구속사(救贖史)로 규정한다. 구속사는 세속사(世俗史)와 대칭을 이루고 있으면서도 병행하고 있는 역사관이다.

3) 예정설과 자유의지의 문제

22. 칼뱅주의의 예정설(豫定說)에 의하면 인간사를 비롯한 모든 사건은 이미 결정되어 있는 잠세(潛勢)된 힘이 분출된 결과다. 말하자면

역사화될 사건은 이미 그 운명을 갖고 있다는 것이다. 이것은 신의 섭리에 의존하려는 신앙(Schicksalsglaube)과 같은 것이다. 신이 역사의 주체이기 때문에 만유의 사건은 신에 의해서만 결정될 수밖에 없다면, 인간에게는 어떠한 역사적 책임도 물을 수 없을 것이다. 이것은 인간이 역사적 책임에서 자유롭다는 말이다. 어쨌든 인간이 보잘것 없는 사건에서조차도 결정의 자유를 가질 수 없는 무력한 존재라면, 역사 자체는 인간과 직접 관계되어 발전되어가는 것이 아니고, 신에 의해 인간에게 후험적으로 주어졌거나 던져진 재앙(災殃)과 같은 것인 셈이다. 신에 의해 경륜되는 역사가 투쟁으로 점철된 역사이기 때문이다. 여기에 극단의 예정론이 풀 수 없는 모순이 있다. 이것은 역사이해에 대한 칼뱅주의의 자기모순이기도 하다. 동생 아벨(Abel)을 죽인 후 카인(Kain)에게 찍힌 낙인(Kainsstempel)이 인류사에 피의 오점을 찍은 단초라고 할 때(창 4:8), 카인이 그 피의 대가를 스스로 져야 하는지, 예정에 의한 사건의 책임에서 자유로운지? 칼뱅주의가 예정론을 철저히 고수하려 한다면 인류사는 처음부터 신에 의하여 피의 역사로 시작되도록 예정되었다는 점을 인정해야 할 것이다. 그렇지 않다면 역사의 주체 문제에 관해서 명확한 입장을 표명해야 할 것이다.

23. 기독교 역사철학은 신이 인간이 됨으로써 인간의 역사가 신의 역사로 변화되었다는 점, 따라서 인간은 역사의 피동적 존재로서만 존재가치를 가지고 있을 뿐 결코 역사의 참여자로서는 무의미한 생명체에 불과하다는 점을 강조한다. 사도 바울, 아우구스티누

스, 루터, 칼뱅 등의 신학으로부터 수유되면서 구축된 20세기의 근본주의 신학이 대체적으로 이런 입장을 고수하고 있다. 근본주의 신학의 요지는 성경에는 일점일획도 오류가 없다는 축자영감설, 그리스도 예수의 동정녀 탄생, 구속의 죽음과 부활, 최후의 심판 등을 강령으로 삼고 신앙일변도의 복음을 강조하는 것이다. 요즈음 이런 성향을 가진 신학자들이 신복음주의(neo-evangelism)라는 이름으로 세계 신학계 일각에서 활동하고 있다. 어쨌든 이러한 역사관의 문제는 인간의 역할을 노예화하고 있다는 점이다. 이에 따르면 역사의 주체인 신은 인간의 삶뿐만 아니라 의식과 의지까지도 결정하며 인간 자체를 철저히 지배하기 때문에 신의 역사(役事)는 '기계적 섭리(machine providence)'의 한 과정인 셈이다. 극단적 칼뱅주의는 이를 더욱 철저히 신앙화했다. 이들에 따르면 인간은 '신의 섭리에 의해 움직이는 기계(providential machine)'일 뿐이다.

24. 그런데 이런 논리의 모순은 에덴동산에서 사람이 신에게 불순종한 최초의 사건(창세기 3장)에서 찾을 수 있다. 인간이 에덴동산에서 하나님의 명령을 어기고 선악과를 따먹었다는 것은 인간의 피조성에는 극히 제한적으로나마 자유의지 ― 행동의 자유와 실천 의지 ― 가 주어져 있다는 것을 암시하는 것이다.

25. 십계명은 신이 인간에게 "너는 나 외에는 다른 신들을 네게 두지 말라"(출 20:3)는 명령으로 시작된다. 그런데 신은 왜 인간에게 다른 신들을 섬기지 말라고 명령했는가? 명령 이전에 다른 신들을 섬

기려는 신앙이 생겨나지 않게 할 수도 있는 신으로서 이방신 숭배를 계명으로 금할 정도라면, 인간은 자기 자신의 의지대로 "다른 신들을" 믿을 수도 있는 피조물이라는 말이 아닌가.

26. '선악과 사건'과 '제1 계명'의 기저(基底)를 이루고 있는 공통된 진리는 '인간의 본성에는 자유의지가 있다'는 것이다. 이것은 신에 의해 타락 이전에는 물론 타락 이후에도 계속 보증된 것이다. 신은 인간에게 자유의지를 주었지만, 극단의 칼뱅주의 신학자들은 이것을 죄로 간주하며 인간을 기계처럼 여기고 있다.

27. 역사의 주체가 인간이라면, 역사의 동인은 인간의 자율(autonomy)과 관계되어 있고, 역사의 주체가 신이라면 역사의 동인은 신율(theonomy)과 관련되어 있다. 자율이란 역사의 기승전결의 과정에 참여하는 인간의 의지의 성질이며 구조일 뿐 아니라 스스로 세운 규율에 따르는 행위다. 그러므로 인간을 역사의 주체로 설정한 역사철학에서는 인간의 법칙이 인간의 자유의지에 의해 결정되게 됨으로 역사란 도덕률과 마찬가지로 자기규범에 따를 수밖에 없게 된다. 그런데 문제는 역사란 인간의 자율에 의해서만 지배되지는 않는다는 점이다.

28. 그 반면에 신율이란 자율과 대응되는 개념으로서 틸리히(P. Tillich)에 의해 사용되기 시작하며 신학용어로 자리잡게 되었다. 틸리히에 의하면 "종교는 문화의 실체이고 문화는 종교의 형식이

다".[4] 그의 이론에 따르면 이 두 관계를 연결하는 힘이 신율이다. 이를 역사의 법칙에 도입하면 역사 자체는 신에 의해 결정될 수밖에 없으며, 따라서 역사 자체는 구속사일 수밖에 없다. 이런 역사철학의 일차적 문제는 역사를 구속사로 간주하려는 점이 아니고, 인간이 역사에 참여할 수 있는 길 자체를 차단하고 있다는 점이다. 역사는 신의 섭리의 장이며, 절대주권에 의한 예정된 지배에 예속된다는 이론, 즉 신율주의(theonomism)가 여기에서는 심각한 문제로 대두되게 된다.

---

4) Paul Tillich, *Der Protestantismus: Prinzip und Wirklichkeit* (Stuttgart: Evangelisches Verlagswerk, 1950), p. 93. "Religion ist die Substanz der Kultur und Kultur die Form der Religion."

5. 역사의 궁극적 문제는 무엇인가?

1) 인간중심주의 역사철학의 한계

29. 인간이 역사의 주체라고 주장하는 역사철학은 물론이려니와 신이 역사의 주체라고 주장하는 역사철학마저도 실제적으로는 역사의 본질에 완전히 접근하지 못했다. 인간은 역사에서 제한적으로 활동할 수만 있을 뿐, 결코 역사를 지배할 수는 없다. 더욱이 역사의 돌발에 제1 원인으로 능력을 발휘할 수는 없다. 인간은 역사를 사건이나 사건을 돌발한 동인과 관련하여 규정하든지, 그 사건의 과정이나 결과와 관련하여 규정하든지, 또는 그 사건에 대해 해석한 내용이나 의미와 관련하여 규정하든지 간에 사건에 대한 해석을 통해 역사를 만들어가는 정도의 참여자일 뿐이다. 그러므로 인간이 역사의 주체라는 것은 극히 제한적인 의미에서 주장되는 이론일 뿐 결코 인간의 영역이나 능력의 한계를 초월해서까지 인간이 역사를 만들고, 지배하고, 이끌어갈 수 있다는 것을 의미하는 것은 아니다. 이것이 인간중심주의 역사철학의 한계다.

2) 신중심주의 역사철학의 한계

30. 그 반면에 신을 역사의 주체로 신앙하는 입장은 신이 역사 자체를 무의미화하기 때문에 철저히 모순적이고 '비역사적'이다. 인간중심주의 역사가 무의미하듯, 같은 논리로 신중심주의 역사 역시 모순적이다. 인간중심주의 역사는 사건의 발단에 대해 규명을 할 수 없기 때문이며, 신중심주의 역사는 역사에서의 인간의 자유의지를 부정하기 때문이다. 이것이 신중심주의 역사철학의 한계다.

3) 이원론적 사고의 한계

31. 인간중심주의 역사철학은 역사를 신화화하고, 신중심주의 역사철학은 역사를 신앙화함으로써 궁극적으로는 역사의 본질 자체를 규정하지 못했다. 그럼에도 불구하고 지금도 세속사와 구속사는 사건을 대상으로 신화화 작업과 신앙화 작업을 계속하고 있다.

그러면 왜 지금까지 역사철학은 역사의 본질을 규정함에 있어 모순을 극복하지 못했는가? 이 문제는 인간의 본래성으로부터 그 단서를 찾아야 할 것이다. 인간의 의식구조는 처음부터 대칭적 — 남자와 여자, 음과 양, 열과 냉, 빛과 어둠, 상과 하, 좌와 우 등등 — 으로 고착되어 있다. 심지어 인간의 사고방식까지도 이에 의해 지배된다. 그렇기 때문에 인간의 의식구조와 사고방식은 이런 한계를 초월하기 어렵다.

이 문제는 역사의 이해에 있어서도 계속된다. 역사의 주체가 인간이냐 신이냐의 문제는 인간중심주의냐 신중심주의냐의 문제와도 맞물려 있다. 이 문제 역시 역사의 주체를 결정하는 데 직접적인 영향을 미친다. 역사가 역사가에 의해 만들어진 신화나 창작품에 불과하다는 것은 역사가 신의 절대섭리에 의한 운동에 불과하다는 논리와 사실상 동일한 착상의 결과적 차이일 뿐이다. 문제는 역사가 이런 이해의 차원에서 계속되는 한 인간은 더 이상 역사의 본질에 대한 정확한 이해나 규정을 하지 못한 상태에서 역사이론의 반복만을 계속하며 인류사를 기만하게 될 것이다. 역사란 양자택일적으로 그 본색을 나타낼 수밖에 없는 어떤 것인가? 역사를 그 자체의 본질분석을 통해 비판·해석하며 규정할 수는 없는가? 만일 그러한 역사철학이 탄생한다면 인류사는 역사를 어떻게 해석할 수 있을 것인가?

4) 인간의 역사적 본질

32. 인간은 '역사창조적'이며, '역사의존적'이라는 양면성을 갖고 살아가는 역사적 존재다. 무엇이 인간을 역사적으로 만들었는가?

첫째, 창세기에는 "여호와 하나님이 땅의 흙으로 사람을 지으시고 생기를 그 코에 불어넣으시니 사람이 생령이 되니라"(창 2:7)라는 내용이 기록되어 있다. 이 기록에는 흙으로 만들어진 인간은 생득적으로 흙과 공생의 관계로 존재하며 살아갈 수밖에 없다는 사실이 깔려 있다. 이런 맥락에서 보면 인간의 삶은 흙과의 관계에서 시작하여 역사화된 실체다. 한마디로 말해서 역사 자체가 땅에서 일어난 사건이라는 것은 역사는 흙의 현상학과 깊은 관계가 있다는 것이다. 이것은 흙과 공생의 상대인 인간이 흙의 현상적 사건을 만들고 해석하며 역사화할 수 있는 존재라는 것을 의미한다. 말하자면 인간은 역사에 책임적 존재로 참여할 뿐만 아니라 역사의 기승전결 과정에 적극적이고 능동적인 주체로 참여하는 존재라는 것이다. 인간이 역사를 만들어가고 있는 주체라는 것은 이런 의미에서 이해될 수 있다. 역사를 결정하는 역사성이란 인간에게 태초부터 잠재되어 있는 가소성이며, 이것이 객관적으로 표출될 때 사건이 역사화되는 것이다.

인간이 존재한다는 것은 의식하며 살고 있다는 것이며, 이렇게 산다는 것은 창조적으로 행동할 수도 있다는 것을 의미한다. 인간이 무엇인가 발명하거나 새로운 것을 만들어낸다는 것은 인간에게는 창조능력이 잠재되어 있다는 것을 입증하는 것이다. 인간은 이 능력으로 문명을 일으키고, 문화를 창달하며, 인류의 삶을 미래에로 추진한다. 말하자면 인간도 신과 마찬가지로 창조적 존재라는 것이다. 물론 신의 창조능력과 인간의 창조능력을 수평적으로 비교할 수는 없지만, 인간이 "하나님의 형상"(창 1:26-27)인 한, 틀림없이 인간에게도 창조능력이 부여되어 있을 수밖에 없다. 신의 창조가 '무에서 창조(creatio ex nihilo)'인데 반해, 인간의 창조는 '창조로부터의 창조(creatio ex creatio)', 즉 유에서 유의 창조인 것이다. 어쨌든 인간은 이런 능력을 갖고 역사의 사건에도 간섭하며, 때로는 사건 자체를 유발하기도 하고, 그 결과의 영향을 받기도 한다. 물론 인간의 이러한 역사적 행위는 제한적이므로 그 자체로서는 전적으로 인간의 창조로만 간주할 수 없는 부분도 있다. 그러나 인간이 역사의 주체로서 사건의 기승전결 과정에 직접 참여할 수 있는 존재라는 것은 인간에게는 역사를 만들어갈 수 있는 창조적 능력이 부여되어 있다는 것을 의미하는 것이다.

둘째, 인간은 어느 경우에라도 역사의 지배에서 자유로울 수 없다. 예를 들면 히틀러가 제2차 세계대전을 일으켰지만 자신의 의지대로 전쟁이 진행되고 종결된 것은 아니다. 사건이 인간에 의해 유발되었다고 할지라도 그 사건의 과정과 인과율까지 인간이 조정할 수는 없다. 인간은 사건으로서의 역사를 만들 수는 있지만 그렇더라도 역사를 지배할 수는 없다. 어머니가 아이를 낳을 수는 있어도 아이의 일생을 지배하며 어머니의 예상대로 만들어갈 수는 없다. 아무리 어머니가 자신의 양육방식과 교육철학대로 아이를 키우려 해도 이미 아이의 유전자에는 그 자신만의 특징과 그 자신의 세계관이 함축되어 있기 때문에 — 이런 의미에서 인간을 '소우주'라고도 함 — 어머니는 아이의 미래까지도 완전히 지배하며 주형해갈 수는 없는 것이다. 이러한 원칙은 역사에서도 예외가 아니다. 인간이 역사화될 수 있는 결정적 사건을 유발해도 일단 돌발된 사건은 인간의 의지와는 관계없이 — 독일의 패망이 히틀러의 의지와는 무관함 — 그 사건을 움직여가는 과정에 의해 진행되어가며 결과에 도달하게 된다. 그 영향과 그로 인한 인류의 변화된 사회·문화적 제 현상들은 새롭게 유발될, 다가오고 있는 사건들과 인과관계를 이루며 끊임없이 역사를 증폭해간다.

다시 한 가지 예를 들어보자. 한 소년이 강가에서 돌팔매질을 하면 때로는 물고기가 돌에 맞아 죽기도 하고, 갑자기 물결이 일기 때문에 강바닥에 있던 고기들이 급하게 도망치기도 하며, 이런 와중에 큰 물고기에 잡혀먹히게도 된다. 어쨌든 물밑은 한 소년의 돌팔매질 때문에 부산스럽게 된다. 그렇지만 심심풀이로 돌을 던진 소년은 물밑에서 벌어질 사건의 진행과정과 그 결과 및 인과관계까지는 결코 알 수도 없고 예측할 수도 없다. 이 소년의 경우처럼 인간은 사건을 유발할 수는 있지만, 그 사건의 과정까지 지배할 수는 없다. 인간이 역사의 지배에서 자유로울 수 없는 이유는 그 자신이 역사적 존재이기 때문이다. 마르크스를 비롯하여 인간을 역사의 주체로 간주하는 역사가들의 모순은 돌팔매질을 한 소년이 물밑에서 벌어진 사건의 인과관계까지 모두 지배할 수 있다고 확신하는 데 있다.

6. 역사철학의 코페르니쿠스

1) 초월의 문제와 한계의 문제

33. 역사가 '인간과 무관한 역사'와 '신과 무관한 역사'로 양분될 수밖에 없다는 것은 역사가 본래적으로 역사화되지 못했다는 것을 의미한다. 역사란 인간이 존재하는 한 가능한 어떤 것이기 때문에, 인간이 존재하지 않는 곳이나 인간이 배제된 곳에서는 어떤 사건도 결코 역사화될 수 없다. 무인도에서 역사가 발생할 수 있는가? 이 질문에는 역사는 무조건 인간과의 관계에서 가능한 것이라는 점과 그렇기 때문에 인간은 사건을 역사화할 수도 있다는 점 등이 함축되어 있다. 허리케인이 무인도를 강타하여 수십 그루의 나무들이 쓰러졌다 하더라도 그 사건은 역사화될 수 있는 사건이 아니다. 그러나 허리케인이 남부 플로리다를 강타하여 수십 명의 사람이 희생됐다면 그 순간부터 이미 그 사건은 미국의 역사로 되고 있는 것이다.

34. 사건은 인간의 한계 내에서만이 아니라 인간의 한계를 초월해서도 역사화되어 간다. 예를 들면 제2차 세계대전의 발발은 히틀러

라는 한 인간의 한계 내에서 돌발된 것이었지만 전쟁의 결과 — 유태인 학살, 독일의 패망과 분단, 이탈리와 일본의 패망, 한국의 분단, 미 · 소 양 진영의 이념 대립, 한국전쟁 발발, 동서 간의 냉전 등등 — 는 인간의 한계를 초월하여 돌발적으로 야기되며 역사화되어 갔다.

이처럼 역사는 인간의 능력을 초월한 영역까지도 지배하기 때문에 역사의 제1 동인을 필요로 한다. 이것을 역사의 숙명이나 운명이라고 하든지, 필연적이고 절대적인 존재나 신이라고 하든지 간에 역사는 이 존재에 의해 역사(役事)되고 기승전결의 궁극적 과정에로 추진된다. 이것이 인간의 한계를 초월한 힘의 역사(役事)인 것이다.

35. 기독교 역사철학의 모순은 이 힘, 즉 신의 절대주권에 역사를 맡김으로써 역사를 창조함에 있어 인간이 어떤 형식으로든지 주체로 참여할 수 있는 가능성을 배제하고 역사의 과정 자체를 신앙화한 점이다.

36. 역사는 신과는 물론 인간과도 관계를 맺고 있기 때문에 역사인 것이다. 인간과 무관한 곳에서 역사적 사건이 야기될 수는 없다. 역사란 신에 의해 지배되기는 하지만, '인간이 없는 역사'란 역사가 아니고, 다만 신의 역사(役事)일 뿐이다. 창세기에 의하면 신이 땅의 흙으로 자신의 형상을 만들고 생기를 불어넣어 생령이 된 존재가 인간이다. 인간이 땅의 흙으로 만들어졌다는 것은 무엇을 의미하는가? 모든 역사는 땅에서 발생하는 사건이므로 흙의 본질인 인간은 본질적으로 역사적이며, 그렇기 때문에 신 – 인간 – 땅 – 역사는 공

생감을 갖고 있다는 것을 의미하는 것이 아닌가.

37. 하나님의 형상과 생기를 받은 존재로서의 인간은 무엇을 할 수 있는가? 이 문제는 신과 인간의 창조성에 관한 논의를 불러일으킨다. 신은 창조주이지만 인간도 극히 제한적으로나마 창조적이다. 이것은 인간에게 주어진 신의 형상과 생기 때문에 가능한 것이다. 역사의 마당인 땅에서 역사와 공생감을 가진 인간이 행하는 일거일동은 결과적으로 역사를 창조하는 행위인 것이다. 이런 권한은 신에 의해 인간을 창조할 때 이미 주어진 것이다.

2) 역사의 시작

38. 역사는 이미 에덴동산에서 시작됐다. 신이 흙으로 인간을 만드는 행위로부터 역사는 기원한다. 그러므로 역사가 흙과 관계된 인간의 행위에서 해석될 수밖에 없다는 것은 이 흙으로 인간을 만든 신의 창조행위가 '역사를 만들어간 행위' ― 6일 동안의 창조와 7일째 되는 날 안식 ― 로 해석될 수 있다는 것을 입증하는 것이다. 신은 인간을 창조할 때 인간도 흙으로 무엇인가 만들어갈 수 있는 존재, 역사를 창조할 수 있는 창조성까지 넣어 완전한 인간, "신토불이 인간(*homo Sintobul'yicus*)", "신토율 인간(*homo thegeonomicus*)"으로 창조했다.[5] 창세기는 이를 입증하고 있다.

---

5)　신학적 인간학은 "하나님의 형상"인 인간의 창조-생명-타락-구속의 과정에 관한 진술

26하나님이 이르시되 우리의 형상을 따라 우리의 모양대로 우리가 사람을 만들고 그들로 바다의 물고기와 하늘의 새와 가축과 온 땅과 땅에 기는 모든 것을 다스리게 하자 하시고 27하나님이 자기 형상 곧 하나님의 형상대로 사람을 창조하시되 남자와 여자를 창조하시고 28하나님이 그들에게 복을 주시며 하나님이 그들에게 이르시되 생육하고 번성하여 땅에 충만하라, 땅을 정복하라, 바다의 물고기와 하늘의 새와 땅에 움직이는 모든 생물을 다스리라 하시니라(창 1:26-28).

이 기록에는 신이 피조물을 섭리하듯이 그의 형상대로 만들어진 인간도 땅을 다스릴 존재임을 명시하고 있다. 신이 흙으로 인간을 만들었다는 것(창 2:7)은 흙에서 인간의 역사가 발생하며 인간이 이 흙 때문에 역사적 존재가 되었다는 것과 일맥상통한다. 이처럼 신과 흙, 흙과 인간, 인간과 신의 관계에서 역사의 규범을 찾을 때 역사는 올바로 해석될 수 있을 것이다. 이런 법칙이 신토율(神土律, thegeonomy)이다.

과 인간의 하나님 인식에 관한 진술에 집약되어 있다. 이에 근거하여 수많은 신학자들이 자신들만의 신학적 인간학을 주장했다. 하지만 간추려보면 저들의 주장은 계시신학에 근거한 인간이해 아니면 자연신학에 근거한 인간이해로 분류·정리된다. 문제는 어느 신학자도 창조신학적-구속신학의 관점으로, 다시 말해서 신·토 관계의 신학으로 인간의 본질을 규명하지 못했다는 점이다. 인간은 피조물 중에 유일하게 "하나님의 형상"이며, 동시에 만물의 속성인 토(土)로 된 유일한 피조물이다. 그렇기 때문에 인간은 제한적으로나마 자유의지와 창조능력을 행사할 수 있다. 신토불이 신학은 인간에 주어진 이런 속성 때문에 인간을 창조적 존재며 책임적 존재로 규정한다. 덧붙이자면 인간의 삶에는 피조물의 원피조성을 결정하는 본래성이 주어져 있는데, 이것으로 인간은 삶의 주체로서 역사에 관계하며 존재한다. 신토불이 신학은 이 법칙을 신토율이라고 한다. 이런 맥락에서 신토불이 신학은 인간을 "신토불이 인간", "신토율 인간"이라고 규정한다.

39. 역사가 기승전결의 과정을 거치면서 역사가에 의해 역사로서 의미를 갖기 위해서는 신율이나 자율에서 해방되어 신토율에 의한 역사성을 창출해야 한다. 신율이나 자율은 틸리히에게서 보듯이 역사를 극단적으로 해석하는 도구와 같은 것이므로 모순적이다. 일반 역사철학에서는 수용하기 어려운 독선적 역사관이 틸리히의 역사관이다.

3) 카이로스와 무극

40. 틸리히는 세속사에 도래하여 구속이 이루어진 시간을 "카이로스(Kairos)"라 규정한 바 있다. 그는 카이로스를 역사의 규범으로 간주한다. 하지만 이런 논리는 역사의 규범을 시간(time)의 질적 변화와만 관련하여 설정한 것이므로 역사가 펼쳐지는 땅(space)의 현상에서는 이해될 수 없는 한계성을 갖고 있다. 역사의 규범은 우주적 실체 자체를 구성하고 있는 시공 연속체(time–space continuum)와 연계된 실체여야 한다. 역사가 땅과 관계되어 있다는 것은 역사의 규범이 땅의 실체에 의해 영향 받는다는 것을 의미한다.

역사의 규범이 시간이냐, 시공 연속체냐의 문제는 성육신의 사건에서도 차이를 드러낸다. 틸리히에 의하면 성육신은 영원한 존재가 시간 내의 존재로 카이로스화된 사건이다. 하지만 하나님은 시공간을 초월하여 지금 이곳에서도 성육신될 수 있는 존재다.

틸리히는 카이로스를 세속사에 침투한 신율로 규정하며 역사적 개념으로 실체화했지만, 엄밀히 말해서 땅에서 펼쳐지는 역사에 직접적이고 결정적으로 관계되는 역사의 법칙은 신토율이며, 이 경우 역사의 규범은 무극(無極)이다. 카이로스는 '영원이 시간이 된 존재'인 데 반해서 무극은 시간과 공간을 아우르며, 만물의 존재근원(太極)을 결정하는 무궁한 존재, '무한이 유한이 된 존재', '무한한 유한(the infinite finite)'이다. 신토불이 신학은 무한(無限)을 한이 없는 시간과 공간의 개념으로 규정한다.

4) 신토율

41. 신토율은 신(神)의 역사와 땅(土)의 역사가 교직(交織)되어가며 사건을 역사화해가는 역사철학의 새로운 법칙이다. 이에 따르면 역사의 주체가 신 아니면 인간이라는 극단적인 양자택일의 역사철학이나, 신비주의적이고 무역사적인 초역사주의(metahistorism) 등은 역사에 대한 편견으로 인해 역사 자체를 올바로 해석할 수 없다. 신토율은 신도 인간도 역사의 주체이기 때문에 사건이 역사화될 수 있다는 역사해석의 새로운 규범이다.

모든 사건은 신토율에 의해 역사화되기 때문에 모든 역사는 '신토율 역사(historia thegeonomia)'다. 에덴동산에서부터 인류사 자체는 신토율의 역사였다. 그러므로 역사는 새롭게 규정되어야 한다. 역사철학에서도 코페르니쿠스가 요청되는 이유는 이 때문이다. 신토율의 역사철학에서는 신과 인간이 역사의 주체다. 신만이 역사의 지배자라

고 하는 신중심주의 역사철학은 인간을 비역사적 존재로 규정하는
것이고, 인간만이 역사의 지배자라고 하는 인간중심주의 역사철학
은 신을 무역사적 존재로 규정하는 것이다.

5) 생토율

42. 역사는 신과 인간에 의해 피조세계 자체 — 땅과 땅과 연관된
만물 — 와도 기승전결의 관계로 연결되어 있다. 이것은 역사가 생
물권(biosphere)과도 분리될 수 없는 것임을 입증하는 것이다. 생명(*bios*)
에는 그 나름대로 법칙(*nomos*)이 있지만 각 생명체마다 정해진 궤도
를 이탈하지 않고 순리대로 움직이는 것 — 동물이 식물로 변이되지
않고 동물로서만 생존하는 것이나, 식물이 돌과 같은 무생물로 변이
되지 않고 식물로서만 생존하게 되는 자연에 의해 주어진 생명 원리
— 은 생명체에 잠재되어 있는 생체자기제어(biofeedback) 본능 때문이
다. 헤라클레이토스(Heracleitos)가 "만물유전(*panta rhei*)"을 역설한 것도
생명현상을 삼라만상에서 직관했기 때문이다. 어쨌든 역사는 인간
이 있는 곳에서는 생명의 법칙과도 직결되어 인간에게 영향을 미치
게 된다. 땅의 흙으로 만들어진 인간이 땅과의 관계에서 생명권의
영향을 받으며 존재한다는 것은 땅에서 기승전결 되는 역사가 생명
체임을 의미한다. 신토불이 신학의 역사철학은 이런 역사의 관점을
'생토율(生土律, biogeonomy)'로 규정한다. 역사의 운동 자체가 생토율에
의해 정해진 궤도를 달리게 된다는 것은 역사 자체가 땅에서 움직이

는 생물이기 때문이다.

6) 인토율

43. 창세기에 의하면 인간은 하나님의 형상대로 흙으로 만들어졌고, 하나님의 생기를 받아 생령이 되었다. 신은 이 인간에게 제한적으로나마 자유의지와 창조성을 부여했다. 그렇기 때문에 인간은 역사의 기승전결에 창조적 주체로 참여하며 사건을 역사화할 수 있게되었다. 이 인간이 "신토불이 인간"이다. 정리하면 "신토불이 인간"은 하나님의 형상, 흙으로 만들어졌기에 흙과 동질성(homogeneity)을 가진 존재, 우주만물 가운데 유일하게 하나님의 생기를 받은 피조물, 자연을 다스릴 수 있는 능력과 사건을 결정할 수 있는 자유의지를 가진 존재, 역사는 땅에서 야기되기 때문에 흙과 동질적인 인간이 땅의 역사에 필연적으로 참여할 수밖에 없는 공생자(symbiont) 등으로 규정된다. 그러므로 흙과 동질적이며 공생적인 "신토불이 인간"이 역사의 주체가 된다는 것은 역사철학의 새로운 관점이다.

틸리히는 세계와 정신에 편재되어 있는 로고스가 역사를 움직인다고 주장한 바 있는데, 이것은 '역사이성론(historiorationalism)'에 가깝다. 이러한 주장에는 자율이 역사의 역동적 원리라는 사상이 잠재되어 있다. 그러나 역사이성론의 모순은 역사의 마당, 즉 인간의 삶의자리를 고려하지 않고 오직 역사의 시간성에만 초점을 맞춘 점이다. 역사는 인간과 땅의 상관관계에서 해석되어야 하고, 이런 맥락에서 그 운동 법칙을 찾아야 하며, 시간과 공간을 융합하며 창조적으로 활동하는 원리 — 태극의 이기원리 — 에 의해 해석되어야 한다. 인간은 흙이고, 흙인 땅은 역사가 기원하는 자리이며, 이 자리에서 인간이 사건을 어떻게 비판·해석하며 역사화하느냐 등이 순환적으로 발생하게 된다. 이 법칙이 '인토율(人土律, anthropogeonomy)'이다. 중요한 것은 인토율에서도 신의 역사(役事)는 창조적이고 결정적이며, 절대적이고 필연적이라는 사실이다.

7) 역사의 의미와 실체의 결정

44. 신과 인간은 흙을 매개로 연결되어 있고, 인간과 역사도 흙을 매개로 연결되어 있다. 이것은 역사가 땅(흙)에서 발생될 수밖에 없다는 사실을 시사하는 것이다. 창세기에는 이러한 사실이 명료하게 기록되어 있다. 신토불이 신학의 역사철학에 따르면 ① 신과 땅과 인간과의 관계법칙인 신토율에 의해, ② 생명의 유기체로 본질규정되는 만물의 생명현상과 땅과의 관계법칙인 생토율에 의해, ③ 하나님의 형상이며 흙으로 만들어진 인간과 그 인간의 역사가 발생하는 땅과의 관계법칙인 인토율에 의해 역사의 실체와 의미가 결정된다.

8) 신토불이 신학의 역사철학

45. 정리해보면, 신토불이 신학은 창조자이며 존재 자체인 무극 ─ 우주만물의 생성소멸에 직결된 이기(理氣)의 무궁한 원리로서, 태극이 우주만물의 근원이 되도록 하는 이기의 제1 원인 ─ 과 존재의 근원인 태극의 이와 기 2가지 원리들과 신토율, 생토율, 인토율이라는 신토불이의 3가지 법칙들(*nomos*) ─ 기독교의 삼위일체 구조와 유사함 ─ 로 구조되어 있다. 그리고 3가지 법칙들의 각각은 3가지 요소들을 그 자체 안에 갖고 있다. 천(天)·지(地)·인(人)은 신토율의, 진(眞)·선(善)·미(美)는 생토율의, 지(知)·정(情)·의(意)는 인토율의 요소들이다. 이 9가지 요소들은 신토율, 생토율, 인토율과의 상향적 관계를 통해 본질적으로 무극과 불이관계로 연계되어 있고, 현상적으로는 2가지 원리들(이와 기)과 3가지 법칙들과 9가지 요소들 상호 간의 교차관계로 생성된 54가지 존재 양태들과 하향적으로 연계되어 있다. 이들은 씨줄과 날줄처럼 상하좌우로 교직(交織)되어 있지만, 결코 각각 단절됨이 없이 그물망처럼 직조(織造)되어 있다.

신토불이 신학의 역사철학은 무극과의 수직적 관계와 그 결과로 파생되는 삶의 존재 양태들 간의 수평적 관계에서 사건을 역사화하는 것이며, 이에는 이와 기, 그리고 시간과 공간이 필연적이고 본질적으로 관계되어 있다.

7. 맺음말

46. 인간을 역사적이라고 규정할 정도로 역사는 인간과 깊은 관계를 맺고 있다. 그러나 역사란 무엇이며, 어떻게 만들어지는지, 역사의 주체는 누구이며, 어떤 문제를 갖고 있는지 등에 대한 연구는 아직도 진행 중에 있다.

47. 사건은 역사가의 관심과 해석에 의해 역사화된다. 그런데 문제는 역사가가 관심을 가져야 할 사건을 결정하는 기준이 애매하다는 것이다. 어떤 사건이든지 역사화될 수는 있지만, 모든 사건을 역사화할 필요는 없다.

48. 역사가가 어떤 사건에 관심을 갖고 그 사건을 해석함으로써 그 사건이 역사화되었다면 역사가의 행위는 창조적이다. 역사가가 무신론자라면 그에 의해 역사화된 사건은 인간중심주의적으로 이해될 것이고, 역사가가 유신론자라면 그에 의해 역사화된 사건은 신중심주의적으로 이해될 것이다.

49. 이런 관점에서 보면 역사는 어떤 형식으로든지 만들어지게 되는데, 그 주체가 인간이냐 신이냐에 따라 인간중심주의 역사철학과 신중심주의 역사철학으로 구분된다. 그러나 이 두 유형의 역사철학은 역사의 본질과 의미를 서로 극단적으로 이론화함으로써 역사의 단면(單面)만을 역사성(Geschichtlichkeit)으로 규정하는 오류를 범했다. 그런데 더 큰 문제는 저들이 그 오류 자체를 인정하지 않는다는 점이다.

50. 역사철학의 문제는 역사를 결정함에 있어 인간의 자유의지를 무시하거나 필연적이고 초월적인 존재의 역사적 활동을 무시함으로써 어느 입장에서도 역사의 본질을 완전히 규정하지 못했다는 점이다.

51. 헤로도토스(Herodotos)로부터 지금까지 역사는 계속 양자대립의 구도로 진행되어 왔다. 그렇기 때문에 어느 입장에서도 완전한 역사철학을 제시하지 못했다. 더욱이 대부분의 역사철학은 역사를 시간적 차원에서만 문제화해왔다. 역사란 사실상 자연이라는 땅과의 관계에서 펼쳐진 인간의 삶에 대한 시공간적 평가인데도 말이다.

52. 역사철학에도 이제는 기존의 패러다임을 혁명적으로 뒤엎고 역사 자체를 혁신적으로 정립해 갈 코페르니쿠스가 요청된다. 신토불이 신학의 역사철학은 이 과업을 수행하기 위해 사건을 시간의 차원에서 역사화하곤 했던 기존의 틀을 과감히 부정하고, 사건을 시

간과 공간의 융합 차원에서 역사화하는 새로운 역사 구조론을 제시했다. 이것은 사건의 역사화에 우주의 원리 — 신토율, 생토율, 인토율을 실재화하는 과정에 이(理, *Principia*)와 기(氣, *Energia*)로 관여하여 작용하면서 질료와 형상의 조화일치에 따라, 또는 부동의 동자의 존재양태에 따라 역동하는 만유의 원칙 — 가 필연적임을 의미한다. 신토불이 신학의 역사철학은 이러한 원리에 따라 사건을 역사화함으로써 역사이해에 신기원을 열었다는 데 의의를 둔다.

X

神土不二 神學의 본질과 현상

한국 기독교사,
어떻게 읽을 것인가?

1. 머리말

1. 역사의 주체는 신인가, 인간인가? 기독교 2,000년사는 이 질문에 대한 대답으로 점철된 역사라 해도 과언이 아닐 것이다. 누가 역사의 주체인가에 따라 기독교 역사관이 결정되기도 했고, 이에 따라 신학이 개성화되기도 했기 때문이다. 그러나 문제는 신 아니면 인간이라는 양자택일의 역사관은 매우 편협하고, 극단적이기 때문에 사실상 완전한 역사관이 될 수 없다는 점이다. 신은 인간이 존재하기 때문에 역사의 주체이며, 인간은 신이 자신의 형상대로 창조했기 때문에 역사적 존재인 것이다. 이것은 신은 물론이고 인간도 사건들을 역사화 하는 데 책임적 존재라는 것을 입증하는 것이다.

2. 나는 신이 역사의 주체라는 역사관에서는 섭리사관과 선교사관만을, 인간이 역사의 주체라는 역사관에서는 민중사관만을 표본으로 택하여 진술할 목적으로 이 글을 쓴다. 그러므로 이 글의 취급 범위는 제한적일 수밖에 없다.

3. 신과 토의 수직적 관계와 피조물(天·地·人) 간의 수평적 관계가

교직된 신학구조로 역사관을 설명할 수 있다면, 가장 완벽한 역사관이 될 수 있을 것이다. 나는 이 새로운 역사관을 '신토불이 신학(神土不二 神學)의 역사관', 즉 '신토중심주의 역사관'으로 규정한다.

4. 이 글의 궁극적 목적은 신토중심주의 역사관으로 한국 기독교사를 풀이하려는 것이다.

2. 역사에 관한 전이해

　5. 역사관은 누가 사건들의 주체로 역사(役事)했는가에 관한 입장과 역사의 동인들에 대한 해석에 의존적이므로 다분히 주관적이며, 상대적이다. 대체적으로 신이 사건들의 주체라는 입장과 해석은 '신중심주의 역사관(die theozentrische Geschichtsanschauung)'으로, 인간이 사건들의 주체라는 입장과 해석은 '인간중심주의 역사관(die anthropozentrische Geschichtsanschauung)'으로 유형화되었다. 그러나 문제는 이러한 고정관념이 역사인식과 역사의식을 고착시켰다는 점이다. 이것은 역사관이 이 두 가지 유형들 — 편의상 신중심주의 역사관을 제1 유형으로, 인간중심주의 역사관을 제2 유형으로 분류함 — 이외에는 어떠한 형식과 내용으로도 유형화되지 못했다는 것을 의미하는 것이다.

　6. 신중심주의 역사관은 신의 절대주권을 역설하며 역사의 기승전결(起承轉結)을 신학적으로 해석하려 하지만, 인간의 존재를 배제한 상태에서는 어떤 역사도 성립될 수 없다는 점을 간과하고 있다. 신이 역사의 주체라고 하지만 인간의 참여가 없는 역사는 역사가 아니

다. 신은 인간이 존재하지 않는 곳에서는 역사의 주체로 역사할 수 없다. 인간이 존재하지 않는다면 역사 자체도 있을 수 없는 것이다. 역설적이게도 전지전능한 신조차도 인간 때문에 역사의 주체가 될 수 있고, 인간 때문에 역사의 주재자(主宰者)가 될 수 있다. 이것은 신이 '절대적 존재'이기는 하지만 신 역시 '상대적 존재'라는 것을 의미한다. 신은 인간과의 관계로 인해서 역사의 주체로 인식될 수 있는 존재며, 동시에 이 관계로 말미암아 창조주로 신앙될 수 있는 존재다.

신중심주의 역사관은 신이 역사의 주체이므로 구조 자체가 수직적 관계로 되어 있다. 기독교 역사관의 문제는 기독교가 선과 악, 성과 속, 영생과 영멸, 빛과 어둠 등등 이분법적 세계관으로 역사 자체를 해석하기 때문에 인간은 역사과정에서 어떠한 역할도 할 수 없고, 오직 신만 섭리와 예정에 따라 역사를 움직일 뿐이라고 신앙하는 점이다. 신의 절대주권과 절대예정은 역사를 신율역사로, 문화를 신율문화로 전이(轉移)한다. 신중심주의 역사관은 계시에 의존적이므로 역사를 수직적 관계로 해석한다.

신중심주의 역사관은 신이 시간을 초월한 존재로 역사한다는 신앙에 기초하고 있다. 이것은 한 구체적인 사건이 어떻게 '시간을 초월한' 사건으로 역사화될 수 있었는지, 시간이 어떻게 '시간 내의 영원'으로 될 수 있었는지, 구체적으로 말해서 나사렛 예수가 어떻게 신이 될 수 있었는지, 그 양상을 연구·기술하는 역사관이다.

7. 이에 반하여 인간중심주의 역사관은 인간을 역사의 주체, 시간

내에 제한된 존재로 규정한다. 인간은 '역사의 주체+알파(α)'로서 사건들을 역사화할 수 있는 숙명적 존재다. 인간의 입장에서 보면 역사의 기승전결이 인간에 의해 결정되는 것처럼 보이겠지만, 이 알파라는 초월적 실재를 인간은 결코 조정할 수 없다. 인간중심주의 역사관은 천재, 영웅, 초인, 민초(民草), 사회구조, 민족의식, 성지의식, 절대정신, 이념, 민족성, 민족혼 등에서 알파의 실재를 찾으려 한다.

인간중심주의 역사관은 인간이 역사의 주체이므로 구조 자체가 수평적 관계로 되어 있다.

인간중심주의 역사관은 알파가 어떻게 상이한 시대를 관통해가면서 '시간 내'의 실재로 역사화될 수 있었는지, 일파의 실재가 어떻게 세 때를 관통해가며 끊임없이 '영원한 현재의 원인'으로 될 수 있었는지, 구체적으로 말해서 알파가 어떻게 역사적 실재로 될 수 있었는지, 그 양상을 연구·기술하는 역사관이다.

8. 지금까지 역사관은 이 두 가지 유형으로 분류되어왔다. 신중심주의 역사관에 입각해서 정형된 제1 유형은 '시간을 초월한' 차원에 의존적인 역사관으로서 구속사(救贖史)와 직결되어 있다. 그 반면에 인간중심주의 역사관에 입각해서 정형된 제2 유형은 '시간 내'의 차원에 의존적인 역사관으로서 세속사(世俗史)와 직결되어 있다. 구속사는 세속사를 '내용 없는 역사'로 간주하기 때문에 무의미하고 헛된 것이라며 비판하고, 세속사는 구속사를 신화론의 일각(一角)으로 간주하기 때문에 역사학의 담론에서 배제한다.

9. 그러나 사건 자체가 신 아니면 인간에 의해 역사화된다는 주장은 모순적이다. 신은 인간이 존재하지 않는 곳에서는 사건들을 역사화할 수 없으며, 인간 역시 신 — 존재 그 자체, 지고선, 존재의 근원, 제1 원인 등 다양하게 개념화될 수 있음 — 과의 관계를 단절하고서는 사건들을 역사화할 수 없다.

10. 기독교의 역사이해에서 드러난 두 가지 역사관들의 사상적 전거는 어디에 있는가? 기독교는 유대교의 신독점주의(theomonopolism) 역사관을 계승하여 역사관의 정설로 수용하면서 유대 민족의 선민의식(選民意識)과 성지사상(聖地思想)을 숭상하는 종교로 되었다. 한마디로 신중심주의 역사관은 헤브라이즘(Hebraism)에 뿌리를 박고 있다. 이 사상의 요지는 오직 유대 민족만 선민이고, 유대 땅만 성지라는 것이다. 이 얼마나 독선적인가. 나는 온 인류와 온 땅이 신의 피조물이므로 거룩하다는 점과 신은 자신의 형상으로 만든 인간 누구에게나 개체적으로 독점(獨占)될 수 있기 때문에 누구나 신과의 관계에서 개인적으로 신을 독점하고 있다는 점을 주장한다. 모든 인간은 선민이며 동시에 죄인이고, 모든 땅은 성지이며 동시에 죄의 땅인 것이다. 심지어 신의 땅인 에덴동산조차 거룩한 곳이며 동시에 원죄의 땅이 아닌가.

11. 인간중심주의 역사관은 헬레니즘(Hellenism)에 뿌리를 박고 있다. 이 사상의 오류는 이성주의로 역사의 기승전결을 설명하려 하지만 결과적으로 역사의 동인들을 제대로 규명하지 못했다는 점이다.

인간은 역사의 과정에서 돌발적으로 야기되곤 하는 사건들을 예측할 수 없으며, 인간의 한계를 넘어선 차원에서 역사가 종결되고 새로운 역사가 그 뒤를 이어가곤 하는 역사의 과정 자체를 결정할 수 없다. 인간중심주의 역사관은 매우 제한적으로 역사에 관해 진술할 수는 있어도, 역사해석의 정석(定石)이 될 수는 없다. 이것이 인간중심주의 역사관의 한계점이다.

12. '역사란 무엇인가?'에 관한 수많은 모범답안들이 신중심주의나 인간중심주의에 근거하여 역사관을 두 가지로 유형화했기 때문에 지금까지의 역사관은 미완성 상태에서 이론화되었다. 하지만 더 충격적인 것은 지금까지 누구도 역사관의 이러한 모순과 오류를 발견하지 못하고 각자의 입장에 따라 신중심주의 역사관이나 인간중심주의 역사관의 노예가 됨으로써 이 두 원리의 접점을 기피했다는 것이다. 역사의 본질은 신과 신의 피조물인 삼라만상과의 관계에서 규명되고 해석되어야 한다. 신의 피조물, 즉 삼라만상은 신과 상대적으로 존재하는 실체로서 크게 천·지·인으로 분류된다. 나는 이 피조물의 상징성을 "땅(土)"이라는 용어로 개념화했고, 땅을 삼라만상의 '존재근원'으로 규정했다. 따라서 나는 역사가 완전한 역사로 되기 위해서는 '신·토 관계'가 역사관의 이론적 기초가 될 때 가능하다는 점을 역설한다. 이에 기초한 신학이 "신토불이 신학(神土不二 神學)"이며, 신토불이 신학의 관점에서 정립된 역사관이 '신토불이 신학의 역사관', 즉 '신토중심주의 역사관(die thegozentrische Geschichtsanschauung)'이다. 이것이 역사관의 제3 유형이다.

13. 신토중심주의 역사관은 '신 · 토' 간의 수직적 관계와 '천 · 지 · 인' 간의 수평적 관계가 날줄과 씨줄처럼 교직(交織)되어 있는 복합구조로 역사를 인식한다. 그러므로 신토중심주의 역사관은 제1 유형의 역사관과 제2 유형의 역사관이 서로 대립 · 배제하고 있는 원리까지도 포괄적으로 수용하면서 역사를 반대복합(反對複合, *complexio oppositorum*)의 구조로 유형화한다. 이것은 신토중심주의 역사관이 구속사가 배제한 세속사의 원리와 세속사가 배제한 구속사의 원리까지도 모두 아우르며 역사의 구조를 유형화한다는 것을 의미한다. 신토중심주의 역사관이 기독교 역사관의 완성형인 이유가 여기에 있다.

3. 역사관의 유형들

1) 제1 유형: 신중심주의 역사관

14. '역사를 어떻게 해석할 것인가?'라는 문제는 '역사를 어떻게 인식할 것인가?'라는 문제에 의존적이다. 이 말은 역사인식이 역사해석을 위한 관건임을 의미한다.

15. 문제는 역사를 어떻게 인식할 것인가에 의해 역사적 사건들에 대한 해석이 좌우되기 때문에 역사해석은 역사가의 역사인식에 전적으로 의존적일 수밖에 없다는 것이다. 역사는 역사가의 창작이다. 그러므로 역사가에게 요구되는 필요조건은 보편타당한 역사인식에 의해 사료(史料)들을 역사화하라는 것이다. 역사를 정확하게 인식할 수 없는 역사가에게서는 역사의식마저 기대할 수 없다. 이런 역사가의 역사관은 굴절되어 있기 때문에 사료들의 객관성까지도 비역사화하는 오류를 계속한다.

(1) 섭리사관

16. 섭리사관이란 무엇인가? 섭리사관이란 신에 의한 세계주재 (*gubernatio mundi*)와 세계보존(*conservatio mundi*)의 행위로 사건들이 기승전 결된다고 믿는, 전통적인 신중심주의 역사관이다. 이에 의하면 모든 역사관은 섭리사관에 종속되며, 신의 섭리를 어떻게 해석하느냐에 따라 다양하게 이론화될 뿐이다.

17. 개념사적으로 추적해보면 섭리사관은 신의 창세와 섭리에 대 한 인식과 예수의 말씀에서 발원하여 바울을 거쳐 아우구스티누스 (Augustinus)의 신학에서 정형화되었다. 중세의 기독교는 세속사 자체 마저도 구속사에 흡수시켜 신율역사화했기 때문에, 중세의 역사관 은 사실상 섭리사관의 결정체(結晶體)였다. 이러한 역사관은 루터(M. Luther)와 칼뱅(J. Calvin) 등을 비롯하여 종교개혁 이후의 기독교 신학 에도 유입되었으며, 20세기에 이르기까지 신중심주의 신학의 근간 이 되었다. 어쨌든 기독교의 섭리사관은 기독교의 역사만큼이나 오 래되었고 이미 상식화되어 있다.

18. 섭리사관에 의하면 신은 '역사의 주재자'이고, 인간은 동물들 과 별반 다를 바 없는 '무역사적 피조물(無歷史的 被造物)'일 뿐이다. 이 것은 역사가 신에 의해 섭리되기 때문에 인간은 역사의 기승전결에 어떠한 영향력도 발휘할 수 없다는 것을 시사하는 것이다. 바로 이 점이 섭리사관의 오류다. 창세기에는 하나님이 "하나님의 형상대

로 사람을 창조하시고"(창 1:27), "생기를 그 코에 불어넣으시니 사람이 생령이 되니라"(창 2:7)라는 기록이 있다. 이 기록의 목적은 무엇인가? 창조 때부터 인간은 동물들과 다른 존재로 만들어졌다는 사실을 명시(明示)하려는 것이 아닌가? 인간은 에덴동산에서 일어났던 사건들의 기승전결 과정에 직접 관련됐던 존재이며, '에덴의 역사(die edenische Geschichte, die Geschichte vom Garten Eden)'를 회고할 수 있는 '역사적 존재'다. 그런데 섭리사관의 오류는 인간에게서 이러한 본질을 발견하지 못한 것이다. 신은 사건들의 기승전결 과정에 주재자로 역사(役事)하지만, 사건들을 역사화하여 인식하고 의식하는 주체는 인간이다. 신이 인간을 역사적 존재로 창조했기 때문이다. 인간과 동물의 차이는 삶 자체가 역사적인가, 아닌가에 의해 결정된다.

19. 결론적으로 말해서 역사 자체는 오직 신의 섭리의 결과일 뿐이라는 것이 섭리사관의 요지다. 그런데 바로 이점이 섭리사관의 한계이기도 하다. 섭리사관에 의하면 인간은 '무역사적 동물(ahistorisches Tier)'일 뿐이다. 그렇다면 역사는 인간과 무슨 관련이 있는가? 이 질문에 대해 섭리사관은 대답해야 할 것이다.

(2) 선교사관

20. 19세기 말엽까지만 해도 한국에서는 유교가 사회의 지도이념으로서 일상생활 속에 깊이 파고들어와 있었지만 이미 그 세력은 쇠하여 있었고, 불교는 사회적 기능을 상실한 채 심산(深山)의 종

교로서 명맥만을 유지하고 있었으며, 자연신앙과 무속신앙 등이 일종의 민속종교로서 산발적으로나마 활동하고 있었다. 사회는 밖으로부터 밀려오고 있는 과학·기술의 물결에 농경체계로 맞서며 구조적으로 아노미(Anomie) 상태에 빠지기 시작했고, 국가는 한반도 주변 열강 제국의 움직임에 자주권을 행사할 수 없을 정도로 무기력했다. 게다가 임오군란(1882), 갑신정변(1884), 동학란(1894), 을미사변(1895) 등을 비롯하여 방방곡곡에서 일어났던 민란들과 소요들, 개화파와 수구파 간의 대립·갈등으로 야기된 정치권의 반목질시와 사분오열 등등 다양한 돌발변수들이 복합적으로 국권을 흔들었고 민심을 흉흉하게 했다. 이러한 현상은 그 당시 한국인의 심성정(心性情)을 정형(晶形)할 수 있는 결정인자(結晶因子)나 주형(鑄型)할 수 있는 거푸집이 없었다는 것을 묵시(黙示)하는 것이다. 이것은 국가를 이끌어갈 주권이 흔들리고, 사회기강을 확립할 수 있는 규범이 무너져가고 있음을 의미한다. 한국인의 민족혼을 한곳에 모을 수 있는 구심점이 없던 당시의 상황에서 서양의 문화는 매우 강한 인상을 주었다.

21. 1884년 9월 20일은 한국 기독교의 역사에서 가장 의미심장한, 결코 잊을 수 없는 기념비적인 날이다. 이날 미국 북장로교의 파송을 받은 의료선교사 알렌(Horace N. Allen)이 한국에 들어왔다. 그는 선교를 위해 한국에 파송된 개신교 최초의 선교사로 기록되고 있다. 1885년 4월 5일에는 미국 북장로교 선교사 언더우드(Horace G. Underwood)와 미국 북감리교 선교사 아펜젤러(Henry G. Appenzeller)도 내한했다. 알렌이 주로 광혜원(1885. 4. 10 설립된 한국 최초의 서양식 병원)을 통

해 의료선교에 힘쓴 데 반해서 언더우드와 아펜젤러는 복음선교에 역점을 두었다. 언더우드는 새문안교회(1887. 9. 27)를 아펜젤러는 정동교회(1887. 10. 9)를 설립하여 체계적인 예배에도 힘썼다. 이때를 즈음하여 영국성공회(1885. 11), 오스트레일리아 장로교(1889. 10), 미국 남장로교(1892. 10), 미국 남감리교(1894. 4), 러시아 정교회(1898. 1), 캐나다 장로교(1899. 6), 제칠일안식일예수재림교(1904. 8), 동양선교회(1907. 5. 3) 등등 여러 교파의 선교사들도 한국에 들어와 선교를 시작했다.

22. 선교사들은 병원과 교회뿐 아니라 학교도 세웠다. 스크랜턴 (Mary F. Scranton) 여사와 마펫(Samuel A. Moffett) 선교사 등은 이 방면에 크게 기여했다. 스크랜턴은 이화학당(1886. 5. 31)을 설립했고, 마펫은 평양 대동문 옆 자신의 집에서 김종섭, 방기창 두 사람에게 신학교육을 시켰는데, 이것이 평양 신학교(1901. 5. 15)의 시초였다. 1907년 6월 25일 감리교 협성신학교(감리교 신학대학교 전신)도 개교했다. 이로써 한국에 상륙한 두 선교 기관은 체계적으로 신학교육을 할 수 있게 되었다.

23. 신학교까지 세우면서 한국을 복음화하려 했던 선교사들을 어떻게 평가할 수 있을까? 지금까지 출판된 수십 종의 한국 기독교사 관련 저서들은 어떤 관점으로든지 선교사들의 신학과 사상에 관해 평가하고 있다. 하지만 저들에 대한 평가 자체가 신(神)과 이 땅(土)과의 관계맥락에서 평가되지 못한 점은 아쉬움으로 남는다. 어쨌든 초기 선교사들은 신·토 관계, 복음과 민족과의 관계 등이 왜 중요한

지 인식할 수 없는 지경에서 오직 보수주의 신앙과 근본주의 신학에 기초한 성경 내용만을 가르치는 데 역점을 두었다. 이처럼 선교 초기부터 선교사들은 학생들의 지적수준이나 의식함양을 위한 교과과정에는 관심이 없었다. "따라서 교역자의 지적 후진성이라는 비극적 요소를 한국 교회에 뿌리고 말았다."[1]

심지어 레이놀즈(W. D. Reynolds) 같은 선교사는 노골적으로 신학생들을 평신도 수준에서 조금 높은 정도 이상으로는 키우지 말라고 권하며, 피선교국 교역자가 영어 공부하는 것마저 막아야 한다는 이상한 선교원칙을 갖고 있었다. 이것은 한국 교역자들을 의식화시키지 않고, 지적 문맹자로 방치해둠으로써 선교사들의 계략(計略)을 알 수 없도록 하려는 술책 때문이라고밖에는 다르게 설명할 수 없다. 그 당시 평신도들은 거의 하류 계층에 속하는 사람들이었다. 레이놀즈 자신이 저들의 지적수준이 어느 정도인지 몰랐을 리 없었을 텐데, 한국 교역자의 수준을 여기에 맞추어 약간 높이는 정도로 제한했다는 것은 무엇을 의미하는가? 신학생들을 미국에 보내 공부시키지 말 것, 교역자들을 선교사들의 하수인처럼 부리기 위해 선교사 주변에 살게 할 것 등등 초기 선교사들의 이러한 선교관 역시 저들의 업적을 기리는 애틋한 마음만큼이나 진지하게 따져보아야 할 것이다.

마펫은 "나는 십자가의 도(道) 외에는 전하지 않겠다"고 선언했다.[2] 베어드(William M. Baird) 선교사는 "성경 공부보다 영어를 더 소중

---

1) 민경배, 『한국기독교회사』, 신개정판 (서울: 연세대학교 출판부, 1993), p. 294. Ibid.,
    pp. 289-95 참조.
2) 김양선, 『한국기독교 해방 10년사』 (서울: 대한기독교장로회 종교교육부, 1956), p.

히 여기는 학생 제군의 생각은 완전히 죄요"라며 성경 중심의 교육에만 심혈을 기울였다.[3] 처음부터 장로교 선교사들은 기독교 인재 양성을 위한 교육 프로그램에는 관심이 없었다. 저들은 "떡 다섯 개와 물고기 두 마리"(복음)를 가져와 나누어주기는 했지만, 떡을 만들고 물고기를 잡을 수 있는 방법(신학)만은 가르쳐주려 하지 않았다. 이때 이미 한국 장로교는 한국적 신학을 창출할 수 있는 잠재력을 거세당했다. 한국 최초의 자생 신학자 최병헌을 길러낸 감리교 선교사들은 장로교 선교사들처럼 옹졸하지 않았다.

민족의식이 투철한 기독교 역사학자, 진정으로 민족사관의 입장에서 한국 기독교의 역사를 해석하려는 역사학자라면 이 땅에서 야기된 역사적 사건들에 대한 초기 선교사들의 기록으로부터 그 이면에 은폐되어 있는 역사적 사실을 규명해낼 수 있는 역사해석학을 갖고 있어야 할 것이다.

24. 초기 선교사들에 대한 객관적 평가를 위해 저들의 이면도 눈여겨볼 필요가 있다. 초기 선교사들 중에 알렌은 하사받은 운산금광 채광권을 미국 광산업자에게 넘기며 거액을 챙겼고, 경인철도 부설권을 미국에 넘기는 데 관여했다. 언더우드는 석유, 석탄, 농기구 등을 수입하여 판매하며 "백만장자 선교사"로 불릴 정도로 치부했고, 빈턴(C. C. Vinton) 선교사는 재봉틀을 들여와 돈을 벌었으며, 심지어 여관업을 하며 돈을 버는 선교사도 있었다고 한다. 위에서 밝혔

173.
3)   Ibid., p. 174.

던 몇 가지 사례들은 선교의 목적을 선교사들의 진술에만 의존하여 평가하지 말고, 객관적 사료들을 통해 복음과 민족, 신의 말씀과 땅의 감동을 탐구하여 역사화해야 한다는 것을 암묵리에 역설하는 것이다. 마펫(S. A. Moffett)과 리(G. Lee) 선교사조차 압록강 연변의 나무 3,000여 그루를 세금도 내지 않고 채벌하여 이익을 챙겼다는 것은 충격적이다. 그런데 더 놀라운 것은 한국 기독교사에 관한 저서들의 대부분이 "장사꾼 선교사들"에 대한 이러한 사실을 사료들로 채택하여 해석하며, 선교사를 기술 · 평가한 바 없다는 것이다.[4]

25. 대다수의 한국 기독교사 학자들은 선교사들에 대하여 그들의 일기나 서간문들, 보고서들에 의존하거나 그들에 관한 동료 선교사들이나 친지들의 기록물들에 근거하여 그들이 어떤 인물들인지 기술하며 평가하고 있다. 이러한 기술방법이 역사적 사실들에 대한 정확한 해석과 이해를 도출해낼 수 있는지, 그리고 민족사관의 관점에서 사료들을 읽을 수 있도록 유도할 수 있는지 진정으로 민족사관의 입장에서 한국 기독교의 역사를 쓰려는 학자라면 선교사 숭배주의에 도취되어 있는 보수주의의 비난을 무릅쓰고라도 이 문제에 정확히 대답해야 할 것이다.

26. 1929년 평양 숭실 전문학교에서 출판된 백낙준 박사의 『한국 개신교사(The History of Protestant Missions in Korea, 1832-1910)』(1927년 예일 대학교

---

4)   한국기독교사연구회, 『한국 기독교의 역사 I』(서울: 기독교문사, 1989), p. 344.

에 제출한 철학박사 학위논문)는 한국 기독교의 역사에 관해 연구한 최초의 학술서다. 아직까지도 이 책은 한국 기독교의 역사를 탐구하려는 학자들의 필독서로 읽히고 있으며, 한국 기독교의 초기 역사에 관한 독본(讀本)으로 활용되고 있다. 이 저서의 영향력이 이 정도로 크다는 것은 한국 기독교의 역사관 형성에 백낙준이 폭넓게 연계되어 있다는 것을 의미한다.

27. 백낙준은 한국 기독교의 역사를 선교사들의 선교사업에 관한 사료들에 의존하여 서술했다. 당시로서는 사료수집의 어려움도 있었겠지만, 그 자신이 한국 기독교의 역사는 선교사(宣敎史)일 뿐이라는 확고한 역사인식을 갖고 역사를 연구했기 때문이다. 민경배 교수도 이점을 시인하며 "한국 교회사는 선교사(宣敎史)의 입장에서 쓸 수 있을 것이다"라고 단정했다.[5] 민경배는 이 한 문장으로 선교사관의 불가피성을 피력하려 했다.

백낙준이 "선교사를 파송한 나라의 교회와 인사들에게서 수집한" 사료들을 선교사들의 관점에서 분석·해석하며 일방적으로 한국 기독교의 역사를 역사화했기 때문에 한국 기독교의 역사관은 처음부터 선교사관으로 정형될 수밖에 없었다.[6] 한국 기독교의 역사에 관한 교과서 저자들 대다수는 이점을 비판하며, 자신들은 독자적인 역사관을 갖고 한국 기독교의 역사를 집필했다고 주장한다. 하지만 저들이 아무리 자신들의 역사관만은 백낙준의 역사관과 다르다고

---

5) 민경배, 『한국기독교회사』, p. 8.
6) Ibid., p. 9.

역설해도 저들 역시 어떤 형식으로든지 선교사관의 텃밭에서 다종다양(多種多樣)하게 생장해온 사실을 숨길 수는 없을 것이다. 역사 교과서를 쓴다는 것은 저자가 역사를 어떻게 읽고 있는가의 문제와 직결된다. 한마디로 역사관의 문제는 역사적 사건들에 대한 역사인식의 문제와 역사적 요인들에 대한 역사의식의 문제와 관계된다. 그러므로 한국 기독교의 역사를 집필한 저자들이 스스로 자신들의 역사관을 탈선교사관(脫宣敎史觀)이라고 선언해도 자신들이 엮은 교과서의 구상(構想) 자체가 백낙준의 역사관에서 벗어나지 못했다면 선교사관의 일종이거나 아류에 속할 뿐이다.

28. 역설적이게도 탈선교사관은 선교사관에 대한 올바른 해석과 이해를 통해 정립될 수 있다. 선교사들의 주장만을 미화·예찬하며, 공적비를 세우려는 자세로는 결코 선교사관의 영향권에서 벗어날 수 없을 것이다. 진정으로 탈선교사관의 학자가 되려면 선교사들의 어록과 행적을 가감 없이 천착(穿鑿)하고 저들의 인간적 모습마저 적나라하게 드러내 보여줄 수 있는 의식의 소유자여야 한다. 선교사들의 부정적인 면은 고의적으로 은폐하고, 긍정적인 면만을 침소봉대하면서 "나는 한국 기독교사를 탈선교사관의 입장에서 썼다"고 주장하는 것은 자가당착이며, 스스로 자신의 역사관이 표리부동(表裏不同)함을 보여주는 것이다.

섭리사관과 선교사관의 사상적 토대는 신중심주의 역사관이다.

2) 제2 유형: 인간중심주의 역사관

(1) 민중사관

29. 한국 기독교의 역사를 하부구조의 시각으로 해석하려는 역사관은 한국 교회뿐 아니라 한국 민족의 정서마저도 양분하여 극단화하는 경향을 갖고 있다. 민중을 역사의 주체로 간주하는 마르크스주의의 변증법적 유물사관과 예수를 민중의 지도자로 간주하는 민중신학의 역사관은 인간중심주의 역사관의 표본이다.

30. 1980년대 한국 사회는 대학생들과 재야인사들에 의해 점화된 민주화 투쟁이 삼민투위(三民鬪委: 각 대학 총학생회 산하 기구로 1985년 3월 발족), 전학련(全學聯: 전국학생총연합회의 약칭, 1985년 4월 결성), 전대협(全大協: 전국대학생대표자협의회의 약칭, 1987년 8월 19일 발족) 등을 비롯하여 민중민주주의 혁명론을 표방하는 PD(=People's Democratic Revolution)파, 민족해방 민중민주주의 혁명론을 표방하는 NL(=National Liberation People's Democratic Revolution)파, 다양한 색깔을 띤 재야단체들 등의 조직적인 가투(街鬪)로 어수선했다. 데모대와 전경, 투석, 화염병, 최루탄 등은 생활의 일부분처럼 여겨질 정도로 일상화되어 있었다. 1987년 이후 대부분의 대학들은 전대협의 지령하에 움직였다.

31. 1980년대 민주화운동을 이끌었던 인사들 중에는 '순수한' 기독교인들도 있었지만, '기독교인으로 위장한 사회주의자들(socialists disguised as Christian)'도 있었다. 저들은 기독교의 조직력과 동원력을 사회운동의 동력으로 이용하기 위해 기독교를 사회 하부구조를 위한 종교, 자본가에 의해 억압받고 착취당하는 프롤레타리아트(Proletariat)를 위한 종교로 정의하며 끌어안았고, 필요할 때마다 도구로 사용했다. 많은 신학자들도 기독교의 사회참여에 적극적으로 동조하며 민중신학은 전성기를 맞이하게 되었다.

32. 전민련(전국민족민주운동연합)의 고문인 문익환 목사가 1989년 3월 25일부터 4월 3일까지 정부의 허락 없이 방북하여 김일성과 두 차례 회담한 것은 한국 사회운동의 성향뿐 아니라 민중신학의 정체성까지도 극명하게 드러내는 데 결정적 역할을 했다. 문익환이 민중신학자인가라는 문제는 신학자들 간에도 이론이 분분할 것이다. 하지만 그가 몸으로 보여주었던 행동신학(doing theology)이 민중을 위한 몸부림이었다는 데에는 누구나 공감할 것이다. 혹자는 민중신학에 대한 기독교 보수진영의 따가운 눈총을 의식해서 문익환을 통일신학자로 묘사하려 하겠지만, 솔직히 말해서 기독교 진보진영 일각에서 주장하는 통일신학은 민중신학의 이념과 맥을 같이하고 있다. 어쨌든 문익환은 민중신학자로 활동했고 민중신학자로 죽었다. 민중신학은 안병무, 서남동을 민중신학의 테오리(Theorie)로, 문익환을 민중신학의 프락시스(Praxis)로 구조화함으로써 오히려 신학으로서의 정체성을 인정받을 수 있을 것이다.

33. 1980년대 『기독교사상』이나 『신학사상』 등을 비롯해서 몇몇

잡지나 지상에 민중신학에 관한 논문들을 발표하곤 했던 필자들, 민중신학 학회에서 활동하며 무크(mook)지 형식의 학회지에 민중신학을 사회민주화운동의 이론적 전거를 제공하는, 사회주의 색채를 띤 정치신학으로 이론화해서 발표하곤 했던 신학자들의 대다수는 1990년대 이후 민중신학이 사양길로 접어들자 통일신학을 주창하며 활동하고 있는데, 이들의 신학 저변에는 인민대중을 위한 예수, 형제를 화목케 하는 예수, 분단의 아픔을 치유하여 하나 되게 하는 예수 등 민중 예수가 중심을 이루고 있다.

통일신학이 인구에 회자되자 2,000년대를 전후로 한기총(韓基總)을 비롯한 기독교 보수단체들의 일각에서도 통일신학에 관한 이론화 작업에 착수했다. 하지만 저들은 북한 돕기, 평양에 교회 세우기 등과 같은 북한과 관련된 일과성 행사들을 통일을 위한 일보로 생각하는 듯하다. 엄밀히 말해서 저들은 무엇이 통일신학인지에 대한 철학 자체를 갖고 있지 않다. 통일신학에 관해서 언급하려면 기본적으로 정치, 경제, 사회, 사상, 민족, 역사 등등 다양한 분야들과 북한학, 마르크스주의, 해방신학, 종속이론, 민중신학, 중민주의 등에 대한 사회철학적 이해 및 민족정서 등을 총체적으로 꿰뚫고 있어야 하고, 한반도 주변의 지정학적 여건들에 대한 전문식견을 겸비한 수준에서 '통일', '통일신학' 등에 관해 주장할 수 있어야 한다. 기독교 보수단체들이 주장하는 통일신학은 소박하기 짝이 없는 아마추어리즘(amateurism)에 불과할 뿐이다.

34. 민중신학은 중민주의(衆民主義＝민중민주주의)를 지향하는 신학이

다. 이에 의하면 기독교는 정의와 자유가 강같이 흐르는 사회를 이룩하려는 종교이고, 교회는 사회로부터 소외된 계층이 한(恨)을 풀기 위해 모이는 곳으로서 사회의 하부구조를 위한 통곡(痛哭)의 집이며, 구원은 중민주의로 의식화된 하부구조가 부르주아지(Bourgeoisie)에 속하는 상부구조를 타도(打倒)한 후 민중이 주인이 되는 사회를 구현하는 것이며, 예수는 사회혁명의 기수라는 것이다.

민중신학이 사회의 약자들에게 보다 많은 관심을 기울이는 것에 대하여 비판할 사람은 없을 것이다. 이 점만으로 본다면 민중신학은 사실상 예수의 말씀을 실천하려는 참된 신학으로 간주될 수도 있을 것이다. 그러나 문제는 민중신학이 사회를 상부구조와 하부구조로 양분하며 차츰 계급투쟁의 양상을 띤 '이념신학(Theologie der Ideologie)'으로 변질되어갔다는 점이다.

민중신학은 민중을 역사의 주체로 간주한다. 그렇기 때문에 민중사관에는 신론이 배제되어 있고, 구속사가 무력화되어 있다. 신이 인간의 역사에서 할 일이 없어진 것이다. 이런 논리에 의하면 민중이 구속(救贖)의 주체라는 신학도 가능해 진다. 민중사관이 기독교 역사관으로 정초되기 어려운 것은 바로 이 점이다.

단도직입적으로 말해서 민중사관은 인간중심주의 역사관의 과격한 형식일 뿐이다.

3) 제3 유형: 신토중심주의 역사관

(1) 기독교 민족사관

35. 민족사관이란 한 민족이 겪었던 역사적 사건들을 그 민족의 정체성에 입각해서 파악하여 해석하는 근본적인 견해다. 민족사관 형성에 결정적인 영향을 미치는 것은 민족의 정체성을 결정하는 얼과 삶이다. 얼과 삶은 정신과 육체, 영과 육, 넋과 몸 등으로 개념화될 수 있으며, 광의적으로 말하면 그 민족만의 초월적 본질과 내재적 현상으로, 철학적으로 말하면 형상적인 것과 질료적인 것으로 규정될 수도 있다.

36. 창세기에 의하면 신은 천지만물을 창조할 때, "보시기에 좋은"(창 1:4, 10, 12, 18, 21, 25), "보시기에 심히 좋은"(창 1:31) 피조물로 창조했다. 그렇기 때문에 천·지·인으로 범주화될 수 있는 우주적 실체인 피조물 자체는 절대진, 절대선, 절대미의 극치를 이루고 있는 존재다. 신의 창조에서 오류나, '보시기에 좋지 않은', 후회스런 창조란 있을 수 없다. 창조 자체는 지고선이며, 궁극적 존재의 원인인 동시에 목적이다. 땅은 천·지·인을 내포(內包, connotation)하고 있는 '존재적 상징(the ontic symbol)'이며, 동시에 천·지·인 간의 관계가 부단히 외연(外延, denotation)되고 있는 '존재론적 실체(the ontological substance)'다.

37. 기독교 민족사관은 역사적 사건들을 신·토 관계를 통해 역사

화해야 하기 때문에 신토중심주의 역사관에 의존적일 수밖에 없다. 환언하면 역사적 사건들이 '신토불이 신학의 원리'에 의해 해석될 때에만 기독교 민족사관은 가능하다는 말이다. 그러므로 누군가가 자신의 역사관을 기독교 민족사관이라고 주장하려 한다면, 무엇보다 먼저 왜 창조주 신(神)은 이 민족을 선민으로, 이 땅(土)을 성지로 창조했는지, 왜 신은 오직 이 땅, 이 민족과 불이(不二) 관계로 역사(役事)하고 있는지 등의 문제들을 '신토구조학적(thegeotectonic)' 맥락에서 해석할 수 있어야 한다. 구체적으로 말해서 창조주 신과 이 땅과의 관계가 왜 필연적이고 독점적인지, 신·토 관계가 한국 기독교의 정체성을 어떻게 형성해왔는지, 그리고 기독교의 역사 자체가 왜 시간과 공간, 역사와 민족을 초월하여 '신토불이 신학의 원리'로 해석될 수밖에 없는지 등에 관해서 정확히 설명할 수 있어야 하고, 역사화할 수 있어야 한다. 기독교와 관련된 역사적 사건들을 편년체(編年體)로 엮어놓고 한국 기독교의 역사를 민족사관의 입장에서 해석했다고 하는 것은 어불성설이다.

38. 기독교 민족사관이란 그 민족만의 신독점주의로 역사적 사건들을 해석할 수 있을 때에 한해서 가능하다. 그러므로 그 민족만의 신독점주의에 의한 역사해석이 배제된 역사관은 결코 기독교 민족사관이 될 수 없다.

신독점주의적 민족사관의 대표적인 보기는 유대 민족의 역사관이다. 저들의 신독점주의는 야훼신앙(Yahwism)을 형성했고, 여호와를 유대 민족신으로, 자신들을 여호와의 선민(選民)으로, 자신들의 땅을 성지(聖地)로 절대화했다. 이런 과정을 거치면서 신독점주의는 율법주의로, 율법주의는 유대교로 종교화되었다. 기독교는 유대 민족의 신독점주의를 계승했고, 여호와 신앙으로 역사를 해석하며 섭리사관을 역설하는 종교가 되었다.

39. 그런데 문제는 아직까지 어느 누구도 우리 민족만의 신독점주의 입장에서 기독교 민족사관에 관해 진술한 적이 없다는 것이다. 이것은 한국 기독교 역사학이 유대 민족의 신독점주의에 절대의존해서 우리의 민족사를 해석하고 있다는 것을 자인하는 것이다. 어쨌든 역사적 사건들을 이러한 입장에서 해석하며 기독교 민족사관이라고 주장하는 것은 한국 기독교 역사학의 자기모순이다. 유대 민족의 신독점주의를 절대화하고 있는 우리의 모습을 보며 유대인들은 우리 민족을 어떤 족속으로 볼 것인가?

40. 역사를 어떻게 해석할 것인가의 문제는 역사관과 관련된 문제다. 역사해석은 역사관에 영향을 미치고, 역사관은 한 민족의 정체성 형성에 영향을 미친다. 이 말은 역사관이 한 민족의 역사를 결정한다는 것을 의미한다. 한국 기독교의 역사 역시 역사관에 의해 결정될 수밖에 없다.

(2) 신학적 마조히즘과 신학적 사디즘

41. 한국 기독교의 특징은 교단이 보수적일수록 신앙은 내세지향

적이며, 신앙이 내세지향적일수록 신앙정서는 피학적(被虐的)으로 된다는 것이다. 보수교단의 성장은 우리 민족 고유의 정서인 한(恨)과 '그리스도의 고난(Passion Christi)'을 융합시켜 신앙화하는 데 성공했기 때문이다. 인생무상, 자복회개, 신앙구원, 불신지옥, 내세소망 등 염세적 종말론을 강조하는 부흥회나 예수 그리스도를 어떻게 영접했는지 간증하며 청중들의 눈물샘을 자극하는 감상적 간증집회 등은 1970년대까지 교회부흥의 수단이었다. 이러한 집회에서 부흥사의 자극적인 설교를 듣고, 염세적으로 느껴질 수도 있는 감상적인 찬송가들을 반복해서 부르며 한(恨)의 눈물(淚)을 흘리고 나서 통성으로 자복기도를 하고 나면 죄 사함을 받았다는 자기정화(自己淨化) 의식(意識)에 빠지게 되고, 이 지경에 이르게 되면 대다수의 집회참석자들은 이미 "피와 같이 붉은 죄 눈같이 희게" 된 것 같은 대속의 신비를 느끼게 된다.

42. 나는 신학의 이러한 성향(Anlage)을 '신학적 마조히즘(theological masochism)', '신학의 마조히즘(masochism of theology)' 또는 '마조히즘 신학 (masochistic theology)' 등으로 규정한다. 마조히즘이란 "피학대 음란증", "고통의 탐닉", "자기학대", "피학증", "피학성애" 등의 의미로 쓰이는 전문용어다. 예를 들어 죄의식과 그리스도의 고난을 연상시키는 찬송가를 부르며 그리스도의 고난 때문에 양심에 가책을 받는 고통, 영생을 위해 지금의 고통을 감내하며 자기학대를 감수하는 신앙적 피학증, 이러한 정서가 신학적 마조히즘이다. 스스로 죄인이라는 자기학대를 통해 자신의 고통을 탐닉하는 행위가 한국 교회 부흥의 비

결이었다.

43. 서양 신학에 의해 우리 전통문화가 폄훼되거나 훼손되는 상황에서도 그 신학의 침투에 만족하며, 그 신학사상을 숭상(崇尙)하는, 문화주체의식이 결여된 신학이 바로 마조히즘 신학이다. 이러한 신학으로는 '우리만의 신학'을 창출할 수 없다. '우리만의 신학'을 말하면 이단시되고, 기요틴(guillotine)부터 설치하려는 상황에서 우리는 과연 '한국제 신학(the Korean-made theology, the theology made in Korea)'을 만들수 있을까? 신학은 유럽이나 영미 신학자들에 의해서만 만들어지며, 그렇게 만들어진 신학만이 참된 신학이라는 편견, 이러한 신학을 문맥 그대로 수용하는 것만이 정통신학의 길을 가는 것이라는 고정관념, 서양 신학의 식민지 백성이 되는 것을 신학함의 정도로 인식하는 신학적 노예의식, 이러한 작금의 상황에서 우리는 과연 '우리만의 신학', 신이 이 백성도 선민으로, 이 땅도 성지로 창조했다는 신·토 관계의 신학을 창조할 수 있을까? 한국 신학자들이 진정으로 '우리만의 신학', '한국제 신학'을 세계 신학계에 출원(出願)하려 한다면 가능한 한 빨리 신학적 마조히즘의 우상에서 해방되어야 한다.

44. 신학적 마조히즘이 한국 신학자들의 신학성(Theologität, theology) 형성에 결정인 영향을 미치고 있는 것은 사실이지만, 그렇다고 이러한 신학성향 자체를 한국 신학자들의 신학진술 탓으로만 돌리는 것은 매우 잘못된 것이다. 우리 민족은 한(恨) 타령이 유난히 많은 민족이다. 슬픔, 애환, 좌절, 이별, 그리움, 애수, 애상(哀想) 등등 비애스런

내용으로 구슬피 부르는 각 지방의 아리랑타령들, 지방마다 전래되고 있는 한(恨) 많은 신세타령들과 가슴을 도려내는 아픔을 삼키며 애간장이 끊어지는 듯 부르는 넋두리조의 가락들, 행상(行喪) 때 상여꾼들이 부르는 만가(輓歌) 등등 피학적 한은 이 민족에 잠재되어 있는 본래성으로서 애상(哀傷)을 자극하는 비애미(悲哀美)라 하겠다.

45. 우리는 한 번쯤 우리 자신이 신학을 제대로 하고 있는지 반성해볼 필요가 있다. 우리 스스로 '신학적 사디즘(theological sadism)'의 가학성을 인지하지 못한 상태에서 학대음란증에 길들여진 희생자가 되어가고 있는 것은 아닌지? 나는 신학의 이러한 성향을 '신학의 사디즘(sadism of theology)' 또는 '사디즘 신학(sadistic theology)' 등으로 규정하기도 한다. 사디즘이란 "학대 음란증", "가학성 변태성욕", "병적인 잔혹성", "가학애" 등의 의미로 쓰이는 전문용어다. 사디즘 신학은 타종교에 대한 신학적 배타주의일 뿐 아니라 제국주의적 발상에 뿌리를 둔 타 문화 말살주의 신학으로서, 그 대표적인 예는 유대 민족의 신독점주의 신학이다. 사디즘 신학이 지향하는 궁극적 목적은 타 종교나 타 문화를 피식자(被食者)로 간주하여 종교유기체의 먹이 사슬에서 잡아먹힐 때까지 잔혹행위를 지속하며 가학애를 탐닉하는 것이다. 유대교가 기독교에 유입되고, 기독교가 예루살렘에서 아테네와 로마를 거쳐 서양화되면서 신학은 다른 땅, 다른 민족을 정복ㆍ섬멸의 대상으로, '악의 화신' 정도로 간주하며 사디즘 신학으로 군림하곤 했다. 서양 신학사상사를 바로 읽을 수 있는 신학자라면 신학사상의 저변에 흐르고 있는 이런 폭력성, 파울 틸리히(P. Tillich)의

용어를 빌리면 "마성(das Dämonische)"을 발견할 수 있을 것이다.

대체적으로 사디즘 신학은 백인신학의 정복주의적 선교양상으로 표출되고, 마조히즘 신학은 피선교지 원주민들이 기독교와 접촉한 후 자신들의 고유한 문화를 우상숭배로 간주하며 자발적으로 파괴하는 집단 히스테리로 표출된다.

46. 내가 선교사관을 비판하는 이유는 여기에 있다. 한 문화가 다른 문화권에 진입할 때 형성되는 관계구조는 강자의 침투와 약자의 수용이라는 불평등 관계로 될 수밖에 없다. 이 경우 강자는 사디스트로, 약자는 마조히스트로 관계를 지속하게 된다. 선교사관은 사실상 선교와 피선교지 문화와의 상관관계에 대한 선교사들의 일방적인 진술에 의존한 기록으로 채워질 수밖에 없기 때문에 나는 이러한 역사관의 일방적인 해석을 비판한다. 뿐만 아니라 나는 선교사들이 선교의 결과에 너무 집착한 나머지 피선교지 원주민들이 받게 되는 스트레스와 충격은 고려하지 않고, 저들을 차츰 마조히스트로 길들여놓기 때문에 이점도 나는 비판한다. 대체적으로 선교사들은 기독교 우월주의라는 고정관념에 사로잡혀 있으며, 이러한 관점으로 피선교지 문화를 보기 때문에 선교사들의 선교일지나 선교보고서 등에는 객관성이 많이 결여되어 있다. 이것은 선교사관이 절대적일 수 없다는 것을 입증하는 것이다. 선교사들의 기록 자체는 주관적이고 아전인수 격으로 쓰인 현장 보고서와 다를 바 없다. 그런데 문제는 대다수의 한국 기독교사 학자들이 아직까지도 선교사관에 경도(傾倒)되어 있다는 점이다. 저들은 자신들의 이러한 태도를 역사인식의

차이 때문에 비롯된 오해일 뿐이라고 설명할 것인가, 선교사관이 자신들의 신앙정서에 부합되기 때문에 스스로 선택한 결정이라고 주장할 것인가?

47. 서양 신학 2,000년사는 사디즘 신학과 마조히즘 신학 간의 관계의 역사였다. 교황이 군주들 위에 군림하여 절대 권력을 휘두를 수 있도록 주어진 무기는 사디즘 신학이었다. 교황이 휘둘렀던 사디스트적인 폭력은 결국 교회의 타락을 초래했고 마침내 루터에게 종교개혁의 빌미를 제공하는 직접적인 계기가 되었다. 교회는 국민을 지배하기 위해 사디스트가 되어야 했고, 국민은 교회의 권위에 짓눌려 고통을 감내하며 마조히스트가 되어야 했다. 틸리히는 기독교의 이러한 역학관계를 신율, 자율, 타율로 설명하려 했다. 그러나 틸리히의 오류는 그 스스로 사디즘 신학으로 신학하고 있다는 사실을 의식하지 못하고, 기독교의 노모스(nomos)로 문화를 설명하려 했던 점이다. 칼 바르트(K. Barth)도 이러한 신학함에서 자유롭지 못하다. 그렇다면 왜 신학은 사디즘 신학이나 마조히즘 신학의 양극에서 불완전한 신학으로 2,000년을 지속해왔는가? 왜 아직까지 어느 신학자도 신학의 이런 괴리현상을 발견하지 못했는가? 그렇다면 지금까지의 신학은 참신학이었나?

(3) 선교의 원형

48. 복음은 선교사들에 의해 전달되는 것이 아니고 신에 의해 선

교되는 것이다. 진정으로 '신의 선교(missio Dei)'만이 선교의 본래성인 것이다. 선교는 이미 천지창조와 더불어 시작되었다. 말하자면 신은 이미 '선교사의 원형(archetype of missionary)'으로서 무(無)에서 유(有)를 창조한 것이다. 그 유의 만상(萬象)은 "보시기에 심히 좋은" 신의 피조물이며, 신의 궁극적 관심의 대상이다. 오지의 선교사가 원주민을 그리스도인으로 변화시킨 순간의 감격을 잊을 수 없듯이, 신은 절대 무에서 절대 유를 창조한 순간의 감격을 잊을 수 없었던 것이다. 신 스스로 삼라만상을 보며 "심히 좋았더라"(창 1:31)라며 감탄할 정도라면 창조 자체가 이미 '복된 소식(gute Botschaft)'의 모본(模本)이며, 신의 선교행위라는 것쯤은 광의적으로 이해할 수 있을 것이다.

49. 선교란 무엇인가? 선교란 아담의 죄로 죽을 인생이지만 "하나님이 세상을 이처럼 사랑하사 독생자를 주셨으니 이는 그를 믿는 자마다 멸망하지 않고 영생을 얻게 하려 하심이라"(요 3:16)라는 말씀을 '널리 펴서(宣) 가르치는(教)' 행위다. 그리고 선교의 목적은 사람들로 하여금 그리스도를 영접하여 영생케 하려는 데 있다. 신이 에덴동산에서 최초의 인간 아담과 하와에게 "동산 중앙에 있는 나무의 열매는 …… 먹지도 말고 만지지도 말라 너희가 죽을까 하노라"(창 3:3)라고 하신 말씀 역시 죽지 않는 길을 가르쳐준 것이므로 선교의 목적에 부합하는 것이다. '복된 소식(Kerygma)'을 듣고 영생의 길을 가는 것과 '하나님의 말씀(Wort Gottes)'을 듣고 영원히 죽지 않는 길을 가는 것은 동일한 목적을 갖고 있다. 영생이란 '죽지 않는 것'의 동의어(同義語)라 할 수 있다. 그리스도의 복음은 죄인인 인간이 '영원한 생명'을

얻도록 하는 데 초점이 맞추어져 있고, 신의 복음은 '에덴인(Edenite)'인 아담과 하와가 '영원히 죽지 않는 생명'을 견지하도록 하는 데 초점이 맞추어져 있다.

천지창조에는 이미 복음의 의미가 내포되어 있고, 선교의 개념이 함축되어 있다. 신의 섭리와 역사 자체가 복음이며, 선교다. 이런 맥락에서 이해하면 선교의 원형은 신의 순수한 행위 자체인 것이다.

50. 선교란 원복음(Urevangelium)이 1,800년 동안 그리스 · 로마 문화권을 거쳐 유럽에 토착(土着)될 때까지 번역에 번역을 거듭해오다가 19세기 이후 유럽이나 영미 신학자들에 의해 또다시 중역된, '개정역 복음(the revised version of evangelium)'을 피선교지에 전파하는 행위가 아니고, 피선교지의 문화에 이미 잠재되어 있는 원복음을 창조신학적 구조와 구속신학적 맥락에서 '널리 펴서' 원주민들에게 '가르치는' 행위다. 선교란 피선교지의 종교를 부정하며 복음을 전파하는 행위도 아니고, 피선교지를 사악한 땅이나 신의 저주를 받은 곳으로 간주하며 그 땅의 문화를 타파하고 기독교를 이식하는 행위도 아니다. 문제는 세계적인 선교신학자들조차 '창조신학적-구속신학적 원복음'이야말로 신 · 토 관계에 함유된 선교의 원초성임을 깨닫지 못하고, 아직까지도 피선교지에 기독교를 '심는 것(=이식)'이 선교라는 고전적 선교관에서 탈피하지 못하고 있다는 점이다.

51. 선교란 복음과 복음을 수용할 땅과의 관계에 관한 것이다. 그러므로 선교는 신 · 토 간의 수직적 관계와 천 · 지 · 인 간의 수평적

관계가 교직(交織)된 신학의 구조에서 해석될 수밖에 없다. 이런 맥락에서 보면 선교란 신의 선교이며, 그 신학의 모본은 신토불이 신학이다. 신토불이 신학만이 신·토 관계에 관한 신학으로서 모든 신학의 원형이기 때문이다.

52. 선교신학은 신토불이 신학의 원종교성에 입각해서 정립되어야 한다. 그렇지 않을 경우 선교신학은 선민신학과 성지신학의 나르시시즘(narcissism)에서 완전히 벗어날 수 없을 것이다. 모든 인간이 신의 형상이듯이 모든 땅은 신의 땅이다. 비록 원주민들이 복음에 관해서 무지하더라도 신이 저들의 땅에서 어떻게 섭리하며 역사하고 있는지를 널리 펴서 가르쳐준다면, 저들의 땅을 신의 땅으로 인식할수 있도록 가르쳐준다면, 그런 행위 자체가 참된 선교라 할 수 있을 것이다. 이것이 신의 선교이며, '신토불이 신학의 선교론'이다.

53. 선교는 이미 천지창조와 더불어 시작되었다. 신·토 관계의 원형(原形)을 이루고 있는 신토성(thegeonity)에는 이미 선교의 목적이 함축되어 있다. 이와 관련하여 몇 가지 문제를 제기해본다. 한국에 파송된 선교사들은 의료, 목회, 교육 등의 영역에서 활동하며 이 민족의 정신과 문화를 신·토 관계의 관점에서 이해하고 있었는가? 남미를 정복하는 데 일조했던 가톨릭 선교사들이나 개신교 선교사들의 모습으로 들어왔던 것은 아닌가? 사디즘 신학이 저들의 선교 신학에 잔재되어 있지는 않았는가? 저들은 우리가 가능한 한 빨리 우리 문화를 타파함으로써 기독교화될 수 있다는 논리로 우리를 마조히즘

신학에 순응하도록 중독시킨 것은 아닌가? 신토중심주의 역사관은 이런 문제들을 총체적으로 해석하며 기독교의 역사를 서술한다.

4. 맺음말

54. "한국 기독교사, 어떻게 읽을 것인가?"라는 질문은 한국 기독교를 어떤 역사관으로 읽어야 하는가에 대한 대답을 요구하는 질문이다. 기독교 2,000년사는 신중심주의 역사관 아니면 인간중심주의 역사관의 대립·갈등의 역사였다. 한국 기독교의 역사에서도 이런 경향을 읽을 수 있다. 나는 이 글에서 신중심주의 역사관이나 인간중심주의 역사관의 한계성을 지적하며, 이들 중의 어느 하나도 완전한 역사관이 될 수 없는 이유를 밝혔다. 신은 인간이 존재하기 때문에 역사의 주체고, 인간은 신의 형상대로 창조되었기 때문에 역사적 존재다.

55. 나는 한국 기독교사를 신·토 관계의 구조로 설명하며, 규명했다. 이것이 반대복합의 역동성으로 역사의 과정을 인식하려는 역사철학이며, 신토불이 신학의 역사관이다. 이 제3의 역사관이 신토중심주의 역사관이다.

56. 나는 '우리만의 신독점주의'를 역설하며, 한국 기독교가 유대

민족의 신독점주의로부터 벗어나야 함을 강력히 주장했다. 신독점주의는 유대 민족의 전유물이 아니다. 그러나 지금까지 기독교 2,000년사는 유대 민족의 신독점주의에 취하여 몽롱한 상태에서 그렇게 형성된 신학을 기독교의 정통신학으로 인정하며 보수해왔다.

57. 나는 신토중심주의 역사관에 입각해서 민족사관 형성의 정도(正道)가 무엇인지를 명확히 제시했고, 신학적 사디즘과 신학적 마조히즘의 신학성이 문제되는 점을 비판적으로 분석했으며, 지금까지 선교신학이 주장해왔던 선교개념의 오류를 수정하며, 선교를 창조신학적-구속신학적 원복음으로까지 소급해서 규정했다.

58. 나는 신토구조학적으로 해석된 역사관, 즉 신토중심주의 역사관이 기독교 역사관의 원형이라는 점을 주장했다. 지금부터라도 기독교 역사관은 신중심주의 역사관이냐, 인간중심주의 역사관이냐의 진부한 시소 게임을 그만두고 신토중심주의 역사관으로 기독교의 역사를 해석해야 할 것이다. 한국 기독교의 역사관도 여기에서 예외일 수는 없다.

용어풀이

- **거시적 신학**(*macro*-theology)

  창조주와 피조물 간의 관계 및 피조물 상호 간의 관계에 대해서까지 확대하여 해석하는 신학.

- **미시적 신학**(*micro*-theology)

  교회에 의해 정설로 받아들여질 수 있도록 신과 인간의 관계에만 초점을 맞춘 신학.

- **생토율**(biogeonomy)

  그리스어 *bios*(생명), *ge*(흙, 땅), *nomos*(법)의 합성어. 신·토 관계의 법칙에 따른 만물의 생명현상.

- **신독점주의**(theomonopolism)

  창조주가 한 특정 민족만을 위한 신이라는 신앙. 선민의식과 성지사상이 강한 민족의 신앙 양태.

- **신토구조학**(thegeotectonics)

  그리스어 *theos*(신), *ge*(흙, 땅), *techne*(기술)의 합성어. 신·토 관계의 구조를 신학적으로 규명하며 진술하는 체계.

- **신토권**(thegeosphere)

  그리스어 *theos*(신), *ge*(흙, 땅), *sphaira*(천체권, 구, 범위)의 합성어.

- **신토성**(thegeonity)

  그리스어 *theos*(신)와 *ge*(흙, 땅)의 합성어. 신·토 간의 본래성.

- **신토율**(thegeonomy)

  그리스어 *theos*(신), *ge*(흙, 땅), *nomos*(법)의 합성어. 피조물의 원피조성이 결정되는 필연 조건율(必然條件律).

- **신토율 역사**(*historia thegeonomia*)

  모든 역사는 신토율에 의해 결정된다. 그러므로 신이 역사의 주체라고 믿는 구속사와 인간이 역사의 주체라고 주장하는 세속사로 역사를 나누는 것은 잘못된 것이다. 역사의 주체는 신이며 동시에 인간이다. 신토불이 신학은 역사 자체를 신토율의 역사로 규정한다.

- **신토중심주의(thegeocentrism)**

  신중심주의 세계관이나 인간중심주의 세계관의 한계성을 극복 · 지양해서 신 · 토 간의 포괄적인 관계로 천 · 지 · 인을 관조하는 세계관.

- **신토체계(thegeosystem)**

  신 · 토 관계에 따라 구조된 조직의 통일체.

- **에네르기아(*Energia*)**

  그리스어 *energeo*(활동하다)에서 파생. 아리스토텔레스의 *energeia*와 구별하기 위하여 *Energia*로 표기함. *energeia*는 만물에 작용하는 힘, *Energia*는 피조물의 생성방식을 결정하는 '기(氣)'. *Energia*를 동양 철학의 기와 혼동하지 말 것.

- **에덴인(Edenite)**

  창조되면서부터 에덴동산에 살았던 인간.

- **원존(原存, *archeon*, Ursein)**

  그리스어 *arche*(원, 근원)와 *on*(존재하는 것)의 합성어. 아담의 말뜻은 '사람', '붉은 땅'이고 "모든 산자의 어머니"(창 3:20)인 하와의 말뜻은 '생명'임. 신토불이 신학은 아담과 하와의 상징성인 흙과 생명을 피조물의 원존이라 규정함.

- **원피조성(Urgeschöpflichkeit)**

  수직적으로는 신 · 토 간의 관계에 내재되어 있고, 수평적으로는 천 · 지 · 인 간의 관계에 내재되어있는 본래성. → '신토성', '천지인성'.

- **원형 신학(*theologia archetypa*)**

  창조신학적–구속신학으로 구조화된 신학의 원형. → '거시적 신학'.

- **인토율(*anthropogeonomy*)**

  그리스어 *anthropos*(인간), *ge*(흙, 땅), *nomos*(법)의 합성어. 흙으로 만들어진 인간과 역사가 발생하는 땅과의 관계법칙.

- **지구인(tellurian)**

  아담의 죄로 에덴동산에서 추방되어 지구에서 살게 된 인간. 신토불이 신학에서는 아담과 하와가 죄로 에덴동산에서 쫓겨나 '이 땅의 인간(*homo tellus*)'으로 살고 있는 인간형을 "tellurian"이란 의미로 개념화했다. tellurian이란 낱말은 '흙', '토양', '땅' 등의 의미로 쓰이는 라틴어 *tellus*에 어원을 두고 있다. 그러므로 tellurian이란 용어를 "지구인"으로 번역해 쓰기보다는 '이 땅의 인간'이란 개념으로 쓰는 것이 정확하겠지만, 일상적인 용례에 따라 "지구인"으로 통용한다. tellurian을 '*homo tellurianus*'로 표기할 수도 있다. 정리하면 tellurian이란 개념에는 '타락한 후 이 땅에 살고 있는 아담의 후예(원죄 인간)'라는 의미가 함유되어 있다.

- **천 · 지 · 인 사상**(uranogeanthropism)

  그리스어 *uranus*(하늘), *ge*(흙, 땅), *anthropos*(인간)의 합성어. 천 · 지 · 인은 창조와
  피조의 관계와 이기(理氣)의 법칙에 따라 서로 역동적으로 작용한다는 사상.

- **천지인성**(uranogeanthropity, Uranogeanthropität)

  그리스어 *uranus*(하늘), *ge*(흙, 땅), *anthropos*(인간)의 합성어. 천 · 지 · 인 간의 관계에
  원피조성으로 내재되어 있는 성향. 신토불이 신학의 핵심개념인 '천 · 지 · 인'은 동양 철학의
  '천지인' 사상이나 한국 신학계 일각에서 주창되고 있는 "천지인 신학"의 '천지인' 개념과
  무관함.

- **탈신학화**(Enttheologisierung)

  신학의 본래성을 본질변이시켜가며 이질화해가는 행태.

- **프린시피아**(*Principia*)

  만물의 존재방식을 결정하는 '이(理)'. *Principia*를 동양 철학의 이와 혼동하지 말 것.

참고문헌

한숭홍. 『문화종교학: 종교학파와 방법론을 중심으로』. 서울: 장로회신학대학교 출판부, 1993.

_____. 『신학이란 무엇인가?』. 서울: 장로회신학대학교 출판부, 2003.

_____. 『철학 12강』. 서울: 장로회신학대학교 출판부, 2005.

_____. 『철학적 신학』. 서울: 장로회신학대학교 출판부, 2006.

한숭홍. "한국에 기독교 신학 신대륙의 청사진을." 『한국기독공보』, 1984. 4. 28, 6면.

_____. "기독교사관과 유물사관." 『교회와 신학』 제16집 (1984. 5), pp. 61-113.

_____. "신학의 본질론에 관한 논고: 신학함의 새로운 차원을 찾아서." 『신학춘추』, 1993. 3. 24, 2면.

_____. "한국 토착화 신학의 현주소." 『침신대학보』, 1994. 10. 28, 2면.

_____. "문화변동에 따른 신학의 변화 전망." 『장신논단』 제13집 (1997), pp. 487-514.

_____. "신토불이 신학(神土不二 神學)." 『제488주년 종교개혁기념학술강좌』 (2005년 10월 26일 장신대 총학생회 주관 주제 강연 자료집), pp. 19-49.

_____. "기독교 인간관: 神土不二 신학의 관점에서." 『본질과 현상』 통권 2호 (2005 겨울), pp. 37-50.

_____. "한국교회 분열과 신학적 논쟁: 神土不二 神學의 사고지평에서 개진하며." 『장신논단』 제24집 (2005. 12), pp. 553-82.

_____. "신, 그는 누구인가?" 『본질과 현상』 통권 5호 (2006 가을), pp. 200-214.

_____. "식물은 무엇을 말하는가?" 『본질과 현상』 통권 6호 (2006 겨울), pp. 161-79.

_____. "호모 에코노미쿠스." 『본질과 현상』 통권 7호 (2007 봄), pp. 150-71.

_____. "평양대부흥운동의 神土不二 신학적 구조." 『교회와 신학』 제68호 (2007 봄), pp. 6-15.

_____. "역사철학에도 코페르니쿠스는 존재하는가?" 『본질과 현상』 통권 8호 (2007 여름), pp. 150-71.

_____. "태초에 언어가 있었다." 『본질과 현상』 통권 9호 (2007 가을), pp. 89-109.

_____. "종교론." 『본질과 현상』 통권 12호 (2008 여름), pp. 161-88.

_____. "神土不二 신학의 방법론은 신학적인가?" 『본질과 현상』 통권 13호 (2008 가을), pp. 220-50.

_____. "한국 기독교사, 어떻게 읽을 것인가?" 『본질과 현상』 통권 15호 (2009 봄), pp. 177-203.

박신배. "태극 신학: 한국 신학의 새로운 가능성." 『문화와 신학』 통권 제12집 (2008), pp. 119-45.

허호익. "천지인 신학의 성서적 신학적 근거 모색." Ibid., pp. 11-40.

Barth, Karl. *Einführung in die evangelische Theologie*. München & Hamburg: Siebenstern Taschenbuch Verlag, 1968.

Bohlin, Torsten. *Sören Kierkegaard und das religiöse Denken der Gegenwart*. München & Leipzig: Rösl & Cie, 1923.

Brunner, Emil. *Das Wort Gottes und der moderne Mensch*. Zürich: Zwingli-Verlag, 1947.

Dessoir, Max, ed. *Die Geschichte der Philosophie*. Wiesbaden: Fourier Verlag, o.J.

Eliade, Mircea. *Patterns in Comparative Religion*. Cleveland and New York: Meridian Books, The World Publishing Company, 1966.

Feuerbach, Ludwig. *Das Wesen des Christentums*. Stuttgart: Philipp Reclam Jun., 1969.

Hirschberger, Johannes. *Geschichte der Philosophie 1: Altertum und Mittelalter*. Freiburg im Breisgau: Herder, 1981.

_____. *Geschichte der Philosophie 2: Neuzeit und Gegenwart*. Freiburg im Breisgau: Herder, 1981.

Osborn, Eric Francis. *Justin Martyr*. Tübingen: J. C. B. Mohr (Paul Siebeck), 1972.

Otto, Rudolf. *Das Heilige: Über das Irrationale in der Idee des Göttlichen und seine Verhältnis zum Rationalen* , 23. bis 25. Aufl. München: C. H. Beck'sche Verlagsbuchhandlung, 1936.

Panikkar, Raimon. *Christophany: The Fullness of Man*. Maryknoll, New York: Orbis Books, 2004.

Schleiermacher, Friedrich Daniel Ernst. *Der Christliche Glaube nach den Grundsätzen der evangelischen Kirche im Zusammenhange dargestellt*, 2. Aufl.(1830-1831). Berlin & New York: Walter de Gruyter, 1980.

Selge, Kurt-Victor. *Einführung in das Studium der Kirchengeschichte*. Darmstadt: Wissenschaftliche Buchgesellschaft, 1982.

Tillich, Paul. *Systematische Theologie*, Band I. Stuttgart: Evangelisches Verlagswerk, 1956.

_____. *Systematische Theologie*, Band III. Stuttgart: Evangelisches Verlagswerk, 1966.

Von Campenhausen, Hans Freiherr. *Griechische Kirchenväter*, 4. Aufl. Stuttgart: Kohlhammer, 1967.

원고출처

1. "신, 그는 누구인가?" 『본질과 현상』 통권 5호 (2006 가을), pp. 200-214.

2. "기독교 인간관: 神土不二 神學의 관점에서." 『본질과 현상』 통권 2호 (2005 겨울), pp. 37-50.

3. "神土不二 신학의 방법론은 신학적인가?" 『본질과 현상』 통권 13호 (2008 가을), pp. 220-50.

4. "종교론." 『본질과 현상』 통권 12호 (2008 여름), pp. 161-88.

5. "태초에 언어가 있었다." 『본질과 현상』 통권 9호 (2007 가을), pp. 89-109.

6. "식물은 무엇을 말하는가?" 『본질과 현상』 통권 6호 (2006 겨울), pp. 161-79.

7. "호모 에코노미쿠스." 『본질과 현상』 통권 7호 (2007 봄), pp. 150-71.

8. "예술과 창조적 모방." 『본질과 현상』 통권 10호 (2007 겨울), pp. 111-36.

9. "역사철학에도 코페르니쿠스는 존재하는가?" 『본질과 현상』 통권 8호 (2007 여름), pp. 133-56.

10. "한국 기독교사, 어떻게 읽을 것인가?" 『본질과 현상』 통권 15호 (2009 봄), pp. 177-203.